Die Heidegger Kontroverse
Herausgegeben von Jürg Altwegg

Die Auseinandersetzung um Farias' Buch »Heidegger et le Nazisme« geriet zunehmend zu einer Heidegger-Kontroverse, die nicht nur in den intellektuellen Kreisen Frankreichs für Zündstoff sorgte. Jürg Altwegg nimmt die vielfältigen Reaktionen und Stellungnahmen zum Anlaß, die Wirkung Heideggers in Frankreich zu beleuchten.

Es werden Texte vorgestellt, die sich auf die frühe Begegnung französischer Intellektueller mit dem Denken Heideggers beziehen. Die Stellungnahmen zur aktuellen Kontroverse macht das Ausmaß der Irritation, die Farias' Buch unter französischen Intellektuellen auslöste, deutlich, während die deutsche Reaktion auf die französische Kontroverse die Frage aufwirft, ob eine Heidegger-Kontroverse hierzulande ohne französische »Hilfe« denkbar gewesen wäre.

Der Herausgeber: *Jürg Altwegg,* geb. 1951, Journalist, seit 1985 Redakteur beim Magazin der FAZ.
Veröffentlichungen: »Französische Denker der Gegenwart« (zusammen mit Aurel Schmidt, 1987), »Republik des Geistes« (1986), »Frankreich« (1988).

Die Heidegger Kontroverse

Herausgegeben von
Jürg Altwegg

athenäum

Übersetzung der französischen Beiträge
von Eva Groepler

CIP-Titelaufnahme der Deutschen Bibliothek

Die **Heidegger-Kontroverse** / hrsg. von Jürg Altwegg.
[Übers. d. franz. Beitr. von Eva Groepler]. – Frankfurt am Main:
Athenäum, 1988
   (Athenäums Taschenbücher; Bd. 114)
   ISBN 3-61o-o4714-3
NE: Altwegg, Jürg [Hrsg.]; GT

athenäums taschenbücher
Band 114
September 1988
Originalausgabe

Umschlaggestaltung: Karl Gerstner, Basel
Satz: Fotosatz Engelhardt oHG, Bamberg
Druck und Bindung: Druck- und Verlagsgesellschaft mbH, Darmstadt
Printed in Germany
ISBN 3-61o-o4714-3

Für Georges-Arthur Gold-
schmidt, der nie müde wurde,
den Skandal von Heideggers
Einfluß in Frankreich
anzuprangern.

INHALT

8

»Sein und Zeit«

Selten hat in neueren Jahrhunderten ein philosophischer
Erstling so durchgeschlagen und einen so unverrückbaren
Platz unter den »großen« Büchern errungen wie Heideggers *Sein und Zeit,* das Buch eines Dreißigers. Man mag an
Fichte denken, in dem auf ähnliche Weise ein Naturtalent
des Denkens zum Durchbruch kam. Unter den Eingeweih-
ten war das Auftreten des jungen Freiburger Dozenten
Heidegger in den Jahren nach dem Ersten Weltkriege freilich nicht unbemerkt geblieben. Schon 1920 hörte ich über
einen Studenten, der unverständliches Zeug eloquent von
sich gab, die Charakteristik: »Ach«, der ist »verheideggert«. Ernsthafter fiel ins Gewicht, daß der junge Freiburger Dozent und später der junge Marburger Professor
durch seine Vorlesungen eine fast magische Wirkung auslöste, so daß wir alle bald mehr oder minder verheideggert
waren. Heidegger nahm in Marburg einen wahrhaft triumphalen Aufstieg. So war *Sein und Zeit,* als es 1927 erschien,
für seine damaligen Schüler keine Überraschung. Da war
alles drin, was Heidegger seit Jahren vom Katheder lehrte,
ungewohnte, unakademische Dinge in ungewohnter,
unakademischer Sprache. Da war die Rede von Vorhanden-
heit und Zuhandenheit, von Zeug und Welt, vom »Gerede«
und vom »Man«, von der Eigentlichkeit des Daseins, von
der Sorge und dem Gewissen, vom Vorlaufen zum Tode,
von der Geschichtlichkeit und – von Anfang bis zum halben, vorläufigen, nie vollendeten Ende (ein zweiter Band
von *Sein und Zeit* ist nie erschienen) – vom »Sein«.

Ein neuer Metaphysiker also? Oder eher ein Antimeta-
physiker? Ein Transzendentalphilosoph phänomenologi-
scher Prägung oder ein Radikaler, ein Revolutionär in der
Linie Schopenhauers und Nietzsches? Ein christlicher
Theologe oder ein Nihilist? Man las *Sein und Zeit* als das
Grundbuch der Existenzphilosophie wie einen Kierke-

gaard von heute, der ja auch wirklich durch die Diederichs-Ausgabe damals »von heute« wurde. Worauf lief das Ganze hinaus? Heidegger selber ist bei diesem seinem Erstling nicht stehengeblieben und hat die angekündigte Fortsetzung nie vorgelegt. Sein späteres Denken hat er geradezu als die »Kehre« charakterisiert, und viele sind ihm dorthin nicht gefolgt. Es war für sie unausweichbare Gnosis oder Pseudopoesie. Aber Heidegger meinte damit keine Abkehr von der grundlegenden Bedeutung von *Sein und Zeit* für die Stellung der Frage, was das ist, das Sein. Vielmehr hat er sein späteres Denken stets auf *Sein und Zeit* zurückbezogen, wenn auch sehr oft in erstaunlich unbefangener Umdeutung, wie das inzwischen edierte »Hüttenexemplar« von *Sein und Zeit* ausweist, in dem der Alte von Todtnauberg oben im Schwarzwald beim neuen Durchdenken seines eigenen Buches seine Randbemerkungen einzutragen liebte. Wohl aber hat er die existenzphilosophische Komponente, auf der ein großer Teil der Wirkung von *Sein und Zeit* beruhte, fast desavouiert und die erste Aufnahme von *Sein und Zeit* sehr bald als ein moralistisches Mißverständnis zurückgewiesen. Ohne Zweifel war es gerade diese moralistische Komponente an *Sein und Zeit*, die man überall gewahrte. Da sahen die protestantischen Theologen in dieser Exponierung der Eigentlichkeit des Daseins eine Radikalisierung ihrer eigenen Fragen. Da sprach Franz Rosenzweig geradezu von dem »Neuen Denken«. Da versuchte Herbert Marcuse den Brückenschlag zum Marxismus.

Nur unter den Arrivierten gab es einige, wie den mächtigen Berliner Professor Eduard Spranger, die in dem ganzen Buche nichts Neues zu entdecken vermochten, mit Ausnahme seiner neuartigen Sprache. Wieder andere bekämpften es als die extremste Position des Historismus oder sahen umgekehrt darin die erstmalige Überwindung des Historismus. Es ist bezeichnend, daß *Sein und Zeit* so umstritten war. In die gesättigte akademische Atmosphäre, die zumeist von Kant und vom deutschen Idealismus beherrscht war, brach mit diesem Buch etwas von ganz anderer, elementarer Natur ein. Es war alles andere als eine neue Sprache für alte Dinge. Es war weit eher eine Neu-Erschließung des spekulativen Geistes der deutschen Sprache selber, wie sie am ehesten von der deutschen Mystik erreicht worden war und in gewissem Sinne in der Wiederaufnahme mystischer Gedanken durch den nachkantischen deutschen Idealismus wirksam war. Dem, was so zur Sprache kam, konnte sich kein Denkender entziehen, und man brauchte dafür weniger ein gelehrtes Studium als Teilhabe an der Erfahrung des Denkens, am Nachdenken über das Sein und das Nichts. Das Spiel mit den akademischen Endgestalten der Begriffstradition der Philosophie, das Spiel mit den Prinzipien transzendentaler Letztbegründung und Systembildung oder mit den ewigen Problemen, die sich in allen philosophischen Systemen wiedererkennen lassen, das Spiel mit den Kategorien und Modalitäten, den Seinsschichten und den Wertregionen hatte ausgespielt. Die Universitäts-Philosophie wurde auf einmal wieder einschlagsfähig in das allgemeine öffentliche Bewußtsein wie seit Nietzsche nichts, und es ist wie eine unfreiwillige Anerkennung, wenn noch Jahrzehnte später ein erfolgreicher Erzähler wie Günter Grass in seinen *Hundejahren* einen von Heidegger Verrücktgemachten schildert, der in das Sein des Seienden verwirrt ist.

Inzwischen ist *Sein und Zeit* in fast alle großen Kultursprachen übersetzt, auch wenn sein Deutsch so unübersetzbar ist wie das von Meister Eckhart oder von Hegel. Wer es merkt, daß es unübersetzbar ist und doch etwas zu verstehen beginnt, lernt Deutsch, ob in Japan oder in Rußland, in Indien oder in Amerika.

Darüber hat der Parteien Haß und Gunst keine Macht. Vor zehn Jahren konnte man mit gutem Grund (wenn auch nicht mit wahrem Grunde) meinen, Heidegger sei so gut wie ein toter Hund. Aber *Sein und Zeit* zählt zu den großen Büchern, die man lieber nicht totsagen sollte. Es zählt, scheint es, zu den Büchern, die immer wieder Auferstehungen erleben. Vielleicht anderswo. Vielleicht wird es eines Tages ins Deutsche zurückübersetzt.

Heidegger in Frankreich – und zurück?

Kaum ein Kapitel der europäischen Geistesgeschichte ist so paradox wie jenes von Heideggers Einfluß in Frankreich: von seinem »Einzug« in Paris – im Sog der Wehrmacht, rezipiert sogar von der Résistance – im kulturellen Spannungsfeld des Krieges über sein tiefes Wirken in der Nachkriegsphilosophie (mit der Verdrängung seiner Verantwortung) bis hin zur Debatte, die Victor Farias' Buch *Heidegger et le nazisme* in Gang brachte und die seither nicht abreißt. Die Frage, ob Heidegger ein Nazi war, wird endlich und gründlich diskutiert zu einem Zeitpunkt, da Luc Ferry und Alain Renaut in ihrem Buch *Heidegger et les Modernes* zur Feststellung gelangen, daß der »compagnon de route«, der Weggefährte des Nazismus, nach dem Niedergang des Marxismus im zeitgenössischen Frankreich der »wichtigste ›linke Philosoph‹« sei. Die Debatten um ihn werden mit einer Intensität geführt, die beweist, daß es um sehr viel mehr geht als um Heideggers Vergangenheit und sein Schweigen »danach«.

Der deutsche Philosoph war im besetzten Frankreich bei den wenigen Privilegierten, für die er überhaupt zugänglich sein konnte, zu einer Kultfigur geworden. Als 1945 General de Lattre de Tassigny nach Deutschland vorstieß, verließen zwei Soldaten die Truppe, um den Meister zu besuchen: Frédéric de Towarnicky, »animateur culturel« der Ersten Französischen Armee, der Heidegger einige Nummern der Zeitschrift *Confluences* (mit Aufsätzen Beaufrets) überbrachte, und Alain Resnais, der photographierte. Beaufret selber konnte Heidegger – noch waren die Postverbindungen nicht wiederhergestellt – über den elsässischen Fliegersoldaten Palmer einen Brief zukommen lassen: Palmer kam zehn Tage später mit einer Antwort und einem neuen Buch zurück. Im September fand auf dem

Todtnauberg die erste Begegnung zwischen Heidegger und Beaufret statt.

Jean Beaufrets Wirken blieb fortan ganz auf Heidegger ausgerichtet. Er begann eine ausgedehnte Korrespondenz mit dem deutschen Denker, dem die Besatzungsmächte die Lehrerlaubnis entzogen hatten. Heidegger interessierte sich stark für seine Verbreitung in Frankreich und widmete Beaufret seinen *Brief über den Humanismus,* in dem er auch die Mißverständnisse des französischen Existentialismus klärte. Beaufrets Hauptwerk seiner Auseinandersetzung – *Dialogue avec Heidegger* – erschien rund dreißig Jahre später in mehreren Bänden (1973/74) und rückt Heidegger in das Zentrum der philosophischen Modernität.

Fast gleichzeitig veröffentlichten Eryck de Rubercy und Dominique le Buhan in Maurice Nadeaus Zeitschrift *Les Lettres Nouvelles* ›Douze questions posées à Jean Beaufret‹. Die Antworten gelten als eine der besten Einführungen in Heideggers Denken. 1983 wurden sie – diesmal als schmales Bändchen – von Aubier neu aufgelegt, ergänzt mit einer Kurzbiographie Heideggers und dessen in Briefform übermittelten Kommentar, der zeigt, wie hoch er Jean Beaufret einschätzte:

»Sie selber aber müssen bei der Niederschrift Ihrer Antworten mit einer besonders günstigen Sammlung und Wachheit des Denkens beschenkt gewesen sein. Ihr Gesagtes ist so frei und so frisch, so entschieden wie geistreich, so einfach und stets am Wesentlichen bleibend, daß jeder Leser Ihnen für diese Hilfe zum Nachdenken danken wird. (...) Eine Gefahr allerdings bleibt bei solchen Antworten bestehen: daß der flüchtige Leser zu der Meinung kommt, nun wisse er endgültig über die ›Philosophie‹ Heideggers Bescheid, während im Gegenteil jetzt erst das rechte Fragen beginnen muß; zum Beispiel die Frage nach dem Verhältnis von Technik, Sprache, Dichten und Denken.«

Zu den Denkern von Heideggers Denken in Frankreich gehört ebenfalls Henri Birault, der von 1951 an in verschiedenen Aufsätzen die existentialistische Deutung verwarf. Birault kritisierte die Sartresche Auslegung als neue anthropologische Version der Freiheit, die Heideggers revolutionärer Theorie der Wahrheit keineswegs entspreche. In *Heidegger et l'expérience de la pensée* (1978) stellt Birault auch bedeutungsmäßig den Denker der Dichter Kant, Hegel und Nietzsche zur Seite. Zwischen ihnen arbeitet er erstaunliche Zusammenhänge heraus – bis hin zur modernen Technik als Ausdruck des Willens zur Macht, »welche immer stärker das nihilistische Schicksal einer Welt regieren wird, welche Heidegger nicht verändern, sondern nur denken will«. Martin Heidegger begab sich mehrmals nach Frankreich. 1955 reiste er zum legendären Kolloquium von Cerisy, das ihm gewidmet war. Bei Jean Beaufret in Paris traf er erstmals mit dem Poeten René Char zusammen; auf dem Heimweg besuchte er in Mantes-la-Jolie Jacques Lacan, der ihm im Jahr zuvor seine Aufwartung in Freiburg gemacht hatte. Später fuhr er mehrmals in die Provence; 1966, 1968 und 1969 hielt er im Hause von René Char das »Seminar von Le Thor« ab, an dem sich ebenfalls Beaufret und seine Schüler beteiligten. Erst 1977, im Jahre nach Heideggers Tod, publizierte sein französischer Prophet Beaufret seinen Bericht von der Ankunft des Philosophen. »Ich bin doch in Paris«, sollen seine ersten Worte beim Verlassen des Gare de l'Est gewesen sein. Und auf die Frage seiner Frau nach den ersten Eindrücken antwortete er: »Ich bin erstaunt – über mich.«

Dazu hatte er allen Grund. Erstaunt sein konnte Martin Heidegger zumindest über seinen Einfluß in Frankreich. Sartre hatte sich Heideggers Philosophie in *Das Sein und das Nichts* dienstbar gemacht und aufgrund ihrer Begriffe sein existentialistisches Grundprinzip formuliert: »l'existence précède l'essence« – die Existenz geht der Essenz voraus. In seiner Schrift *Phänomenologie in Frankreich* beschreibt Bernhard Waldenfels das Einwirken auf Sartre, Merleau-Ponty, Paul Ricœur und Emmanuel Lévinas als »Skala von Reaktionen wie Ausweichen, zögernde Ablehnung, behutsame Annäherung, differenzierte Aneignung – von kühlem Ignorieren, aber auch von Enthusiasmus kaum eine Spur«. Der Einfluß ist später über die verstärkte Hinwendung der Philosophie zur Literatur, vor allem zur Sprache, unterschwellig noch intensiver geworden: Sowohl die »Dekonstruktion« des Strukturalismus als auch die Semiologie als Wissenschaft, ja Weltanschauung der Zeichen stehen stärker im Banne Heideggers, als man meinen könnte. Bei Jacques Lacan wie Jacques Derrida sind die Spuren direkt nachweisbar, und bei Michel Foucault kann die Wirkung ebenfalls nachgezeichnet werden. Einer der größten Dichter, René Char, hatte bei Heidegger die Funktion des Poetischen gefunden.

Waldenfels bilanziert:

»Vieles ist auf Umwegen über die Literatur in die Philosophie zurückgeströmt, vermittelt durch Autoren wie Blanchot und Klossowski, aufgeladen mit der Sprengkraft der Ideen Nietzsches, aber auch belastet mit neuen und alten Mythologien und Ideologien. Schließlich hat Heideggers Destruktion der Metaphysik auch vor den klassischen phänomenologischen Texten nicht haltgemacht; die Interpretation Husserls verwandelt sich bei J. Derrida, G. Granel und ihren Nachfolgern in Destruktion und Diagnose. Was hier an exegetischer Akribie und textueller Fertigkeit gewonnen wird, ist die Kehrseite einer Bewegung, die das Motto ›Zurück zu den Sachen‹ ersetzt durch die Parole ›Zurück zu den Texten‹ – natürlich mit der Maßgabe, in den Texten die ›Sachen selbst‹ wiederzufinden.«

Die unter heideggerianischen Vorzeichen vollzogene Substitution der Realitäten durch den Diskurs steht geradezu als Programm für die französische Nachkriegskultur.

Der Dialog mit Marx wurde von Kostas Axelos wie auch von Lucien Goldmann in die Wege geleitet. Die bunte Palette von Heideggers Einfluß reicht von den nicht-orthodoxen Marxisten über die Spitze des progressiven Denkens in den sechziger Jahren des Vor-Mai bis zu den intellektuellen Propagandisten der konservativen Revolution. Heidegger ist auch in der antitotalitären Neuen Philosophie präsent; und bei René Scherer erscheint er sogar als Prophet der Ökologie.

Die Frage nach seiner politischen Vergangenheit und der ideologischen Essenz seines Denkens wurde zumindest immer wieder gestellt. Die *Temps modernes,* wichtigste

Zeitschrift der Nachkriegsjahre, debattierten sie in mehreren Nummern; an den Diskussionen beteiligten sich damals auch deutsche Publizisten. 1960 schrieb Sartre in *Critique de la raison dialectique*: »Der Fall Heidegger ist zu komplex, als daß er hier erörtert werden könnte.« Selbst der dominierende Philosoph der Epoche, sonst im Austeilen politischer Zensuren keineswegs zimperlich, zeigte sich bei Heidegger, über den der im Gefangenenlager einen Vortrag gehalten hatte, äußerst zurückhaltend.

1961 übersetzte Jean-Pierre Faye Texte aus den Jahren 1933 und 1934, in denen Heidegger den Rückzug aus dem Völkerbund befürwortet. Es war das erstemal, daß sich die Diskussion auf materielle Grundlagen stützen konnte. Für Faye ist der Philosoph, dem auch der Elsässer Germanist Robert Minder eine entsprechende Studie – *Heidegger oder die Sprache von Meßkirch* – gewidmet hatte, ein Paradebeispiel totalitärer Sprache. Seine Heidegger-Fragmente (unter anderem Ausschnitte aus der ›Rektoratsrede‹) wurden diesmal vor allem in *Critique* diskutiert – man ist versucht, von einer »zweiten Heidegger-Kontroverse« zu sprechen. Danach blieb das Interesse an der politischen Fragestellung gering. Daran änderte auch Pierre Bourdieus ideologiekritischer Essay nichts, der die nichtssagende sprachliche Künstlichkeit des »ordentlichen Professors« als Ausdruck der deutschen Romantik, als Idiom des Blut- und-Boden-Jargons entlarvt.

Einen Meilenstein der französischen Heidegger-Rezeption stellt das voluminöse *Cahier de l'Herne* vom Herbst 1983 dar. Dominique Janicaud versucht darin, Heidegger als Kritiker der Herrschaft und der Unterdrückung schlechthin zu zeichnen. Diese Kritik sei von seiner Ideologiekritik untrennbar, der Schock seiner Haltung gegenüber der Nazi-Ideologie daher nur um so gewaltiger. Die Größe seiner Philosophie jedoch bestehe in ihrer Fähigkeit der radikalen Befragung. Für Jean-Michel Palmier hat Heideggers Verhalten mehr mit der Soziologie der deutschen Intellektuellen als mit der Philosophiegeschichte zu tun:

»Diese Analyse setzt ebenso das Studium der von der Nazi-Ideologie transportierten, pervertierten, entstellten Themen wie der apolitischen Ausrichtung der Intellektuellen und des reaktionären Charakters der Universität voraus.«

Aber darf man mit der Höhe dieser Philosophie, die jeder Moral und Ethik entbehrt und aus ihrer Perspektive Auschwitz als kleinen Betriebsunfall, Rubrik Unglücksfälle und Verbrechen (etwas für Sensationslüsterne also), entschuldigen; darf man entschuldigen, daß Heidegger bei allen Debatten über ihn sich nie bemüßigt fühlte, auf die Jahre 1933 bis 1945 zurückzukommen? »Man kann«, schreibt Palmier im *Cahier de l'Herne,* »dieses Schweigen respektieren oder beklagen. Es ist. Man muß damit fertig werden. Denn keine Anklage, kein Plädoyer wird es jemals zerschlagen können.«

Dieses »beredte Schweigen« hält jedenfalls der in Frankreich geborene Kulturkritiker und -philosoph George Steiner für viel gravierender als die Stellungnahme nach der Machtergreifung: Erst damit hat der eigentliche Verrat Heideggers begonnen; der wirkliche Skandal ist tatsächlich sein Schweigen danach. Steiner vertritt diese Anklage in seinem aus dem Jahr 1978 stammenden Buch *Martin Heidegger,* das in verschiedenen Sprachen, aber noch immer nicht in deutscher Übersetzung vorliegt. Der Autor befaßt sich in dieser Einführung, die Heideggers Stellung im europäischen Geistesleben nachgeht, mit der intellektuellen Verantwortung. Steiner erwähnt Heideggers Weigerung, den »Prozeß der Abstraktion und Künstlichkeit« mitzumachen: »Eine Philosophie, die abstrahiert, die danach strebt, sich über das Alltägliche und den Alltag zu erheben, ist leer.« Er unterstreicht auch – unter Berufung auf Lucien Goldmann – Heideggers Kenntnis der marxistischen Theorie und Debatten. Wäre eine andere, weniger fatale Richtung seiner Entwicklung denkbar gewesen? Steiner deutet es an. Eindeutiger fällt seine Antwort über die Beziehung zum Nationalsozialismus aus: Für Steiner liegt diese nicht auf der Ebene oberflächlicher Affinitäten oder gar der politischen Opportunität, sondern er spricht von einer Seinsverwandtschaft, die er mit Sprachbeispielen belegt. Das »Idiom von *Sein und Zeit* und der nationalsozialistische Jargon zehren auf der ihnen je eigenen Stufe vom Genius der Deutschen für die suggestive Obskurität« – von der »Fähigkeit, den (oftmals leeren oder halbwegs inkohärenten) Abstraktionen eine Intensität und physische Präsenz zu vermitteln«.

Nach diesem Befund vollzieht George Steiner eine überrraschende Kehrtwendung. Die Arroganz des Positivismus und die »Illusion des Verifizierbaren oder Falsifizierbaren haben den westlichen Menschen zur persönlichen Entfremdung und kollektiven Barbarei geführt«, argumentiert Steiner. Er übernimmt Heideggers Tautologie »als einzige Möglichkeit, das zu denken, was die Dialektik nur verheimlichen kann«: »Sein ist Sein.« Schließlich deutet er an, wie Heideggers Überschreiten der Metaphysik in seiner Quintessenz das Heil zur »Rettung der Erde« aufzeige, Heideggers Philosophie als Denken des Widerstands gegen die technisierte Zerstörung gedeutet werden könne.

Den erstaunlichsten Versuch der politischen Rehabilitierung unternimmt Reiner Schürmann in seinem Buch *Le Principe d'Anarchie*. Er verneint die kompromittierenden Texte nicht, und er tut auch nicht so, als handle es sich um Irrtümer, die entstehen, wenn sich Intellektuelle eben in die Politik verirren. Der Verfasser erklärt sie schlicht zum provisorischen Stadium in der Entstehung eines großen Denkens, das sich in der Folge völlig von der Politik zurückzog, womit gleich beide epochalen Vorwürfe vom Tisch wären. Schürmann belegt seine Hypothese mit einer umgekehrten Lesart: Er beginnt mit den späten Arbeiten, welche die frühen Schriften in einem neuen Licht erscheinen ließen. Nur so könne man dieses Denken verstehen, das von allem Anfang an darauf angelegt war, die klassische Opposition von Theorie und Praxis zu zertrümmern, und angelegt auf die Transgression, die Subversion, das Überwinden und Überholen: ein Denken eben, das dem »Prinzip der Anarchie« verpflichtet sei.

Seit dem Ende des Krieges plädierte Jean Beaufret gegen alle Anfechtungen für einen Heidegger, der weder faschistisch noch antifaschistisch sei, nicht »engagiert« und auch nicht »militant« – jedenfalls nicht in einem politischen Sinne. In seiner Rezension des *Cahier de l'Herne* warf der exkommunistische Philosoph Pierre Daix nochmals die Frage auf, ob Heideggers Philosophie von seinen Positionen der Jahre 1933 und 1934 gezeichnet sei: »Von nun an ist die Antwort eine negative.« Und als im November 1983 der *Débat* die ›Rektoratsrede‹ mitsamt dem späteren Kommentar Heideggers – »Wer groß denkt, muß groß irren« – erstmals in französischer Sprache publizierte, wurde sie nicht nur von den Beaufret-Schülern sehr viel »verständnisvoller« kommentiert als in Deutschland, wo Dolf Sternberger (in der *Frankfurter Allgemeinen Zeitung*) an ihrem Beispiel Heideggers unerträgliches sprachliches Argumentieren sezierte:

»Das klingt wie ein Fazit. Selbstbezweiflung wird von Selbstbestätigung, ja Überhebung aufgefangen. Wer groß denkt, muß groß irren. Das mag wohl sein. Aber muß er auch große Worte machen?«

Es paßt zum paradoxen und auch ironischen Schicksal von »Heidegger in Frankreich«, daß eine vollständige Übersetzung von *Sein und Zeit* erst 1985 erschien – als Raubdruck. Eine autorisierte französische Version, deren Qualität umstritten ist, erschien 1986, ein Jahr danach. Aus diesem Anlaß veröffentlichte das *Magazine littéraire* noch einmal ein Dossier über den deutschen Philosophen, der das französische Nachkriegsdenken okkupiert hat. Es zeigt im nachhinein, mit welcher Verbissenheit die Debatte in den letzten zwei Jahrzehnten unterdrückt wurde – ganz massiv auch von der Heidegger-Lobby um den Beaufret-Schüler François Fédier. Ihm werfen Ferry und Renaut vor, er hätte die Publikation der ›Rektoratsrede‹ verhindern wollen und zumindest eine Verzögerung von zwei Jahren erreicht, indem er Heideggers Sohn einschaltete, der auf den Verleger Gallimard Druck ausübte. Im *Magazine littéraire* hatte Fédier erklärt:

»Heideggers Haltung gegenüber dem nationalsozialistischen Regime: keinerlei ideologische Unterwerfung und, zum Schluß, eine grimmige Kritik«.

In diese Situation hinein platzte im Herbst 1987 wie eine Bombe Victor Farias' Buch *Heidegger et le nazisme.* Fédier hat die anklagende Schrift als »schändliche Fälschung« bezeichnet, ausschließlich motiviert von dem Bedürfnis, Böses zu tun und Schaden anzurichten. Viele Kritiker werfen Farias Fehler vor, bemängeln, daß der Inhalt auch gar »nicht neu« sei. Dennoch wird in seinem Sog die wohl hitzigste philosophische Debatte der Nachkriegszeit geführt. Seit der Publikation von *Heidegger et le nazisme* erscheinen laufend Sondernummern von Zeitschriften und Artikel zum Thema, seit dem Frühjahr 1988 auch Bücher. Kaum ein halbwegs bekannter Publizist, der nicht Stellung bezieht, sein Urteil formuliert – und vor allem das Bedürfnis verspürt, sein eigenes Denken zu beweisen und zu rechtfertigen.

Diese Debatten will der vorliegende Band dokumentieren. In einem ersten Teil geht es um den merkwürdigen »Einzug« von Heidegger in Frankreich; legendenträchtige Geschichten begleiten seinen französischen Weg von Anfang an. In einem zweiten Teil kommen die Kontrahenten der Heidegger-Kontroverse in Frankreich zu Wort – Derrida und Lévinas, Blanchot, Christian Jambet, Bourdieu und Baudrillard etc. Daran anschließend präsentiert dieser Band die Debatten, die Farias' *Heidegger et le nazisme* umgehend auch in Deutschland provozierte, ein Glücksfall im Bereich des Kulturaustauschs, der von der vielfach unterschätzten Dynamik deutschfranzösischer Kulturbeziehungen zeugt. Letztlich stellt sich auch die Frage, ob Heidegger in Frankreich »ein anderer« geworden sei, ob sein Werk eine neue Dimension bekommen hat und ob er auf diesem Umweg für die Deutschen wieder zu einem Thema werden konnte: nicht nur als »Fall«, sondern auch als Denker. Es wäre vermessen, von einer neuen politischen Jungfräulichkeit zu sprechen, dennoch würde es sich lohnen, die philosophischen Konsequenzen seines Wirkens in Frankreich zu ziehen – für Deutschland. Die Tatsache, daß der französische Prozeß der Vergangenheitsbewältigung und -aufarbeitung unter Berufung auf Heidegger ablief, ist gewiß nicht ohne Folgen für die Philosophie Heideggers geblieben. Und nur diese Perspektive erlaubt es, auch chronologisch – im Skandal, den Farias auslöste – eine gewisse Logik zu erkennen.

In der Tat spiegeln die Stellungnahmen zu Heidegger ziemlich exakt die verschiedenen Phasen und Stationen der französischen Verdrängung der Vichy-Zeit wider. Nach den ersten Diskussionen im Anschluß an den Krieg wurde das Problem beiseite geschoben. Später betrafen die intensiven Vorwürfe an Heideggers Adresse sein »Schweigen danach«, schließlich ging es um eine allfällige Komplizenschaft (bei Steiner, Bourdieu); jetzt wird im Rahmen der dritten Kontroverse auch sein persönliches Verhalten und sein tagespolitisches Denken überprüft.

Man kann die gesamte französische Nachkriegskulturgeschichte als Geschichte der Verdrängung von Vichy, des Faschismus und der französischen Mitverantwortung an seinem Aufkommen wie Bestehen, schließlich der langsamen Aufarbeitung dieser Verdrängung interpretieren. In diesen vierzig Jahren spielten zwei deutsche Denker eine zentrale Rolle: Marx und Heidegger – auch Freud sollte man in diesem Zusammenhang nicht vergessen. Sie hatten im Windschatten der deutschen Panzer in Paris Einzug gehalten und die französische Kultur mehr erschüttert als die Waffen des Feindes.

Mit dem Marxismus als Ideologie der Verdrängung wird seit zehn Jahren abgerechnet. Kaum scheint diese verwirrende Phase abgeschlossen zu sein, ist Heideggers Einfluß an der Reihe: Nach der politisch-ideologischen Aufarbeitung des Überbaus, welche zum Niedergang des Kommunismus geführt hat, folgt nun, chronologisch und intellektuell durchaus konsequent, die philosophische. Daß Heidegger dabei nicht wie Marx einfach vom Tisch gefegt werden kann, sondern hartnäckigen Widerstand leistet, zeugt von der Qualität seines Denkens und der Tiefe seines Wirkens in Frankreich.

Die epochale Aufarbeitung hat das aus der Zeit der Aufklärung stammende, von der Revolution glorifizierte, seither dominierende Modell des politischen Intellektuellen in eine Krise gestürzt. Auch in diesen Zusammenhang müssen die Debatten um Heidegger gerückt werden. Daß die Literatur aus dem Bösen entstehen kann, mit ihm liiert ist, einen teuflischen Pakt geschlossen hat – das ist nun schon ein Gemeinplatz der zeitgenössischen Ästhetik. Die Philosophie hingegen wird noch immer mit dem Guten schlechthin gleichgesetzt, zumindest dem Anspruch nach, den man an sie stellt. Sartre hat sich politisch geirrt, aber er war politisch »sauber« (wenn auch kein antifaschistischer Held der Résistance). Und wenn er sich geirrt hat, so gerade deshalb, weil er das Gute wollte. Bei Heidegger, der in Frankreich die dominierende Denkfigur dieses Jahrhunderts geworden ist, wird nun ein schockierender Zusammenhang evident: daß die Philosophie – auch die reinste und höchste – mit dem Bösen, mit dem Bösen schlechthin, mit dem absoluten Bösen etwas zu tun haben könnte. Das ist die Einsicht, die in Frankreich, wo das politisch gefährliche, verdächtige Denken nach 1945 als minderwertig übergangen werden konnte, langsam dämmert. Mehr als nur eine Anekdote, nämlich durchaus ein Kernstück des ganzen Heidegger-Skandals in Frankreich, ist die mitten in der Farias-Affäre bekanntgewordene Tatsache, daß Jean Beaufret dem französischen Revisionismus-»Historiker« und Propagandisten der Auschwitz-Lüge, Robert Faurisson, ermunternde Briefe schrieb.

Im Umfeld der Heidegger-Debatten muß Frankreich, wo die Epoche der Revolution 200 Jahre nach 1789 langsam zu Ende geht, zur Kenntnis nehmen, daß das Links-Rechts-Schema auch in der Philosophie nicht mehr funktioniert, daß die Ambivalenz aller Dinge, das Paradoxe als Prinzip, auch das Denken infiziert hat. Nicht das »gute«, aber das beste Denken kann aus dem

Denken des Bösen entstehen und diesem einen neuen Status vermitteln – bis hin zu einem Denken des Widerstands, das heute durchaus linke Philosophen und Kritiker Heidegger zugestehen. Das entbindet ihn (wie uns) nicht von seiner Verantwortung und ändert nichts daran, daß uns Sartres politische Irrtümer (und Utopien) sympathischer bleiben als jene Heideggers, die vielleicht gar keine sind.

Sartres Heidegger-Exegese im Stalag

In den zwei oder drei Minuten, die die Vorstellung dauerte, schien Sartre woanders zu sein, als handelte es sich um einen anderen, den er nicht mochte. Er zog eine Stummelpfeife aus der Tasche, die ursprünglich eine Luxuspfeife gewesen sein mußte. Er stopfte sie. Sie mußte einen Belag bis zum Pfeifenrand haben, denn ich glaubte zu sehen, daß er sehr wenig Tabak brauchte. Er beendete die Operation, als der Pater aufhörte zu sprechen: Jetzt war er an der Reihe. Ohne sich im geringsten zu beeilen, ohne den mindesten Anschein von Lampenfieber zündete er die Pfeife an, machte ein paar Züge und setzte sich mit baumelnden Beinen an den Rand des für ihn reservierten Tisches. Mit einem netten Wort dankte er Boisselot, der ihm eben angenehme Erinnerungen ins Gedächtnis gerufen habe. Er werde zu uns über drei Autoren sprechen: einen toten, Rilke, und zwei lebende, Malraux und Heidegger. Genauer, über die Vorstellung, die jeder von ihnen vom Tod hatte.

(. . .)

Der Übergang zu Heidegger war fast bruchlos. Sartre war jedoch darauf bedacht, ihn etwas länger als die beiden anderen vorzustellen. Er steht für ihn nicht gerade im Geruch der Heiligkeit. Er soll ja einen Moment lang bereit gewesen sein, den Philosophen der Nazis zu spielen. Als Schüler von Husserl, dem Begründer der »Phänomenologie«, hat er ein Buch geschrieben, das nur der erste Teil einer längeren Studie ist und in dem er in origineller Weise die Methode seines Lehrmeisters auf eine Reflexion über die Existenz anwendet. Der Titel dieses Buches ist *Sein und Zeit*. Wie für Rilke und Malraux ist auch in seinen Augen der Tod integrierender Bestandteil des täglichen Lebens, insofern der Mensch nicht »eigentlich«, das heißt »wahr«, »authentisch«, sein kann, wenn er es versäumt, ihn darin zu integrieren.

»Eigentlich« sein heißt sein Leben selbst leben, sich gehören, von nichts und niemandem abhängig sein. Das ist nicht von vornherein gegeben, sondern wird im Laufe eines langen Kampfes errungen. Das Subjekt des banalen Redens und Handelns nämlich ist nicht ein »Ich«, sondern das anonyme »Man«, das uns erlaubt zu leben, ohne uns schmutzig zu machen. Das uns erlaubt, der Angst vor dem Wählen zu entgehen. »Man« wählt nicht, man irrt sich nicht, man wird vom Strom erfaßt und getragen. Man ist nicht Mann: Es hat nur den Anschein. Uneigentlich. Um aber diesem Larvenstadium zu entkommen, um den Schmetterling aus seiner Verpuppung zu befreien, muß man sich nach Heidegger entschieden als ein »Sein zum Tode« akzeptieren. Der »eigentliche« Mensch – Sartre scheint diese Philosophie zu der seinen zu machen, aber er zieht es vor, vom »freien« Menschen zu sprechen – ist der Mensch, der eher bereit ist zu sterben, als Sklave zu sein. Er lehnt es ab, sich von seiner Angst beherrschen zu lassen. Malraux sagte in anderem Zusammenhang und in verständlicheren Worten dasselbe. Auch der alte Juvenal hatte von jenen Leuten gesprochen, die ein Leben ohne Ehre der Ehre ohne Leben vorziehen.

Das Auditorium war gebannt. Ich hatte den Eindruck, daß jeder sich selbst prüfte. Sartre, der das zweifellos sah, äußerte einen Gedanken, der ihn verfolgen mußte: Und wenn die französischen Frauen uns jetzt die jungen deutschen Soldaten vorziehen würden, die mehr Mut oder weniger Feigheit bewiesen haben? Ich habe mich nicht umgedreht, um die Wirkung zu sehen, aber ich spürte eine gewisse Kälte in der Luft. Der Schluß jedoch war optimistisch und beruhigend: Wir hatten einen Schlüssel. Es kam nur auf uns an.

Jean-Paul Aron

August 1955. Das Heidegger-Kolloquium in Cerisy

Für die vierte Saison des Centre Culturel ist das ein Meistergriff. In bester Desjardins[1]-Tradition spürte Madame Heurgon[2] den günstigen Moment. Thukydides würde sie loben.

Denn Heidegger ist reif. Seit dreizehn Jahren arbeitet sein Exeget, sein Bote – auf griechisch ἄγγελος, woher das Wort »Engel« stammt, der Auserwählte, der die absolute Botschaft überbringt – seit dreizehn Jahren arbeitet in Frankreich Jean Beaufret[3] an jener Himmelfahrt.

Nach Leibniz sind die Substanzen um so perfekter, je komplexer sie sind. Wer ist Beaufret? Ein Mensch aus der Marche[4], der sich lange eine ländliche und stolze Haltung bewahrt hat? Ein Pariser, der ein bißchen an seiner Provinz leidet und sie mit ein wenig Snobismus vergessen machen will, jemand, der, frühzeitig in den Umkreis des »Klans« aufgenommen, mit Jouhandeau, seinem Landsmann, und weiteren modischen Literaten bekannt wurde und weder Salons noch eleganten Diners abgeneigt ist? Der Sohn laizistischer Grundschullehrer, den mit fünfzig Jahren die Gnade streifte? Ein typischer französischer Intellektueller, der Auszeichnungen und Ehrungen seiner Leistung verdankte, also der Prüfungsauslese: Normalien in der Rue d'Ulm, Philosophie-Agrégé zur Zeit der denkwürdigen Jahrgänge von Nizan, Sartre, Aron, Cavaillès, Merleau-Ponty? Ein Einzelgänger, der lange Zeit in eine unordentliche, aber sympathische Wohnung, deren Hauptdekoration Bücher waren, am Rand des 20. Arrondissements emigriert war? Ein Gelehrter, der souverän von den Vorsokratikern zu Pascal, von Aristoteles zu Schelling, von Descartes zu Kant sprang? Ein Künstler? Ich kenne unter den Gelehrten keinen einzigen Schriftsteller seines Formats, keine Feder, die einer anspruchsvollen Philosophie derart verbunden ist und hartnäckig das Vergangene in ein enthüllendes Präsens faßt:

»Es ist diese Epiphanie einer einzigen Gegenwart, die der verschleierte Sinn des Seins an seinem Anbruch ist, und eine solche Gegenwart, die Hegel *der geistige Tag der Gegenwart* nennen wird, reduziert sich keineswegs auf den vorübergehenden Augenblick, sondern erschließt sich den äußersten Fernen, den Fernen der Vergangenheit wie jenen der Zukunft. In diesem Sinne liegt das Erscheinen dieser Gegenwart, die uns das Sein ist, wie es laut Homer für Kalchas gewesen ist, an der Kreuzung aller Horizonte der Zeit. Nunmehr dringt das, was sich mit dem Sein gegenwärtig macht, genauso in eine Zukunft ein, die sich selbst wiederum vor der Gegenwart abzeichnet, wenn wir als Ausgang einer langen Aszendenz das Mögliche entdecken, in dessen Rahmen sich das eröffnet, worauf alles wartete und was mit der Zeit unaufhörlich wird.«[5]

Als ich dank Roger Kempf Beaufret 1956 treffe, fasziniert mich diese Verbindung. Er macht mich zum Zuschauer seiner zwanzig Jahre zurückliegenden Reise nach Ägypten: »Ich verlasse das Lycée von Kairo. Ich bin mit Fernand Lombroso verabredet.« Kehren wir zurück. Wer ist er? Ein Außenseiter, ein Asozialer voller Stolz, der sich bis zur Pensionierung auf keine entfremdenden Manöver wie Habilitation oder Kandidatenbesuche einläßt und in den *khâgnes*-Klassen[6] zunächst am Lycée Henri IV., später am Lycée Condorcet unvergleichlich unterrichtete? Ein Epigon? Das Wort könnte ihn nicht schockieren, wo doch Nietzsche gelegentlich dem Verwalter oder Anwender präexistierender Werte, beispielsweise Hegel, die Weihen des Genies zuerkannte. Epigon Heideggers, dessen Orakel, genau im Sinne der Alten: Entzifferer eines ursprünglichen und radikalen Diskurses.

1942 badet Beaufret in der Creuse, in der Nähe von Guéret. Er hat soeben die *Ideen* von Husserl gelesen, und plötzlich durchdringt ihn die Konsistenz der materiellen Realitäten. Bis dahin lebte er unter der Obhut des Gottes Descartes und dessen exorbitanter Autorität. Aus dieser Umkehr im Wasser zieht er einen ganz besonderen Genuß, denjenigen, den Platon als Vernunft bezeichnet: »(...) Das Erstaunen... ja es gibt keinen andern Anfang der Philosophie als diesen...« (*Theaitetos*, 155 D 7)[7]. Pascal in seiner einen, Malebranche in jener so bewegten anderen Nacht, in der er sich an cartesianischer Geometrie berauscht, machen eine lehrreiche Erfahrung daraus. Beaufret überzeugt sich intensiv davon, daß es auch nicht einen methodischen Vorwand gibt, an jenem frischen Wasser zu zweifeln, dessen Existenz zugleich seine Arme, seine Beine, seine Haut, seine Muskeln und sein Gefühl so entschlossen behaupten.

Im folgenden Herbst liest er *Sein und Zeit*. Beginn eines exaltierenden Abenteuers, einer immer neuen Verzauberung, eines Dialogs, der dem Verlust eines seiner Sprecher standgehalten hat, weil er nicht den empirischen Umständen, sondern einem unerschöpflich rätselhaften und inspirierenden Austausch unterworfen ist. Ende 1942, mitten in den Massakern und Deportationen, enthüllt ihm Heidegger die geschichtliche Tragödie des Menschen und zugleich die Affinität von Wort und Tod, die seit Mallarmé leise in der Kultur des Abendlandes flüstert. Der Lärm der Kanonen und das dichterische Schweigen breiten sich bei Beaufret zu einer Angst aus, die ihm das Sein im Tiefsten seiner Verborgenheit enthüllt. Aus dem Wort Cézannes: »Quand la couleur est à sa richesse, la forme est à sa plénitude« – Wenn die Farbe Fülle wird, ist die Form Vollkommenheit, wagt Beaufret, eine freie Variante zu ziehen:

»Wenn das Sichtbare seine Fülle erreicht, erreicht das Nicht-Sichtbare die Vollkommenheit seines eigenen Geheimnisses.«[8]

Als alles schwankt und zerfällt, erhält er also von Heidegger, wie eine beruhigende und regenerierende Luft, eine selbstsichere Lektion über unsere »dürftige Zeit«? Hatte darüber aber nicht schon Nietzsche befunden? Nichts mehr zu erwarten von Gott, dem Werden, den Wissenschaften, vom Menschen und selbst vom Übermenschen nichts, wenn man Heideggers Interpretation Glauben schenkt, der den Willen zur Macht und die ewige Wiederkehr des Gleichen wie zwei zusammengehörige und einander ergänzende Seiten aufeinander bezieht:

»Der Wille zum Willen ist die Wahrheit des Willens zur Macht in der radikalen Vergessenheit des *Seins* zugunsten des *Machens,* das wiederum keinen anderen Sinn hat, als in horizontloser Geschäftigkeit zu machen, die allerorts eine Welt dadurch mobilisiert, daß es in ihr jene des Planerischen eröffnet.«[9]

Dennoch tobt Vehemenz in dieser Verneinung, titanische Wut wie in jenem Blick, den Hölderlin den Griechen zuspricht, zu denen Nietzsche zurückkehrt, nicht allein um ihnen in die Heimat des Seins zu folgen, sondern um dort den Lebensgeist, die Leidenschaften der idealen Polis wiederzufinden, an denen sich Hegel labte. Mythische Griechen, exzessive Griechen, jubelnde Griechen, unschuldige, leichtfertige und ernste Griechen, die mit der Gabe versehen waren, das Unbedeutende der Nichtigkeit zu entreißen. Noch nicht vom Licht der Akropolis geblendete Griechen, noch nicht blind für die in der Dunkelheit der Höhle gärenden Ideen. Vielleicht nehmen aus diesem Abgrund die Helden aller Zeiten und aller Orte ihren Aufschwung, denn nicht im Himmel der Christen vereinigen sie sich, sondern am trübsten aller Aufenthaltsorte:

»...Es gibt wahrscheinlich eine ungeheure unsichtbare Kurve und Sternenbahn, in der unsere so verschiedenen Straßen und Ziele als kleine Wegstrecken inbegriffen sein mögen – erheben wir uns zu diesem Gedanken! Aber unser Leben ist zu kurz und unsre Sehkraft zu gering, als daß wir mehr als Freude im Sinne jener erhabenen Möglichkeit sein könnten. – Und so wollen wir an unsre Sternen-Freundschaft glauben, selbst wenn wir einander Erden-Feinde sein müßten.«[10]

Nietzsche verfolgt die Idole des Aktuellen, die Mode, das Neue, den Fortschritt. Die Modernität ist »ungelegen«, eine flanierende Ewigkeit, sagt Baudelaire, »Ewigkeit von Wonnen«. Zwar hat Heidegger das abendländische Denken revolutioniert, als er die Zeit einführte, die die Meta-

31

physik seit etwas über zweitausend Jahren systematisch mißachtet hatte, zwar hat er die Geschichte gegen den Strom durchquert, wenn er in ihr das betrübliche Schicksal des entwurzelten Menschen liest, zwar hat er angesichts der Fortschritte der amerikanischen Zivilisation die Frage der Technik meisterhaft und kühn von der Instrumentalität auf die Ontologie verschoben: Doch begegnet er der Epoche, deren Kreuz im grundlegenden Material der Sprache er mitträgt, er empfängt sie im Haus des Seins, lädt sie ein, verwöhnt, segnet sie, so daß die Worte ihrer Muttererde entspringen, als wäre nach einer Formulierung von Merleau-Ponty »... das Universum der gesagten Dinge klarer als das der rohen Dinge«.[11] Nicht daß er sich dem Wahn der Strukturen oder der Mythologie der Zeichen hingibt, denen er strikt fremd bleibt: Der Bedeutung räumt er unzweideutige Priorität gegenüber dem Bedeutenden ein. Aber handelt es sich wirklich um »Sinn« und bin ich sicher, ihn in der explosiven Überfülle des Seins aufzuscheuchen, die jene Eigenschaften zu Asche macht, die ich aus naiver Verblendung der gelebten Erfahrung heraus dem »Seienden« zuschrieb? Allein am Nichts gemessen, aus dem es körper- und seelenlos, konturen- und maskenlos hervortritt, mit keiner anderen Eigenschaft als seiner leuchtenden Anwesenheit, die sich im Lichte einer Frage behauptet, über die man sich wiederum, ohne Frevel zu begehen, befragen kann, ähnlich Lamennais, der unaufhörlich nach dem Schild jener Herberge sucht, wo laut Descartes die Evidenz döst, ist Heideggers Sein ein Wunder, »das Wunder aller Wunder«. Vier Jahre nach der Veröffentlichung seines bahnbrechenden Werks in Frankreich dringt Heidegger diskret in Frankreich ein. Am 10. Mai 1931 übersetzt Henri Corbin für die achte und letzte Ausgabe der vertraulichen Zeitschrift *Biffures* ein Fragment aus *Was ist Metaphysik?*, das in Deutschland 1929 erschienen ist. Kurz danach beginnt man sich an der Sorbonne auf Initiative von Jean Wahl um das »Dasein« zu sorgen. 1938 verlegt Gallimard in einem Band der neuen Reihe *Essais* Corbins vollständige Übersetzung von *Was ist Metaphysik?*, Auszüge aus *Sein und Zeit*, aus *Kant und das Problem der Metaphy-*

sik sowie den vollständigen Text des Vortrags *Hölderlin und das Wesen der Dichtung.*

Dennoch bleibt das Werk Heideggers weiter nur Privilegierten zugänglich. Das eigene Exemplar von *Sein und Zeit* erhält Beaufret während des Krieges in Lyon von dem jüdischen Mitglied der Résistance, Joseph Rovan, der bald danach deportiert wurde. 1945 wird das Flüstern lauter. Als die Truppen von General de Lattre de Tassigny in Deutschland einmarschieren, verlassen zwei Männer ihre Einheit, um den großen Mann zu sehen: Frédéric de Towarnicky, Kulturverantwortlicher in der ersten französischen Armee, und Alain Resnais, der Aufnahmen macht.

Nach der Befreiung sendet Beaufret über den elsässischen Flieger Palmer eine flammende Botschaft an Heidegger:

»Ja, mit Ihnen ist es die Philosophie selbst, die sich entschlossen von jeder Platitüde befreit und das Wesentliche ihrer Würde wieder bezieht.«

Worauf Heidegger am 23. November 1945 mit seinem *Brief über den Humanismus* antwortet. Beginn eines endlosen Gesprächs:

»Das fruchtbare Denken verlangt über das Schreiben und die Lektüre hinaus die Synousia des Gespräches und jener Arbeit, die ebenso empfangene wie erteilte Lehre ist.«

Im Januar 1946 erscheint in der vierten Ausgabe von *Les Temps Modernes* eine Reportage von Maurice de Gandillac, Professor für mittelalterliche Philosophie, der sich gelegentlich mit dem Deutschland der Romantik und der Moderne beschäftigt. Bei Heidegger spürt er, abgesehen von einem Schnurrbart, der nahe daran ist, ihn an Hitler zu erinnern, mystische Akzente auf, für die ihn seine Vertrautheit mit Meister Eckhart und den Schwäbischen Predigern besonders sensibel macht. Kurz danach, im Mai und im Juni 1946, zeichnet Alexandre Koyré in den zwei ersten Ausgaben von *Critique* Heideggers philosophische Entwicklung nach. Und

33

Beaufret beginnt den Zyklus seiner jährlichen Reisen nach Freiburg. 1947 veröffentlicht Heidegger den *Brief über den Humanismus,* den er ihm widmet.

In Frankreich gewinnt der Heideggerianismus als eines der Gegengifte zum Marxismus an Boden. An der École Normale Supérieure treten 1950 Fanatiker in Erscheinung, Faucon-Lamboi und Gourinat, der mit einem Pantoffel auf dem Kopf nach einem seltsamen Ritual Seiten aus *Sein und Zeit* deklamiert, begleitet vom Trommeln eines Löffels auf einer Kaffeetasse. Auf gelassenere Weise und von *khâgne-*Freunden unterstützt macht sich Granel mit der Lyrik eines Diskurses vertraut, den er 1959 (*Qu'appelle-t-on pensée?*) und 1968 übersetzt (*Question 1*). Gurvitchs Werk *Les tendances actuelles de la philosophie allemande (1949)* und ein Sonderheft der *Revue de métaphysique et de morale* im Juni 1953 geben Heidegger breitesten Raum. Diese Rührigkeit führt schließlich zur akademischen Bestätigung – Habilitationen, Diplomarbeiten, Aufsätze: In den fünfziger Jahren nimmt Birault, der Benjamin der Agrégationjury, Heidegger zum Thema seiner Habilitation.

Ein Mißton: die Politik, Heideggers Bürgschaft für den Nationalsozialismus 1933. Die Debatte beginnt schon 1946 zwischen Karl Löwith, Eric Weil und Alphonse de Waelhens in *Les Temps Modernes* und wird 1947 fortgesetzt. 1961 wird sie von Jean-Pierre Faye in *Médiations* neu aufgenommen, worauf Fédier in *Critique* antwortet. 1975 wird sie unter der Ägide von Pierre Bourdieu in *Actes de la recherche en science sociale* wieder aufgegriffen. Sie geht weiter, und bis zu seinem Tode stand Beaufret auf dem Sprung, immer bereit, Scheinargumente oder unsichere Chronologien zu demontieren.

Bei der Organisation der Dekade in Cerisy im August 1955 setzt er sich leidenschaftlich für die öffentliche Aufhebung des Fluchs, für die feierliche Inthronisierung desjenigen durch den »Klan« ein, den er als den größten Denker des 20. Jahrhunderts bezeichnet.

Sechsundfünfzig angemeldete Personen, den Jubilar und seine Frau eingeschlossen. Geistliche: Fessard, ein Jesuit, Kleiber und Léger, die Priester Morel und Pépin. Junge

Philosophen: Gourinat, von dessen Eigentümlichkeiten ich berichtete, Philolenko und Deleuze. Ein Maler: Charles Lapicque. Persönlichkeiten: Gabriel Marcel, Léon-Pierre Quint. Etablierte Berühmtheiten: Waelhens, ein alter katholischer Husserlianer aus Leuwen, Ricœur, junger protestantischer Husselianer aus Straßburg. Künftige Berühmtheiten: Lucien Goldmann und Jean Starobinski. Der »obligate Baß« der Dekaden: Maurice und Geneviève de Gandillac. Aus der Akademikerwelt: Simone Pétrement, Madame Parain-Vial. Vornehme Ausländer: Kostas Axelos, der als Vermittler dient, und Beda Alleman, Germanist aus Zürich. Zwei flämische Belgier, ein Peruaner, ein Spanier, ein Nordamerikaner und nur drei Deutsche.

Am Sonnabend, den 27. August, beginnt das Zeremoniell »à la Pontigny«[12] mit der Zimmerverteilung. Den Heideggers das schönste, das später Toynbee und Piaget bekamen. Dann folgt die Programmierung der Zusammenkünfte. Heidegger sorgt sich wegen einer Organisation, die in französischer Art das Exo- und Esoterische, Spezialisten und Öffentlichkeit miteinander verbindet. Am Sonntag, den 28. eröffnet er die Debatten mit dem Vortrag *Was ist das, die Philosophie?*; wieder greift er sein Thema der anfänglichen Denker auf, der Griechen, der Sprache des Seins, die das Denken erzeugt, ehe die Wolken des Bewußtseins und der Idee es trüben.

Am Montag, den 29., droht die Diskussion zu entarten, denn die Rede des Meisters vom Vortag hat allgemeine Unruhe ausgelöst, an der Ekstase und Erstaunen, Vergötterung und Wut mitwirken.

Um die Ruhe wiederherzustellen, beschließt Heidegger am 30., Kants Schrift von 1763, *Der einzig mögliche Beweisgrund zu einer Demonstration des Daseins Gottes,* zu kommentieren. Vergebliche Mühe, denn am 31. toben Lärm und Zorn. Am 1. September erhalten das Wort Gabriel Marcel, der Heidegger vorwirft, sich im Nicht-Übersetzbaren zu gefallen, Paul Ricœur, der ihm vorhält, die Bibel auszuklammern, Lucien Goldmann, der einen Elitismus mit Todeshintergrund bei ihm ausmacht, sowie Julian Marias, dessen Kritiken keine Erhellung bringen.

Vielleicht verdienen die Bemerkungen von Ricœur einige Aufmerksamkeit, wenn es zutrifft, daß seit dem 16. Jahrhundert – aber Heidegger ist Konjunktur gleichgültig – die Entwicklung des protestantischen Kapitalismus Desintegration, Identitätsverlust, Verschiebung der Objekte, universale Entwurzelung und die Herrschaft des Scheins erzeugt, die zugleich das Imaginäre wie das Reale aufhebt. Vom 19. Jahrhundert an erzeugt die Reintegrierung der Juden in der Kultur des Abendlandes neue Verwirrung, ein Symptom des Umherirrens, eine Unsicherheit, die die rehabilitierte Diaspora spontan auf die prekären Vorstellungen und fragilen Produkte der technizistischen Zivilisation überträgt. An der Wende zwischen dem 19. und 20. Jahrhundert liquidiert die jüdisch-christliche Welt oder genauer gesagt die christlich-jüdische Welt das griechische Erbe Heraklit, Parmenides, Empedokles, in dem das Sein im Strahlen einer einzigen Heimstätte alle Bewohner der Welt aufnimmt.

Am Freitag, den 2. September, ist man dem Bruch nahe. Geschickt holt Heidegger Hegel zu Hilfe und erklärt den berühmten spekulativen Satz aus der Vorrede zur *Phänomenologie des Geistes*. Die Versammlung beruhigt sich wieder, und die sechste Sitzung geht harmonisch zu Ende.

Zur einhelligen Zufriedenheit schlägt Beda Alleman, Freund wie Jünger Heideggers und Autor eines geschätzten Buches über Hölderlin, am Sonnabend, den 3. September, die Analyse von Hölderlins *Friedensfeier* vor. Und am Sonntag, den 4., faßt Heidegger nach einer Ansprache von Gabriel Marcel, der ihn beschwört, zum Frieden unter den Nationen beizutragen, die Herkulesarbeit der Woche zusammen.

Die Heideggers verlassen Frankreich nicht sofort. Begleitet von Beaufret und Axelos, besuchen sie den Psychoanalytiker Jacques Lacan und seine Frau in Mantes-la-Jolie in der Nähe von Paris. Ein höchst ehrenvolles Gipfeltreffen für den Psychoanalytiker, der die doppelte Freude der Eitelkeit und der Gastfreundschaft erfährt: Heidegger geht zu ihm, der sein Treffen mit dem Philosophen 1954 in Freiburg allein Beaufret verdankte.

Von nun an steuert der Heideggerianismus in Frankreich einen gemächlichen Kurs. 1956 fährt der Meister in die Provence, um Cézannes »Bodenständigkeit« kennenzulernen und René Char zu besuchen, mit dem ihn seit einigen Jahren eine »Sternen-Freundschaft« im Vorsokratismus und Mallarméschen Nihilismus verbindet. In diese Konstellation wird Braque neben Cézanne, dessen exemplarischer Fortsetzer er ist, integriert, Dichter der Malerei – wie es Hölderlin, Trakl und Rilke für die Dichtung sind –, Dichter der Form und ihrer Übereinstimmung mit der Farbe, Dichter eines Werdens, dessen plastische Spur nur Anekdote ist. Heidegger betrachtet die Landschaften, Embleme der Erde, die er 1935 so definiert:

»Die Erde ist das zu nichts gedrängte Mühelose-Unermüdliche. Auf die Erde und in sie gründet der geschichtliche Mensch sein Wohnen in der Welt. Indem das Werk eine Welt aufstellt, stellt es die Erde her. Das Herstellen ist hier im strengen Sinne des Wortes zu denken... *Das Werk läßt die Erde eine Erde sein.*«[13]

Im Frühling 1958 reist er wieder nach Aix-en-Provence, die von ihm geliebte Stadt; die Universität lädt ihn zu einem Vortrag über »Hegel und die Griechen« ein, der 1959 von *Les Cahiers du Sud* veröffentlicht wird.

1954 habe ich in Freiburg die Ehre, Martin Heidegger vorgestellt zu werden, der mich gemeinsam mit Jean Beaufret, Roger Kempf und Maria Bindschedler zu einem Mittagessen nach Basel einlädt. Er wünscht, dort in der Galerie Beyeler einen Cézanne der letzten Periode zu sehen, eine *Montagne Sainte-Victoire,* jene obsessive Darstellung des Faßbaren, das sich vergeblich sucht, wie das Abendland der Griechen, Raum eines Untergangs, der nicht wieder aufsteht.

---

1 Desjardins gründete 1910 die bis 1939 stattfindenden Décades de Pontigny, Vorläuferinnen der Décades de Cerisy. Anm. d. Übers.

2 Madame Heurgon-Desjardins nahm in Cerisy (Normandie) die Arbeit ihres Vaters wieder auf. Anm. d. Übers.

3 1907 bis 1982.

4 Gebiet im Zentralmassiv. Anm. d. Übers.

5 Jean Beaufret, *Dialogue avec Heidegger. Approche de Heidegger,* Paris 1976, 219 f.

6 Zweites Vorbereitungsjahr auf die École Normale Supérieure. Anm. d. Übers.

7 Platon, *Phaidros, Parmenides, Theaitetos, Sophistes,* in: *Griechische Philosophie,* Bd. 5, Reinbek 1958, 120. Anm. d. Übers.

8 *Introduction aux philosophies de l'existence,* Paris 1971, 202.

9 Jean Beaufret, *Les deux paroles de Nietzsche,* in: *Dialogue avec Heidegger, philosophie moderne,* Paris, 214.

10 Friedrich Nietzsche, *Die fröhliche Wissenschaft, Viertes Buch,* Werke 2, München 1955, 163 f. Anm. d. Übers.

11 Maurice Merleau-Ponty, *Das Sichtbare und das Unsichtbare,* München 1986, 133. Anm. d. Übers.

12 Siehe Anm. 1.

13 Martin Heidegger, *Holzwege,* Frankfurt a. M. 1980, 31 f.

Der ominöse 6. Juni 1944

*Jean Beaufret – wie Merleau-Ponty, Cavaillès und Sartre
gehören Sie der Generation der Schüler von Léon Brunschvicg an. Von Ihrer Ausbildung her waren Sie Rationalist
und Cartesianer. Welchem Zwischenfall verdanken Sie, daß
Sie dem Denken Heideggers begegnet sind?*

Gewiß nicht der Universität, denn während meines Stu-
diums ist von Heidegger nicht die Rede gewesen. Den
Namen Husserl kannte ich, doch Heidegger nicht einmal
dem Namen nach; und soweit ich weiß, kam ich erst 1938
nach der Gallimard-Veröffentlichung des Sammelbands
von Corbin *Was ist Metaphysik?* wirklich mit Heideggers
Texten in Berührung, von denen ich meiner Ansicht nach
überhaupt nichts verstanden habe!... Die Dinge entwickel-
ten sich etwa so: 1940 hatte ich Gelegenheit, öfter etwas
über Phänomenologie zu hören, meiner Meinung nach vor
allem anläßlich eines zufälligen Treffens mit dem mir
bereits bekannten Merleau-Ponty an der École d'État-
Major in Vincennes. Das war während des Krieges. Er hat
mir angekündigt, daß ein Buch von Sartre unter dem Titel
L'Imaginaire[1] erscheinen würde. Und nach 1940, nachdem
ich zunächst gefangengenommen worden und dann geflo-
hen war, befand ich mich im Sommer 1941 am Cap Ferrat.
Dort fragte ich mich, was ich tun sollte: Ich sah zwei Möglichkeiten, entweder Hegel, von dem in meiner Studienzeit
ebenfalls nicht die Rede gewesen war, oder Husserl zu studieren. Ich habe das Für und Wider abgewogen, und
schließlich hat Husserl gesiegt. So studierte ich von 1930
bis 1942 Husserl bis zu dem Zeitpunkt, an dem ich im Sommer 1942 den Eindruck hatte, etwas von Husserl verstanden zu haben, aber Heidegger noch nicht.

Erst ab 1942 – ich war damals Philosophielehrer am
Lycée in Grenoble – begann ich Heidegger zu lesen, da ich
in der Universitätsbibliothek eine Ausgabe von *Sein und*

Zeit und ich glaube auch – ich bin nicht ganz sicher – von *Kant und das Problem der Metaphysik* gefunden hatte... Wir befinden uns jetzt schon mitten im Jahr 1942, und die Dinge fangen da erst an. Eigentlich studierte ich Heidegger erst ab Oktober 1942, als ich nach Lyon ging, wegen der Möglichkeiten, die mir die Universitätsbibliothek und die Anwesenheit meines alten Freundes Joseph Rovan in Lyon boten. Er hatte in einer Lyoner Zeitschrift namens *L'Arbalète* einige Seiten aus *Sein und Zeit* veröffentlicht, die er ins Französische übersetzt hatte. Hier nun, 1942, hat gemeinsam mit Joseph Rovan die Arbeit über Heidegger begonnen, und ich muß sagen, daß sie von 1942 bis 1944 vor allem dem Studium Heideggers gewidmet war.

Sie sagten, daß Sie anfangs nichts davon verstanden haben.
Ja, und ich hatte das Gefühl, etwas zu verstehen, erstmals im Verlaufe eines historischen Vormittags – jenes Morgens, an dem die Landung in der Normandie gemeldet wurde, das heißt ganz genau am 6. Juni 1944! Die Tür meines Klassenzimmers – ich war im Begriff, die schriftliche Abiturprüfung zu überwachen – ging plötzlich auf, und ein Inspektor trat ein; er schrie: »Sie sind gelandet!« Ich hatte etwas von Heidegger vor mir liegen, geöffnet, es muß wohl *Sein und Zeit* gewesen sein. Und ich habe mir selbst vorgeworfen, den Enthusiasmus nicht mit der Intensität empfunden zu haben, die ich bei der Ankündigung der Landung hätte empfinden müssen, weil ich an diesem 6. Juni 1944 erstmals das Gefühl hatte, mit dem Verstehen dessen, was Heidegger schrieb, zu beginnen.[2]

Haben Sie denn heute den Eindruck, ihn wirklich verstanden zu haben?
Ich habe einen Freund, den ich oft sehe, und wenn er mich fragt, was ich tue, antworte ich ihm: »Ich habe gerade Heidegger verstanden!« Es sind schon mehrere Jahre, daß »ich gerade Heidegger verstanden habe«, nachdem ich dreißig Jahre lang mir wiederholt vorgestellt habe, ich würde ihn gleich verstehen oder verstanden haben! Das hatte 1947 in dem Jahr nach meiner ersten Zusammenkunft mit Hei-

degger angefangen, als ich in der letzten Ausgabe der Zeitschrift *Fontaine* einen Artikel unter dem Titel *Heidegger et le problème de la vérité* veröffentlicht hatte. Das war mein erster Deutungsversuch, der mir heute etwas lächerlich erscheint, aber damals hatte ich gedacht: »Ich habe es!«...

Liegt es daran, weil die Heideggersche Sprache schwierig ist oder weil die Probleme, denen sich Heidegger stellt, schwierig sind?

Die Probleme, denen sich Heidegger stellt, sind in Wirklichkeit unsichtbare Probleme. Aufgrund der eigenen Lektüre kann man die tatsächlich vorhandene Problematik nicht sehen. Wie er selber sagt, ist er gezwungen, sich der Sprache der Philosophie zu bedienen, und wenn man ihn liest, ist es zugegebenermaßen das Schwierigste, verstehen zu können, wovon er in einer Sprache, die er weiterhin verwendet, genau spricht und die notgedrungen das Hören oder die Aufmerksamkeit des Lesers auf das lenkt, was Heideggers Denken gerade überwinden will. Das ist die grundlegende Schwierigkeit, und deswegen sage ich weiter: Ich habe gerade Heidegger verstanden...

Heute morgen habe ich Ihnen übrigens erzählt, daß ich endlich den Sinn eines Satzes aus *Sein und Zeit* verstanden habe, wonach die Vorsokratiker, genauer Parmenides, das Problem der Welt übersprungen haben.

Im Zusammenhang mit Heidegger hat man oft von einer Umkehr des Blicks, einem Schwenk, einem Vorgehen gesprochen, das mit den Gewohnheiten bricht. Wie haben Sie als Schüler von Léon Brunschvicg, der so viele Jahre Descartes studiert hatte, diese Umkehr empfunden?

Unbestritten hatte ich den Eindruck, daß es sich um etwas ganz anderes handelte. Léon Brunschvicg hatte ich mit Freude gehört, er empfand für mich, sagen wir, Zuneigung (er hat mir das öfters bewiesen), von ihm habe ich sicher mehr gelernt als von der Mehrheit der übrigen Professoren, die ich damals hatte; er hat mir geholfen, in einer Dimension, in der ich mich sozusagen schon befand, klarer zu sehen, und ich war ihm dankbar, Descartes, Leibniz oder Kant besser als vor seinem Unterricht zu verstehen. Doch was eigentlich fehlte, war der Grund der Dinge. Worum ging es überhaupt bei alldem? Warum Descartes? Warum Leibniz? Warum Kant? Alles in allem blieb es das große Geheimnis, herauszubekommen, was dieses eigentümliche Ding war, das mit dem ebenso eigentümlichen Wort Philosophie oder Metaphysik bezeichnet wurde, was, so Heidegger, ein Synonym von Philosophie ist, nur daß Philosophie die ältere Bezeichnung der Sache und Metaphysik der spätere Name ist. »Metaphysik« ist eine Erfindung der Verleger. Das Wort ist erst anläßlich der Veröffentlichung der Schriften des Aristoteles in Rom entstanden – denn zu diesem Zeitpunkt befinden wir uns mitten in der römischen Periode. Erst bei dieser Gelegenheit entstehen die Redewendung »was nach der Physik kommt« und der Begriff Metaphysik, allerdings um genau das auszudrücken, was andererseits der Begriff Philosophie sagen wollte. Nun, es war also die Frage: »Was ist Metaphysik?« oder »Was ist Philosophie?«, die mich tief bewegte, und ich muß sagen, daß die Lektüre von Heideggers Antrittsvorlesung in Freiburg 1929 zum Thema *Was ist Metaphysik?* für mich das Rätsel überhaupt nicht aufgeklärt hatte...

Unter welchen Umständen hat Ihr erstes Treffen mit Heidegger stattgefunden?

Meiner Meinung nach wissen Sie selbst einiges dazu, da Sie eine Rolle dabei gespielt haben. Sie sind es ja gewesen, der Heidegger in Freiburg ein Jahr vor mir in Ihrer damaligen Uniform gesehen und ihm Ausgaben der Zeitschrift *Confluences* überreicht hat, in der ich Aufsätze unter dem allgemeinen Titel *Qu'est-ce-que l'existentialisme?* geschrieben hatte.

Denn von Ihnen, ich kannte Sie damals noch nicht, hatte ich erfahren, daß Heidegger lebte, in Freiburg wohnte – ich hatte die Möglichkeit gehabt, ihm einen Brief zukommen zu lassen (damals gab es zwischen Frankreich und Deutschland keine Postverbindung), und zwar über jemanden, den ich zwei Jahre früher in Grenoble kennengelernt und in Paris in einer Fliegeruniform zufällig wiedergetroffen hatte und der mir anvertraute, ihm stünde nur noch eine Reise nach Freiburg bevor, danach würde er entlassen. Es handelte sich um einen Elsässer namens Palmer, der sehr gut deutsch sprach. Er ging also nach Freiburg und war von mir beauftragt, Heidegger aufzusuchen, was ihm dank der Vermittlung der Freiburger Universität mühelos gelang. Er hat Heidegger gesehen, und zehn Tage später kehrte er nach Paris zurück und trug einen Brief bei sich, den mir Heidegger schickte, sowie ein Exemplar vom *Wesen der Wahrheit,* das ich überhaupt nicht kannte und das 1943, also im Krieg, veröffentlicht worden war. Jetzt war ich also – abgesehen von dem, was ich bereits hatte, das heißt *Sein und Zeit* und die Möglichkeit, in der Bibliothek der Ecole normale das Buch über Kant auszuleihen – mit einem dritten Text, eben *Wesen der Wahrheit,* ausgerüstet, der für mich sehr überraschend war, denn ich versuchte ihn vom Vorausgegangenen her zu verstehen, obwohl er der erste Text ist, in dem Heidegger einen Schritt über das von ihm zuvor Veröffentlichte, was das einzige mir Bekannte war, hinausgeht.

Und eines Tages komme ich nach Deutschland und treffe Heidegger. Das war im September 1946, weder er noch ich haben das genaue Datum im Gedächtnis behalten, wir stimmen aber beide überein, daß es um den 10. September gewesen sein muß. Und bei meinem kurzen Aufenthalt bei ihm in Todtnauberg, wo er damals war – es ging allerdings über einen halben Tag und später zwei Tage nicht hinaus (ich machte nämlich eine Reise nach Österreich, die mich auf der Hin- und Rückfahrt über Freiburg führte) –, und im Verlauf dieser ersten, etwas begrenzten Gespräche habe ich zum erstenmal den Eindruck gehabt, etwas zu verstehen. Ich entsinne mich, daß mir zum erstenmal ein Licht aufging bei einem Satz Heideggers, der mir erklärte, daß er, um in *Was ist Metaphysik?* sagen zu können, was er unbedingt habe sagen wollen – nämlich daß das Sein kein Seiendes ist –, er schließlich das Sein ist ein »Nichts« geschrieben hatte, und daß das berühmte »Néant« in der französischen Übersetzung einfach »Nicht-Seiendes« bedeutet, ein Nicht-Seiendes wie ein Teller auf einem Tisch, ein Tisch im

Eßzimmer, eine Tür, die man auf- und zumachen kann... Und das hat mir damals – *mit einem Mal* – ermöglicht, etwas an dem Vortrag *Was ist Metaphysik?* zu verstehen, der mir bis dahin wirklich undurchsichtig geblieben war.

Als Sie Heidegger trafen, nachdem Sie schon einige seiner Bücher gelesen hatten, hatten Sie sich bereits eine gewisse Vorstellung von seinem Denken gemacht. Inwiefern hat Ihnen das Treffen mit ihm erlaubt, seinen Gedankengang besser zu erfassen?

Als ich Heidegger besuchte, besuchte ich den Mann, der ein 1927 unter dem Titel *Sein und Zeit* erschienenes Buch geschrieben hatte. Bei dem ersten Gespräch, das ich mit ihm führte, und auch bei den folgenden Gesprächen ist es keineswegs um *die* »Zeit« gegangen, sondern um das »Seiende«, das Partizip Präsens des Verbs *sein*, da es um »Sein« und »Seiendes« (être et étant) geht und nicht um »Sein und Zeit« (être et temps). Und das war für mich sehr überraschend, weil »étant« ein Begriff ist, der damals im Französischen sprachlich überhaupt nicht möglich war; so daß das diesem Partizip Präsens entsprechende deutsche Wort (das Seiende) im Französischen immer mit »existant« übersetzt wurde. Und bei den Notizen, die ich mir bei den Gesprächen mit Heidegger machte, habe ich sogar bis 1952 gelegentlich weiter »existant« statt »étant« geschrieben, solche Mühe hatte das Wort »étant«, ins Französische einzudringen. Ich bin überzeugt, daß es heute in das Französische aufgenommen worden ist und daß, wenn in einer Philosophieklasse der Lehrer von Heidegger und vom »étant« spricht, die Zahl der Schüler, die »étang« (Teich) schreiben, immer geringer wird, während es anfangs die Mehrheit war. Die große Schwierigkeit also, die damals erstmalig etwas erhellt wurde, ist, daß Heideggers Denken in dem Zwischenraum zwischen einem Infinitiv, Sein, und einem Partizip, Seiendes, steht. Also im Zwischenraum von Sein und Seiendes. Aber wo bleibt dann die »Zeit«?

Das wußte ich überhaupt noch nicht. Das sind Fragen, die ich später gestellt habe, und es war äußerst schwierig, von Heidegger etwas dazu zu erfahren, weil sein ganzes

Bestreben die Überwindung seines bahnbrechenden Buchs *Sein und Zeit* war. Und ich mußte selbst zu verstehen versuchen, was vor der Zeit geschehen war, zu der ich ihm begegnete. Doch damals, als wir uns 1946 sahen, war es eben diese Dualität Sein-Seiendes, die mich beeindruckte. Und ein Text, den er mir schickte – ich glaube sogar, Sie haben ihn mir aus Deutschland mitgebracht, noch ehe ich ihn traf –, der den Vortrag von 1929 *Was ist Metaphysik?* wiedergab, war durch ein Nachwort ergänzt. In diesem Nachwort kann man folgenden Satz lesen: Es gehört zur Wahrheit des Seins,

»daß das Sein nie west ohne das Seiende, daß niemals ein Seiendes ist ohne das Sein«.[3]

Nun ist das Sein ein Nichts des Seienden, und deswegen hieß es in dem Vortrag *Was ist Metaphysik?* das »Nichts«. Als Heidegger mir das sagte, war das für mich eine Erleuchtung. Daher stehen wir vor folgender Schwierigkeit: das Seiende, das ist beispielsweise ein Aschenbecher, eine Brille, die Tür rechts und das Fenster links – und das Sein, das das Nichts des Seienden ist. Wie kann die Frage des Seins die Verbindung von »Seiendem« und von etwas, das das »Nichts des Seienden« ist, sein, so daß Heidegger sagen kann: es gehört zur Wahrheit des Seins (das heißt dieses »Nichts«, das das Sein ist),

»daß das Sein nie west ohne das Seiende, daß niemals ein Seiendes ist ohne das Sein«?

Das ist das Rätsel, vor dem ich stand und das die ersten Fragen, die ich ihm stellen sollte, also zum Sein und zu *der* Zeit, in den Hintergrund rückte.

Es handelte sich hier um völlig ungewöhnliche Fragen, und diese Sprache, diese Fragestellung war einem französischen Akademiker nicht vertraut...
Das war für mich eine gänzlich neue Sprache, vor allem, weil mir Heidegger zeigte, daß alles seit Platon gesagt wor-

den war, da das wesentliche Wort der platonischen Philosophie der Begriff der »Partizipation« war. Aber Partizipation wovon, woran? Partizipation, sagte Heidegger, vom Sein am Seienden, vom Seiendem am Sein. Die Dinge erhellen sich zusehends, das heißt… werden immer nebulöser!

Heidegger schreibt an einer Stelle: »Das Sein wird durch das Seiende bedroht.« Was meint er?

In dem Vortrag, den Heidegger 1936 in Rom unter dem Titel *Hölderlin und das Wesen der Dichtung* hielt, findet sich der Satz: »Gefahr ist Bedrohung des Seins durch Seiende.«[4] Das Sein wird also vom Seienden bedroht. Aber wie kann das Sein vom Seienden bedroht werden, wenn andererseits zur Wahrheit des Seins gehört, daß es »nie west ohne das Seiende«, und wenn es ferner zur Wahrheit des Seienden gehört, daß es »nie ist ohne das Sein«? In der schon von Platon erwähnten Partizipation von Sein und Seiendem gibt es also zwei unterschiedliche Elemente, von denen das eine für das andere bedrohlich ist, nämlich das »Seiende« für das »Sein«. Das Seiende ist die Bedrohung des Seins, denn bei dem Seienden sind wir geneigt, nach dessen Eigenschaften, nach dem, was es *ist*, zu fragen. Beispielsweise »dieser Topf *ist* leer« oder »diese Flasche *ist* voll« oder auch »dieser Brunnen gibt Wasser« oder »ist« im Gegenteil »versiegt« etc. Aber das Sein? Und hier triumphiert Heidegger, wenn er sagt: Aber eben, wo ist das Sein? Das Sein ist nicht im Seienden, es ist keine Eigenschaft des Seienden, es ist keine Qualität des Seienden, und doch west das Sein nicht ohne jenes »Seiende«, das es bedroht, ohne ständig durch das Seiende bedroht zu sein…

1 Sartre, *Das Imaginäre Phänomenologische Psychologie der Einbildungskraft*, Reinbek 1971. Anm. d. Übers.
2 Jürg Altwegg, *Die Republik des Geistes*, München 1986, 92. Anm. d. Übers.
3 Heidegger, *Was ist Metaphysik?* , Frankfurt a. M. 1955, 46. Anm. d. Übers.
4 Heidegger, *Hölderlin und das Wesen der Dichtung*, in: *Erläute-*

rungen zu Hölderlins Dichtung, Frankfurt a. M. 1971, 36.
Anm. d. Übers.

Jean-Michel Palmier

Wege und Wirken Heideggers in Frankreich

Was bei der französischen Rezeption des Heideggerschen
Werks überrascht, ist die Langsamkeit wie auch ihre Kon-
stanz und Intensität. Während man in Deutschland eher
bereit ist, Sartres Philosophie zu studieren, fragen Akademiker und Kritiker immer wieder nach den Gründen der
französischen Resonanz des Heideggerschen Denkens, dem
sie selbst heute offenbar ziemlich ablehnend gegenüberste-
hen. Die großen Etappen jener Rezeption nachzuzeichnen,
ist um so schwieriger, als es sich um ein komplexes Phänomen handelt, das sich über einen Zeitraum von sechzig Jahren erstreckt und die seltsamsten Wege einschlug. Die Hindernisse, die beim Zugang zum Heideggerschen Werk
überwunden werden müssen, sind unterschiedlich.
Zunächst historische: Als Geisel einer eklektischen Tradition, die Rationalismus und Idealismus verband, blieb die
Sorbonne den deutschen postkantianischen philosophischen Strömungen lange eher verschlossen. Der heute als
»Revolutionär« angesehene Hegel wurde aus ihr verbannt,
auch wenn Victor Cousin den Autor der *Phänomenologie
des Geistes* beschwor, ihm »einen Teil seiner entdeckten
Wahrheiten« preiszugeben, damit er sie uns vermitteln
könnte. Es wäre untertrieben zu sagen, daß das Werk Victor Cousins innerhalb der Geschichte der Philosophie
keine Spuren hinterlassen hat. Die postkantianischen Strömungen oder die Lebensphilosophie (Dilthey, Simmel), die
Heideggers Jugend prägten, hatten, Jules Villemin ausgenommen, kaum einen Einfluß auf die französische Universität. Erst mit Raymond Arons Habilitationsschrift wurden die damaligen Geschichtsphilosophen (Simmel,
Weber, Sombart) bekannt. Der Einfluß Durkheims verhin-
derte jede Vermittlung. Als Max Weber und Edmund Husserl das Wesentliche ihres Werkes ausarbeiteten, trium-
phierte der Bergsonismus. Nietzsche faszinierte vor allem

die Geisteswissenschaftler und Germanisten (Charles Andler). Das Wesentliche der metaphysischen Reflexion – von Etienne Gilson bis Emile Boutroux – orientierte sich an Platon, Aristoteles, Descartes und Kant. Schelling, Hegel und Schopenhauer blieben fast unbekannt. Der deutsche Irrationalismus und Idealismus sagte wenig zu. Und von 1870 bis 1920 blieb auch das akademische Milieu nicht von »Germanophobie« verschont. Damit uns Teile jener Philosophien zugänglich werden konnten, waren Vermittler nötig, und diese waren selten. Doch es gab welche. Von den berühmtesten muß Alexandre Kojève genannt werden, dessen Hegel-Vorlesungen (1933–1939), eher als diejenigen von Jean Wahl und Jean Hippolyte, Georges Bataille wie Jean Lacan aufsuchten. Bernard Groethuysen, der Dilthey-Schüler gewesen war, machte Kafka und Hölderlin bekannt. Sein Werk zeugt von einer frühzeitigen Lektüre von Heideggers *Sein und Zeit*. Schließlich gehörten Vladimir Jankélévitch und Jean Wahl zu den ersten französischen Akademikern, die der deutschen Philosophie Interesse entgegenbrachten, auch wenn sich Jankélévitch später davon abwandte.

Erst seit den 20er Jahren tritt die deutsche Phänomenologie (Husserl, Heidegger, Scheler) in Frankreich tatsächlich in Erscheinung. Wenn *Sein und Zeit* 1927 in Deutschland als ein Ereignis betrachtet wurde, findet man davon in Frankreich nur wenig Spuren. Der philosophische Horizont, in den dieses Werk hineingehört, ist kaum bekannt, und Heidegger ins Französische zu übersetzen ist beim besten Willen entmutigend. Durch ihre Dichte, ihre Dunkelheit, ihre Präzision ist die deutsche philosophische Sprache von seltener Komplexität. Die Übertragung aus dem Deutschen in das Französische ist beinahe ebenso schwierig wie die Übertragung aus dem Griechischen ins Lateinische. Es kommt unvermeidlich zu einem Sinnverlust, der zwar weniger tragisch als im Englischen, aber doch beträchtlich ist. Nehmen wir ein einfaches Beispiel. Eines der berühmtesten Werke Heideggers heißt *Holzwege*. Dieses Wort bezeichnet die Wege, die die Holzfäller einschlagen und die nirgendwohin führen, außer mitten in den

Wald. Zur Übersetzung des Titels muß man im Französischen eine Umschreibung benutzen: »Chemins qui ne mènent nulle part.« Die englische Übersetzung begnügt sich mit »Paths«, was Pfad heißt und die Reichhaltigkeit des deutschen Sinns überhaupt nicht wiedergibt.

Was die grundlegende Unterscheidung von »être« (Sein) und »étant« (Seiendes) angeht, einer fundamentalen These in *Sein und Zeit,* so wird sie im Französischen halbwegs richtig wiedergegeben, dafür ist sie im Englischen höchst problematisch, da bereits der Titel mit *Being and Time* übersetzt wird. Sätze wie »Das Nichts selbst nichtet« haben, wie es R. Carnap und die angelsächsischen Positivisten hervorhoben, im Englischen überhaupt keinen Sinn. Der französische Übersetzer stieß also auf beträchtliche Schwierigkeiten. Das phänomenologische Vokabular ist von seltener Trockenheit. Der im Deutschen so häufige Gebrauch von Substantiven, die Möglichkeit, Wörter durch Bindestriche oder durch bloße Koppelung zu verbinden, bringt so unterschiedliche Ausdrücke hervor wie »être-dans-le-monde« (In-der-Welt-Sein) und »être-avec« (Mit-sein). Der Komplexität des Husserlschen Vokabulars fügte Heidegger den Reichtum und das Dunkle der eigenen Sprache hinzu. Sein Denken verwendet nicht nur ständig das Griechische, sondern auch das mittelalterliche Deutsch, stützt den Kommentar auf die Etymologie, versieht geläufige Worte mit einem ungewöhnlichen Sinn (Sorge, *Souci,* Dasein, *Etre-là*) oder einer ungewöhnlichen Orthographie. Der französische Übersetzer hat also zu wählen zwischen wörtlicher Übersetzung (so heißt Dasein heute *être-là*) und notwendiger Umschreibung (Dasein heißt dann *réalité humaine* oder *existence*).

Als erster stellte sich Henri Corbin diesen Schwierigkeiten, als er 1937 bei Gallimard unter dem Titel *Qu'est-ce que la métaphysique?* eine Auswahl von fünf Schriften Heideggers herausbrachte, darunter die 1929 gehaltene Antrittsvorlesung, die den Titel abgab. Das war das erste tatsächliche Auftauchen der Heideggerschen Sprache in Frankreich. Die zur französischen Übertragung des Heideggerschen Vokabulars von Corbin gewählten Begriffe waren nicht neutral. Mit seinem Verzicht auf eine wörtliche Übersetzung – wenn er zum Beispiel für den Begriff Seiendes (*étant*) den Begriff *existant* oder für Un-Wesen (wörtlich *non-essence*) *Néant* schreibt – führt er die semantischen Prämissen der »existentialistischen« Lektüre Heideggers ein. Doch ehe diese stattfand, waren oft überraschende Vermittlungen nötig. Angesichts der Kargheit bürgerlicher französischer Philosophie, des religiösen Klimas des Bergsonismus fühlte sich eine gewisse Anzahl junger Intellektueller von tragischeren oder romantischeren und radikaleren Ideen angezogen. Wie Lucien Goldmann sehr treffend hervorgehoben hat, scheint die pessimistische Krise, die der Existentialismus in Frankreich einleitete, in Deutschland um 1900 gegenwärtig gewesen zu sein. So spricht man häufig von einem »tragischen Bewußtsein« der damaligen deutschen Soziologie. Georg Simmels Philosophie des Todes ist die Vorläuferin von Heideggers Auffassung des Menschen als Sein-zum-Tode. Und man braucht nur Lukács' letzten Essay in *Die Seele und die Formen*[1] zu lesen, seine *Metaphysik der Tragödie*, um von dem Gebrauch der Begriffe »Authentizität« und »Inauthentisch« überrascht zu sein. In Frankreich sollte sich eine Anzahl junger Intellektueller die Waffen für ihre Revolte im Marxismus wie in der deutschen Philosophie beschaffen. Das erklärt das Interesse von Georges Politzer und Henri Lefebvre für das Werk Schellings, von dem sie *Über das Wesen der menschlichen Freiheit* übersetzten. Lefebvre veröffentlichte einen Essay zu Nietzsche, und Politzer verteidigte Freud. Und einigermaßen kurios ist, daß sich am meisten Paul Nizan für Heidegger interessierte.

Über dieses Verhältnis Nizan-Heidegger ist viel geredet worden. Das Erstaunliche ist, daß Nizan schon 1931 in der Zeitschrift *Bifur* unseres Wissens nach die erste Übersetzung eines Heidegger-Textes gemeinsam mit einem Kommentar von Alexandre Koyré veröffentlichte. Und als er sich nach seiner Rückkehr aus der UdSSR (1935) mit Brice Parrain unterhielt, erzählte er ihm weniger vom »neuen sozialistischen Menschen« als von Heidegger und dem Tod.

Auf Besuch in Paris traf sich Aron eines Tages mit Sartre in einem Café und erwähnte seine letzte Lektüre in Deutschland. Das war Anfang 1933. Er stellte ihm einige der grundlegenden Ideen Husserls vor. Victor Delbos hatte schon 1911 über dessen Arbeiten berichtet, Gurvitch tat 1928 dasselbe, ebenso 1927 B. Groethuysen. Allerdings mußte man auf das Erscheinen von Emmanuel Levinas' *Théorie de l'intuition dans la phénoménologie de Husserl* (1930) warten, um die erste systematische Darstellung der Phänomenologie auf französisch zur Verfügung zu haben. Sartre las Levinas' Buch und hatte den Eindruck, bei Husserl die Grundlagen der Methode wiederzufinden, die er auszuarbeiten beabsichtigte. Diese Begegnung mit der Phänomenologie sollte sechs Jahre dauern. Sartre beantragte, Nachfolger Raymond Arons am Institut Français in Berlin zu werden. Doch wandte er sich nur allmählich Heidegger zu, auch wenn sein Text *Légende de la vérité*[2] in Nizans Zeitschrift *Bifur* parallel zu dem Heidegger-Text veröffentlicht worden war. In Berlin versuchte er, sich Heideggers Vokabular zu nähern, stieß auf die erwähnten Schwierigkeiten und gab nach fünfzig Seiten auf. 1938 nahm er das Studium Heideggers wieder auf und vertiefte es. Während Paul Ricœur und Mikel Dufrenne in der Gefangenschaft die *Ideen I* übersetzten, las der ebenfalls gefangene Sartre ein Exemplar von *Sein und Zeit*, das ein Priester in das Lager gebracht hatte. Gemeinsam veranstalteten sie täglich ein Seminar zur deutschen Phänomenologie.

In den *Carnets*[3] gesteht Sartre den entscheidenden Einfluß ein, den das Heideggersche Denken auf die Entstehung von *L'être et le néant* (*Das Sein und das Nichts*) ausgeübt hat, das 1943 erschien. Ein Heideggersches Werk? Zweifellos nicht. Das Nichts, eine bei Sartre zentrale Kategorie, spielt mit Ausnahme von *Sein und Zeit* bei Heidegger kaum diese Rolle, dafür ist ihm aber ein ganzes Vokabular – von der Authentizität bis zur Geschichtlichkeit – entnommen. Die von Sartre vorgeschlagene Lektüre ist von zumindest zwei Phänomenen geprägt: dem Filter der Existenzphilosophien und einem gewissen Mißverständnis des ontologischen Vokabulars Heideggers. Mehrere Zeichen hatten diese Lektüre angekündigt: das Erscheinen der Habilitationsschrift von V. Jankélévitch, *L'Odyssée de la conscience dans la dernière philosophie de Schelling* (1933), das allmähliche Entdecken Kierkegaards, der in Deutschland schon seit 1900 bekannt war, schließlich die Vorlesungen von Jean Wahl. Es ist nicht übertrieben zu sagen, daß der Sartresche Existentialismus auf der Fehldeutung seiner Heidegger-Lektüre fußen wird. Sartre verliert sich leicht in dem »Seinsphänomen« oder »Phänomen des Seins«, übersetzt Dasein mit *existence* und die Heideggersche Behauptung, »das Wesen des Dasein gründet auf seine ekstatische Macht«, dessen Fähigkeit zur Seinsfrage, wird bei Sartre zu: »das Wesen der Existenz liegt in der Existenz.« So entstand der »existentialistische Heidegger«.

Doch nach dem Krieg wurden aufgrund von Heideggers Rektoratszeit 1933 und seiner vorübergehenden Unterstützung des Hitler-Regimes die Beziehungen zu Heideggers Denken problematisch, wie Sartres eigenes Beispiel belegt. Wie viele Zufälle auch hier! 1945 entdeckt Frédéric de Towarnicki, ein junger Soldat aus der Division *Rhin et Danube*, entzückt *Was ist Metaphysik?* und beschließt, nach Todtnauberg im Schwarzwald zu reisen, um Heidegger zu treffen. Er beabsichtigt, diesem Sartre und Simone de Beauvoir vorzustellen. Er läuft durch das in Ruinen liegende Freiburg, begibt sich zu Heidegger, und dieser bittet ihn darum, ihm bei der Wiederaufnahme seiner Beziehungen zu Frankreich behilflich zu sein. Heidegger hatte sich mit Émile Bréhier in Verbindung gesetzt, die Sorbonne hatte ihm aber wegen seiner Unterstützung des Nazi-Regimes von Anfang 1933 keine Antwort zukommen lassen. Towarnicki, der Heidegger-Assistenten trifft, die bezeugen, daß er jüdische Hochschullehrer geschützt hat, gelingt es, Sartre von seinem Widerwillen abzubringen, und diese jungen Franzosen sind vermutlich die ersten, mit denen Heidegger ins Gespräch kommt. Einer von ihnen ist Alain Resnais. Heidegger erkundigt sich nach Jean Wahl, Le Senne, Lavelle. Er gesteht, nichts von Sartre zu wissen, abgesehen von einigen Artikeln, die in *Confluences* zu Sartre erschienen sind. Towarnicki schenkt ihm ein Exemplar von *L'être et le néant*, und Heidegger erklärt, daß er nicht recht versteht, was in Frankreich »Existentialismus« genannt wird. Vor allem überreicht ihm Towarnicki einen Brief Sartres. Bleibt nur noch, das Treffen mit den Militärbehörden zu arrangieren. Camus lehnt ab, sich mit Heidegger zu treffen. Le Senne ist mißtrauisch. Später, bei den ersten Angriffen auf Sartre und den Existentialismus, wird diesem seine Beziehung zu Heidegger heftig vorgehalten werden.

Der Existentialismus setzt sich schließlich dennoch durch. Ohne sich ihm anzuschließen, hat Jean Wahl großen Anteil an seinem Erfolg gehabt wegen seiner Leidenschaft für die Existenzphilosophien, seiner Wiederentdeckung der Schriften des jungen Hegel schon 1929 (*Le malheur de la conscience dans la philosophie de Hegel*, 1955 neuaufgelegt) und seiner *Études kierkegaardiennes*. Deutliche Gemeinsamkeiten und Trennungslinien wurden damals ausgemacht: Sartre und Heidegger sind »atheistische Existentialisten«, Gabriel Marcel und Karl Jaspers »christliche Existentialisten«. Emmanuel Mouniers Personalismus wird ebenfalls die Nähe zur großen existentialistischen Familie, die Einheit ihrer Themen betonen. Sehr viel anders sollte Jean Beaufrets Zugang sein. Auch er hatte den Sammelband Henri Corbins, *Qu'est-ce-que la métaphysique?*, gelesen, ohne dessen Bedeutung zu verstehen. Nach einem Treffen mit Merleau-Ponty 1940 interessiert er sich für die Phänomenologie, die er bis 1942 intensiv studiert. Als Lehrer am Lycée von Grenoble entdeckt er *Sein und Zeit* und *Kant und das Problem der Metaphysik*. Diese Lektüre vertieft er bis 1944 und meint zu erahnen, was Heidegger sagen will... bis zur Nachricht der Alliiertenlandung in der Normandie. 1947 veröffentlicht er in der Zeitschrift *Fontaines* einen ausgezeichneten Text – *Heidegger et le problème de la vérité* – und macht Heideggers Bekanntschaft. Aus diesem Treffen entsteht eine Freundschaft, die bis zu Heideggers Tod andauern wird. Man kann nie genug hervorheben, wieviel Heidegger Beaufret verdankt. Er war mehr als ein Einführer und Kommentator, so scharfsinnig er als solcher auch ist. Der Dialog, den er mit ihm unaufhörlich unterhielt, entsprach vermutlich der Vermittlung eines ontologischen, authentischeren Verständnisses des deutschen Philosophen, das in Frankreich ohnegleichen blieb.

Es ist daher nicht verwunderlich, daß Heideggers erste Weigerung, mit dem Existentialismus gleichgesetzt zu werden, der berühmte *Brief über den Humanismus* ist, den er 1946 an Jean Beaufret adressierte und in dem er die psychologistischen und anthropologistischen Interpretationen seines Denkens zurückwies. Heidegger lehnte es ab, mit Sartre und Jaspers in Verbindung gebracht zu werden. Eine solche Verbindung bezeichnete er als »grundlegende Mißdeutung«. Dieses neue Verständnis seiner Philosophie läßt ihn von der Sartreschen Lektüre, aber auch von den ersten kritischen Arbeiten, beispielsweise von Alphonse de Waelhens (*La philosophie de Martin Heidegger*, 1942), abrücken. Von 1953 bis 1967 erscheinen viele Übersetzungen, Kommentare und Polemiken. *Kant und das Problem der Metaphysik* erscheint 1953, *Aufsätze und Vorträge* 1958, *Was heißt denken?* 1959, *Einführung zur Metaphysik* 1958, *Holzwege* 1962, ein Teil von *Sein und Zeit* 1964. Das Heideggersche Vokabular der Übersetzungen läutert und verfeinert sich. Es nähert sich dem deutschen Original und streift seine existentialistischen Kleider ab. Neue Übersetzer widmen sich dieser Arbeit, zum Beispiel François Fédier, der versucht, den Heideggerschen Text in möglichst großer Anlehnung an die deutsche Sprache wiederzugeben, selbst um den Preis, das Altfranzösische zu verwenden (was anfechtbar ist, denn wer versteht heute, daß »esperir« »faire l'expérience« – die Erfahrung machen – bedeutet?). Gleichzeitig taucht er, auch wenn es noch keine umfangreiche Studie zu Heidegger gibt – und davon gibt es nach wie vor nur sehr wenige –, in den Lehrprogrammen der Sorbonne auf. Jean Wahl widmete ihm von 1951 bis 1961 mehrere Vorlesungen, von denen die berühmtesten als Fotokopien im *Centre de Documentation Universitaire* erschienen. Zwar wurde Otto Pöggelers Studie *Das Denken Heideggers*[4] (Aubier) erst 1967 übersetzt, dafür aber das schöne Buch von Beda Alleman *Hölderlin und Heidegger*[5] (P.U.F.) schon 1959.

Der wachsende Einfluß Heideggers entfacht immer neue Polemiken zu seinem Rektorat von 1933 und zu den politischen Implikationen seiner Philosophie. Es handelt sich weniger um systematische, kritische Untersuchungen als um Artikel, in denen immer wieder nach dem Sinn der Heideggerschen Verwirrung gefragt wird. Eine persönliche oder mit seiner Philosophie verbundene Verwirrung? Eine vorübergehende oder dauerhafte? Nebensächliche oder bedeutungsschwere? Diese Polemiken vergiften buchstäblich jeden Zugang zu seinem Werk. Sie haben sehr früh begonnen: gleich 1946 und 1947 in *Les Temps Modernes* mit Maurice de Gandillac, Karl Löwith, Eric Weil. Sie nehmen zu, als Jean-Pierre Faye 1961 in seiner Zeitschrift *Médiations* einige seiner Reden veröffentlicht. Sie erweitern sich um alle möglichen und phantasiereichen Diffamierungen – Heidegger als Antisemit, Heidegger in SA-Uniform unterrichtend, Heidegger, seinem ehemaligen Lehrer Husserl den Eintritt zur Freiburger Universitätsbibliothek verwehrend –, bis François Fédier auf die jüngsten Angriffe (R. Minder, J.P. Faye, A. Patri in *Critiques*, Februar 1967) mit einer Klarstellung (im Juli 1967) antwortet. Wir selbst haben versucht, uns in dem Essay *Les écrits politiques de Heidegger* (L'Herne, 1968) mit dieser Frage zu beschäftigen.

Die erneute Lektüre dieser Diskussionen hinterläßt einen unbefriedigenden Eindruck. Die Mehrzahl der Heidegger vorgehaltenen Fakten ist falsch, die Übersetzungen seiner Texte von 1933 fragwürdig; Verteidigungsreden, die behaupten, 1933 und später habe man schreiben können, ohne sich um den politischen Kontext zu kümmern, sind gefährlich. Allein eine Reflexion über diesen Zeitabschnitt, über die Rolle, die die Universität mit ihrer grotesken apolitischen Haltung spielte, ließe die Gründe seiner Zustimmung verstehen.

Als wir uns 1968 gemeinsam mit Frédéric de Towarnicki mit Heidegger trafen, sagte er, in Deutschland wäre er nur noch »ein toter Hund«. In Frankreich hingegen hatte sein Werk einen tatsächlichen Einfluß. Sartre hatte zu ihm hingeführt, und es war offensichtlich, daß man nicht mehr über Metaphysik, Ontologie, Dichtung, Vorsokratiker, Platon oder Aristoteles schreiben konnte, ohne Heideggers Zugang zu diesen Philosophen zu erörtern. In seinem schönen Buch *Totalité et infini*[6] bekannte sich Emmanuel Lévinas zu dem, was er *Sein und Zeit* verdanke. Jacques Derrida und Lacan kommentierten seine Texte, und anläßlich des letzten Werks von Merleau-Ponty unterstrich man eine Konvergenz zwischen dessen posthumen Schriften und der Heideggerschen Ontologie.

Das zunehmende Interesse für die Sozialwissenschaften, die vom Strukturalismus ausgelösten Polemiken, das Erscheinen der ersten Bücher von Michel Foucault oder Lévi-Strauss scheinen die Reflexion in eine andere Richtung und zu anderen Fragen gelenkt zu haben. Wenn auch Jean Beaufret im Kreis einer wachsenden Anhängerzahl Heideggers Werk weiterhin vertiefte, wurde dieses doch erst spät einem breiten gebildeten Publikum vertraut. Jean Wahl war gestorben. Mit ihm verschwanden die Existenzphilosophien wie auch das Interesse an Kierkegaard, Jaspers und Gabriel Marcel. Zwar wurde Heidegger um 1968 an den Universitäten erwähnt, doch eine systematische Einführung in sein Werk gab es kaum. Sogar in Nanterre, wo dank solcher Hochschullehrer wie Paul Ricœur, Emmanuel Lévinas, Mikel Dufrenne, Clémence Ramnoux seine Ideen diskutiert wurden, mokierte man sich gern über die unter den Studenten einigermaßen zahlreich vertretenen »Heideggeranier«, die durch Sartres *La nausée*[7] auf ihn gestoßen waren.

Es ist heute sehr schwierig, das Schicksal seines Werkes vorherzusehen, selbst wenn ihm 1983 ein *Cahier de L'Herne* gewidmet wurde. Gewiß, seine Bücher werden übersetzt, von kleinen Kreisen abgesehen prägen sie jedoch kaum die französische Philosophie. Aber existiert diese überhaupt noch? Während sich in Japan Philosophiestudenten für sein Werk begeistern, in den Vereinigten Staaten Parallelen zum Werk Wittgensteins gezogen werden, trifft man, ob in Deutschland oder Frankreich, selten einen Studenten, der Heidegger gut kennt. Verfinsterung oder Untergang? Schwierig zu sagen. Denn es stimmt, daß sich das Werk Heideggers, obwohl es alle Interpretationen der abendländischen Metaphysik erschüttert hat, überhaupt nicht zur Bildung einer Schule eignet. Es kann nicht fortgesetzt werden. Und die zwei Gefahren, die einem bestimmten »französischen Heideggerianismus« drohen, sind die Paraphrase und die Mimikry. Dieses relative Vergessen des Heideggerschen Denkens heute ist ein Symptom für sich: Es bedeutet auch das Verschwinden einer bestimmten Tiefe, Strenge, Radikalität und Geduld des Fragens, das den unterschiedlichsten ideologisch-philosophischen Basteleien der letzten Jahre, von denen vermutlich wenig bleiben wird, gewichen ist. Liegt es an den Übersetzungen? Das Aufsehen, das Emmanuel Martineau 1985 mit seiner Raubdruckübersetzung von *Sein und Zeit* erregte, könnte das vermuten lassen. Pessimistischer könnte man sich fragen, ob die, die fähig sind, sich diesen Fragen zu stellen, nicht immer weniger werden, und ob das, was man in zehn Jahren »Philosophie« nennen wird, noch eine Beziehung zu jener Tradition haben wird, die von den Griechen bis zu Heidegger reicht. Ein Denken, das behauptet, die Frage sei wichtiger als die Antwort, und das sich weigert, Antworten zu geben, kommt in einem Zeitalter, in dem das Denken dem Bedeutungslosen und Ephemeren gewichen ist, entschieden ungelegen. Wie kann man aber abstreiten, daß die Begegnung mit Heideggers Werk ein wesentliches Ereignis, eine Quelle ist, deren Reichtum nie versiegt? Wird dieses Werk jenseits aller Moden und vorübergehender Begeisterungen schließlich doch diejenigen erreichen, an die es sich richtet? »Ein Buch für Alle und Keinen« hatte Nietzsche in *Also sprach Zarathustra* geschrieben, und als man Heidegger fragte, wie er sich das Geschick seines Denkens vorstelle, antwortete er mit einem Lächeln und einem bewundernswerten Stolz: »Man wird mich erst in einigen Jahrhunderten verstehen.« Kein Zweifel, daß, wenn das Wort »Philosophie« noch einen Sinn hat, ihm dieselbe grundlegende Bedeutung wie Platon oder Hegel zukommt.

1 1910. Anm. d. Übers.
2 Sartre, *Legende der Wahrheit* in: *Die Transzendenz des Ego*, Reinbek 1982. Anm. d. Übers.
3 Sartre, *Tagebücher November 1939 – März 1940*, Reinbek 1984, 20, 23, 35, 42, 60 ff., 83, 120, 161, 164, 183, 195 f., 217, 262, 264, 266 ff., 305, 333, 442, 461, 471. Anm. d. Übers.
4 Otto Pöggeler, *Der Denkweg Martin Heideggers*, Pfullingen 1983. Anm. d. Übers.
5 Beda Alleman, *Hölderlin und Heidegger*, 1956. Anm. d. Übers.
6 Emmanuel Lévinas, *Totalität und Unendlichkeit*, Freiburg/ München 1986. Anm. d. Übers.
7 Sartre, *Der Ekel*, Reinbek 1981. Anm. d. Übers.

CLEMENS-CARL HÄRLE

Martin Heidegger, das Rektorat und die neuere französische Philosophie

Übersetzung

Als in den sechziger Jahren Lévi-Strauss und Lacan, Althusser und Foucault in Frankreich, von den Errungenschaften der neueren Linguistik ausgehend, es unternahmen, in Ethnologie, Psychoanalyse und Geschichtstheorie einen epistemologischen Bruch zu vollführen, wurde diese Bewegung des Denkens außerhalb Frankreichs zunächst wenig, wenn überhaupt zur Kenntnis genommen. Es bedurfte der Rebellion der Studenten und Jugendlichen, damit das öffentliche und akademische Bewußtsein nicht nur gewahrte, daß die Ära des Nachkriegs und der ökonomisch-politischen Rekonstruktion nunmehr abgeschlossen war, sondern vor allem auch, daß der Agitation auf politischer Szene nicht weniger tiefgreifende Verschiebungen auf dem Felde der Humanwissenschaften und Philosophie vorausgegangen waren. Die Schriften der französischen Denker, denen sich nun langsam die Aufmerksamkeit zuzuwenden begann, waren ein derartiges Vorzeichen, ähnlich wie die *Negative Dialektik* Adornos (1966) im deutschen Sprachraum.

Dem Strukturalismus – so nannte man das Ensemble ihrer Diskurse – lag die Einsicht zugrunde, daß weite Bereiche des Wirklichen – und auch der geschichtlichen, scheinbar vom Menschen hervorgebrachten Wirklichkeit – nicht begriffen werden können, wenn ihr Ursprung in einem konstituierenden Bewußtsein erblickt wird. Die Ergebnisse der Sprachwissenschaft, aber auch das Experiment der künstlerischen Avantgarden hatten zu dieser Einsicht genötigt, und das Interesse für den Traum, die Regel und die Macht entsprang diesem Befund.

Zumal Lacan und Foucault versuchten, von ihm auch philosophisch Rechenschaft abzulegen. Dabei erwies sich für sie die Kenntnis mit der Spätphilosophie Heideggers als höchst fruchtbar. Deren Kritik des neuzeitlichen Subjektivismus, ihre Freilegung der ontologischen Differenz und Deutung der Wahrheit als Unverborgenheit – nicht als Angleichung des Gedankens an das Ding, wie weithin üblich in der philosophischen, aber auch wissenschaftlichen Tradition – erlaubte, die Funde der Humanwissenschaften nicht lediglich empiristisch oder psychologistisch zu interpretieren, sondern ihre ontologische und erkenntniskritische Bedeutung herauszustellen.

Heideggers Seinsmeditation ward so aus dem unmittelbar phänomenologischen Kontext, in dem sie zunächst auch in Frankreich – von freilich so verschiedenen Denkern wie Sartre, Merleau-Ponty oder Beaufret – aufgenommen wurde, herausgelöst. Ihr wuchs, jenseits des deutschen Milieus und der angestammten Sprachgestalt, eine gleichsam verfremdete Physiognomie und unverhoffte Weltläufigkeit zu. Auch die Begegnung Heideggers mit René Char, dem Dichter, der in der Résistance gekämpft hatte, ist ein nicht unwesentlicher Aspekt dieser Aufnahme.

Es scheint, daß durch diese Verpflanzung das politische Vorzeichen, mit dem Heideggers Philosophie bis dahin unwiderruflich verbunden schien, sich geändert oder doch zumindest verschoben hat. Das will nicht sagen, daß dessen Verwicklung im Nazismus, durch die Übernahme des Freiburger Rektorats 1933/34, in Frankreich nicht debattiert worden wäre und wird; aber es bedeutet, daß Heideggers Schriften durch den Sprachwechsel Anlaß zu Lektüren gaben, die in Deutschland ihresgleichen nicht kennen.

Der Schrecken

Vielleicht ist es nicht unangebracht, diese »Geschichte« in Erinnerung zu rufen in einem Augenblick, da der Zeitgeist – links wie rechts des Rheins, wie man versichert – durch ein Buch bewegt ist, das erneut Heideggers Parteinahme für den Nationalsozialismus aufrollt: *Heidegger et le nazisme* von Victor Farias. Wohl ist es kein Zufall, daß diese Schrift zu einem Zeitpunkt erscheint, da im Zuge des sogenannten Historikerstreits neuerlich mit Heftigkeit die Frage nach der Einzigartigkeit des nazistischen Völkermords aufbricht – als ob es eines Zeichens bedurft hätte, daß dieses Jahrhundert noch an seinem Ausgang von dem Schrecken der Verbrechen verfolgt wird, durch die es sich in die Geschichte einschrieb.

Heidegger, und mit ihm andere Denker, ja nicht unbeträchtliche Teile der Sphäre dessen, was Hegel den absoluten Geist nannte – Kunst, Religion, Philosophie –, waren in die Bewegung, die diesen Schauder heraufführte, wenigstens für einen Augenblick verstrickt. Mochte sie auch sonst noch so »geistfeindlich« sein, sie griff – totalitär – das gesamte menschliche Dasein an. Der Anspruch des Denkens: durch die Versenkung rein in sich selbst die Totalität des Seienden zu ergreifen und zu rechtfertigen, war durch den von ihr realisierten Schrecken in Frage gestellt. Es sieht sich, angesichts der Perfektion der Vernichtung und der Paralysis der Opfer, mit seiner innersten Ohnmacht, mit einem Unausdenklichen konfrontiert – von dem indes vielleicht mehr die Literatur als die Philosophie Zeugnis abgelegt hat.

Im Schatten dieser »Wunde des Denkens«, wie Maurice Blanchot Heideggers Verstrickung genannt hat, ist sein Werk nach dem Kriege weithin gelesen worden und hat, je nach der philosophischen Überzeugung des Interpreten, die unterschiedlichsten Stellungnahmen veranlaßt, man denke an die Reaktionen eines Jaspers oder Adorno, einer Hannah Arendt oder zuletzt eines Habermas. Nicht unwesentlich an dieser Diskussion ist, daß Heidegger in seinen späteren Schriften es durchaus unterließ, sich thematisch mit der Frage des nazistischen Terrors und Genozids auseinanderzusetzen. Wie immer man diese Zurückhaltung beurteilen mag – und auch wenn man einräumt, daß eine nachträgliche Distanzierung im Adenauer-Deutschland, wo eine solche Geste vom Ritual des Wiedereintritts in die Sphäre der Macht kaum zu unterscheiden war –, sie hinterläßt ein Unbehagen. Philippe Lacoue-Labarthe hat dieses Schweigen als unentschuldbar bezeichnet.

Die Auseinandersetzung mit Heidegger ist also auf die Untersuchung seines Werks verwiesen, um darin Aufschluß über diejenigen Elemente zu finden, die die Parteinahme von 1933 ermöglicht oder doch zumindest nicht verhindert haben. Wenigstens hat diesem Weg zu folgen, wer das empirische Individuum Heidegger und dessen politische Akte nicht gänzlich außerhalb seiner philosophischen Schriften situieren will – eine Möglichkeit, die dem Impuls von Heideggers Denken selbst widerspräche. Um die Deutung der sprachlichen und begrifflichen Setzungen in Heideggers Text geht also der Streit. Und vielleicht darf angemerkt werden, daß die schleppende Veröffentlichung des umfangreichen Nachlasses durch die Erbwalter diesem wenig förderlich ist.

Dasein

Die Heideggersche Existentialontologie, so wie sie in dem 1927 als Fragment veröffentlichten Buch *Sein und Zeit* dargelegt ist, versteht sich als eine Destruktion der europäischen Bewußtseins- und Subjektphilosophie, in dieser Geste durchaus Nietzsches Umdrehung des Platonismus verwandt. Gegen die repräsentative und vergegenständlichende Verfaßtheit des Bewußtseins – wie sie exemplarisch im cartesianischen Cogito zum Ausdruck kommt – setzt Heidegger das faktische Leben oder, wie er später sagt: das Dasein. Dieses ist nicht gekennzeichnet durch die Erfassung des Wirklichen im Begriff – in ihr erblickt Heidegger den Ursprung des Projekts der Welt- und Naturbeherrschung der Technik –, sondern durch sein je schon geschehendes In-der-Welt-Sein. Die Welt widerfährt ihm dabei in einer Vielzahl von Weisen, die Heidegger Existentialen nannte und von denen er Befindlichkeiten wie Angst und Sorge, Schuld und Neugier, aber auch die Formen der Rede und des alltäglichen Verstehens in berühmt gewordenen Analysen beschrieb.

Zwei Aspekte von *Sein und Zeit* bedürfen besonderer Erwähnung: Das Dasein ist zum einen nur ein- und sein->Da«; als solches ist es auf die Welt hin geöffnet, aber doch zugleich ohne Grund und ohne Bestimmung. Dank dieser »Geworfenheit« ist es ein Seiendes, dem es »in seinem Sein um sein Sein selbst geht«, das, mit anderen Worten, die Seinsfrage stellt.

Diese anfängliche, positive Zerstreuung indes wird von Heidegger enggeführt zu einer Art Dialektik von Eigentlichkeit und Uneigentlichkeit: Das Dasein kann »es selbst oder nicht es selbst sein«, es kann sich als in sich selbst gesammelt oder, als namenloses »man«, dem »Betrieb« der Welt verfallen erfahren. Schließlich hat Heidegger in Formeln wie Entscheidung, Entschlossenheit und Sein zum Tode Gestalten umschrieben, in denen sich das Dasein aus seiner Verfallenheit zurückholt und – vorlaufend – zu einer Ganzheit werden kann.

Zum anderen versucht Heidegger, worauf Jean-François Lyotard hinwies, in *Sein und Zeit* gleichsam eine transzendentale Konstitution der Sozialität, um letztere dem Felde des bloß Empirischen zu entreißen. Als »Mitsein« ist das Dasein »wesenhaft umwillen Anderer«, und indem es in die »Möglichkeiten des dagewesenen Daseins« zurückgeht, stiftet es durch Wiederholung Geschichte. Ihm eignet darin eine ursprüngliche Zeitlichkeit, es ist an ihm selbst geschichtlich: Zukunft – der entschlossene Entwurf – und Vergangenheit – die »ausdrückliche Überlieferung« – treten derart zusammen, daß sie sich zu einem übergreifenden, gemeinsamen Schicksal fügen. Und dieses Schicksal ist stets »das Geschehen der Gemeinschaft, des Volkes«.

Es ist diese Semantik der Wiederaneignung der ursprungslosen Faktizität des einzelnen und des sozialen Seins, die sich bisweilen in *Sein und Zeit* schon der Umsicht des Autors entzieht und in den Texten der frühen dreißiger Jahre eigentümlich verdichtet. Mitsein wird gleichbedeutend mit Volk, einer das einzelne umgreifenden Ursprungseinheit, die keinerlei innere noch äußere Differenz mehr zuläßt und von Heidegger schließlich in einer territorialen Metaphorik verankert wird. Der Einstand – oder der Ausstand – des Volks kann nur mehr als Selbstbehauptung, als Akt einer heroisch-entschlossenen Gründung gedacht werden, die zuletzt in der Härte des Opfers, in einem Theorem der Dienste und einer im ursprünglichen Fragen fundierten Führung kulminiert.

In der »Rektoratsrede« unternimmt Heidegger von diesen Prämissen aus eine Fundierung der Universität und des Wissens, auf administrativer Ebene die Ersetzung der Kollegialverfassung der Akademie durch das Führerprinzip. Ähnliche Appelle an die gründend-stiftende Instanz des Volkes stehen im Mittelpunkt seiner politischen Diskurse 1933/34 und klingen mitunter nach in der weitausgreifenden Hölderlin-Lektüre, der er sich nach seinem Rücktritt zuwandte.

Differenz

Ist diese Wiederaneignung, dieser Populismus ein notwendiges Element, eine zwangsläufige Folge des philosophischen Ansatzes der Existentialontologie? In der Heidegger-Exegetik wird diese Frage kontrovers beantwortet. Aufschlußreich sind in diesem Zusammenhang insbesondere die Untersuchungen von Jacques Derrida und einer Reihe seiner Schüler, etwa Philippe Lacoue-Labarthe. Da deren Nähe zu Heidegger im Zuge der Rezeption des Buches von Farias allzuhäufig und oftmals polemisch kolportiert wird – wenn man nicht gar der von Gianni Vattimo geäußerten Ansicht zuneigt, daß eben Derridas Heidegger-Lektüre insgeheim durch Farias' Publikation getroffen werden soll –, erscheint es gerechtfertigt, auf sie an dieser Stelle näher einzugehen.

Derridas Denken begreift sich ganz wesentlich als eine Dekonstruktion derjenigen Philosophien, die das Sein als Identität und ursprüngliche Präsenz auffassen und dergestalt versuchen, seinen sprachlichen Ausdruck in der Eindeutigkeit eines Sinnes, einer reinen sprachlichen Bedeutung zu fixieren. Eben darum nimmt die Dekonstruktion beim Zeichen und dessen unaufhebbarer Verweisung, sei-

ner Hetero- und Autoreferentialität, ihren Ausgang und
setzt der Fülle und Selbstpräsenz der Stimme, dem von der
Metaphysik privilegierten Ort der Kundgabe, die Schrift
entgegen. Denn die Schrift ist nur indirekt, in einer Äußer-
lichkeit gegeben, als Spur, als »Spur der Auslöschung der
Spur«, wie Derrida schreibt.

Man sieht, die Reflexion Derridas ist Heidegger in mehr-
facher Weise verpflichtet. Sie folgt seiner Kritik des Seins
als Anwesenheit oder Präsenz und greift sein Diktum auf:
»Nur wo Sprache, da ist Welt«, wenn auch mit spürbar
nominalistischem Akzent. Auch eignet sie sich die Heideggersche »ontologische Differenz« zu, die Insistenz auf die
Irreduzibilität des Seins auf das Seiende. Ihr gibt Derrida
freilich eine eigentümliche Wendung insofern, als er sie als
»différance« liest, als Bewegung eines Aufschubs, in dem
sich die Identität des Sprachzeichens fortwährend entzieht.

Derrida vermeidet also jegliche Setzung, die die Differenz zu hypostasieren versuchte. Die Ursprungslosigkeit,
impliziert in der Reflexivität der Spur, kann durch keinen
dezisionistischen oder voluntativen Akt wieder rückgängig
gemacht werden; die sprechende und lesende, schreibende
oder handelnde Subjektivität ist je schon – »faktisch« – in
das Netz der Sprache eingefügt, in dem Dinge und Ereignisse, das Selbst und das andere, sich ebenso ankündigen
wie entziehen.

Derrida nimmt also Elemente der Heideggerschen Seinsmeditation auf und schreibt sie doch zugleich so um, daß
sie dem Leser nur verfremdet, in prismatischer Brechung,
wiederbegegnen. Der Nähe zu Mallarmé und Joyce, aber
auch zur Psychoanalyse und dem Hebraismus eines Lévinas verdankt diese Transposition wesentliche Impulse. Sie
ermöglicht es Derrida, sich Heidegger, bei aller Affinität,
zuweilen mit einer Ungeniertheit zu nähern, die manchen
Adepten erröten läßt. Sehr früh schon hat er die Disjunk-
tion von Eigentlichkeit und Uneigentlichkeit, Wesen und
Verfall, die *Sein und Zeit* skandiert, zurückgewiesen, desgleichen Heideggers Anspruch, im Begriff einer ursprünglichen Zeitlichkeit die Temporalkonzeption der abendländischen Metaphysik zu überbieten.

Insbesondere hat diese Unbefangenheit es Derrida erlaubt, dem Wechsel der Töne in Heideggers Text nachzugehen und die Selbstdeutung, die dieser seinem philosophischen Gang in der Rede von der »Kehre« gegeben hat, in Frage zu stellen. Bekanntlich hatte Heidegger in den späten dreißiger Jahren das Verhältnis von Sein und Geschichte dahingehend gedeutet, daß das Sein an ihm selbst geschichtlich sei und sich dem Menschen in »Schickungen«, den Epochen, überantworte. Das Denken erschien ihm dabei, Motive Hölderlins aufnehmend, als Gehör und erinnerndes Andenken dieser Geschicke. Vermöge dieser Konzeption der Seinsgeschichte konnte Heidegger die Gestalten und Epochen der Metaphysik in ihren begrifflichen Setzungen systematisieren und im Übergang von der Vorsokratik zum Platonismus die entscheidende Zäsur erblicken.

Die Weltherrschaft der modernen Technik war so in einem übergreifenden Zusammenhang situiert: Das Technische erschien nicht nur als Mittel zu Zwecken, sondern, im Sinn von Gestell und operationalisierter Präsenz, als eine Epoche des Seins. Und Nietzsche, den Gegenspieler, entriß er der biologisch-naturalistischen Verstümmelung, durch die nazistische Ideologie, indem er – welch ein Preis – den Willen zur Macht der Metaphysik zuschlug.

In subtilen Untersuchungen hat Derrida dargetan, daß die Heideggersche Kehre und Seinsgeschichte einerseits höchst fruchtbare Perspektiven freigibt, etwa in den Motiven der Aletheia/Unverborgenheit und des »Es gibt«, andererseits indes einer »verborgenen Teleologie oder narrativen Ordnung« folgt und eine Art Axiomatik durchscheinen läßt, die das Werk als ganzes durchläuft. Derrida hat diese gleichsam lateral, an der Verwendung des Terminus »Geist« erschlossen. War Heidegger dieser, infolge seiner Zentralstellung im spekulativen Idealismus Hegels, verdächtig und wurde in *Sein und Zeit* in Anführungszeichen gesetzt, so schiebt sich in den nachfolgenden Texten eine Geistsemantik auffällig in den Vordergrund. Ihren markantesten Ausdruck findet sie vielleicht in der »Rektoratsrede«, wo aus der Erfahrung der Seinsfrage der

Anspruch auf geistige Führung und auf Gefolgschaft abgeleitet wird. »Geist«, heißt es dort, ist »ursprünglich gestimmte, wissende Entschlossenheit zum Wesen des Seins« und die »geistige Welt« der Ort einer »ständigen Entscheidung zwischen dem Willen zur Größe und dem Gewährenlassen des Verfalls«, »Schrittgesetze« für »den Marsch, den unser Volk in seine künftige Geschichte angetreten hat«. Aber auch in den Vorlesungen der dreißiger Jahre ist diese Topik nicht abwesend und bezeichnet den Bereich, wo sich »wissender Wille« und Welt, Wahrheit und »Verwirklichung des Wesens« versammeln oder, als »Entmachtung des Geistes«, die »Weltverdüsterung« hereinbricht. Erst spät, in der Befassung mit Trakl, hat Heidegger dem Wort »geistlich« eine nicht spekulativ-theologische Deutung zu geben versucht.

Wenn Heidegger sich also, wenn auch für einen Augenblick, auf eine Politik der nationalen Revolution eingelassen hat, so nicht zuletzt dank einer eigentümlichen, existentialontologischen Reaktualisierung von Philosophemen idealistisch-spekulativer Herkunft. Ein Herder, ein Hegel hatten bekanntlich versucht, in dem Ineinander von Volksgeist, Weltgeist und List der Vernunft den Streit der Traditionen und die Einheit der Geschichte zu denken; und die deutsche Klassik hat, wenn auch in unterschiedlicher Akzentuierung, in der Wahlverwandtschaft mit den Griechen ihr Selbstbewußtsein gesucht. Heidegger inneviert diese verborgene Mimesis und dramatisiert sie zuweilen. Aber er vermag Besonderes und Allgemeines nicht mehr, wie noch die Dialektik, zu artikulieren: Er behält zuletzt nur, 1933, das Residuum eines »geistigen Volks«, das sich selbst sein Schicksal einredet, und, 1945, das Totalverdikt über das Wesen der Technik – den Universalismus der berechnenden, nihilistischen Vernunft – zurück, das jeglicher Differenzierung entbehrt.

Die Einsicht in die zynische Identifikation des Idioms, der »Eigensprache« des Volks mit dem Vorhaben universeller, technisch-administratorisch inszenierter Herrschaft, ward so vereitelt.

Versammelt sich der Geist einerseits im Volk, so findet er

andererseits bei Heidegger seine Fundierung in einem Begriff des Menschen, der diesen, als »weltbildend«, absetzt gegen die »Weltlosigkeit« des Steins, Paradigma des unbelebten Seins, und die »Weltarmut« des Tiers. Diese – im Grunde konventionelle – ontologische Hierarchie ist ihrerseits im Menschen als demjenigen Seienden begründet, das, in der Seinsfrage, das Seiende als solches visiert. Wie Derrida dartut, wird so die Frage, in ihrem Pathos und ihrer Insistenz, zum Quellpunkt von Denken und Sprache erhoben – mit der eigentümlichen Folgerung, daß Wissenschaft und Technik etwa oder andere Modalitäten der Rede ihr gegenüber als abgeleitet und sekundär erscheinen, in der Behauptung kulminierend: »Die Wissenschaft denkt nicht.«

Unterhalb der Skansionen der Kehre ist also bei Heidegger ein Netzwerk von Termini ausgelegt, das Setzungen wie Volk, Geist, Frage, Mensch nicht-beliebig ineinander verflicht. Oftmals erscheinen diese Ausdrücke in essentialisierter Form, gleichsam zu Wesenskernen verdichtet, denen gegenüber jegliche Alterität zu einem Unwesen oder einem Unwesentlichen herabgesetzt ist. Heideggers Denken verrät in dieser Wendung einen eigentümlichen Humanismus, der, nach der expliziten Erklärung des Autors, zwar nicht metaphysisch sein will, gleichwohl aber, »statt Unterschiede einzuschreiben, absolute Gegensätze errichtet« und so, einer hartnäckig metaphysisch-dialektischen Tradition folgend, »Homogenität installiert«.

Wird hier ein Teil des Ungedachten, auf das Heidegger immer wieder hingewiesen hat, freigelegt? Wie immer dem sei, der Gang seiner Meditation erweist sich, wie die Dekonstruktion Derridas zeigt, in vielem verwickelter, als er ihrem Autor vorgeschwebt haben mag. Derridas Nachdruck auf der Bewegung der Differenz und der Reflexivität der Spur, der Verfransung von Übersetzung und sprachlichem Idiom ist geeignet, solche Verhärtungen aufzubrechen, und verschärft die Polysemie der Sprachen. Heißt das, daß sich die Dekonstruktion im Gestrüpp der Texte verliert und so zuletzt zu einer radikalen Skepsis geführt wird? Eher wäre zu sagen, daß sie die Skepsis, das heißt die

Suche und Außerkraftsetzung jeglicher Prädikation, an eine Grenze treibt; aber sie bekundet zugleich, daß dieser Bewegung eine anfängliche Affirmation, die Öffnung auf ein Versprechen, eingeschrieben ist – auch wenn diesem niemals ein präsenter Inhalt entspricht.

Neben der Frage, der Semantik des Geistes und all der Oppositionen, die sie impliziert, weist Derrida so auf ein vor-ontologisches »Ja« hin. In dieser Anspielung sind Motive enthalten, die Heidegger – in Texten über die Zwiefalt von Ereignis und Enteignis oder über den Zuspruch der Sprache – erarbeitet hat. Aber dieses Ja hat nicht länger im Menschen seinen privilegierten Ort, er ist nicht länger der ausgezeichnete Adressat der Sprachen.

Das Ende der Metaphysik
und die Vernichtungspolitik

*Einige Worte zu Victor Farias, Autor des Buches ›Heidegger
et le Nazisme‹*

Victor Farias lebt in Berlin; er war Heidegger-Schüler. Die
Arbeit, die er unternommen hat, hat vor ihm nie jemand so
vollständig geleistet. Erinnert sei allerdings an die Analysen von Jean-Pierre Faye zur Zeit von *Langages totalitaires*.
Um die Beziehungen zwischen Heidegger und dem nationalsozialistischen Staat zu verstehen, wendet sich Farias
eher den Archiven als allein den philosophischen Texten
zu. Dies nicht nur für die Zeit, in der Heidegger Rektor der
Freiburger Universität gewesen ist, sondern auch für die
Zeit davor und danach. Farias stellt zwei Hypothesen auf,
die offensichtlich historisch ergiebig sind. Die erste ist, daß
es zwischen dem Leben Heideggers und seinem philosophischen Werk einen Zusammenhang gebe: Man könne
also den Weg, den er im Leben eingeschlagen hat, nicht von
den Konzepten und Fragen trennen, die er im Werk entwik-
kelt hat. Diese Kohärenz drücke sich in dem Kampf innerhalb des Nationalsozialismus aus, einem Kampf für diesen,
aber auch einem Kampf gegen die herrschende Ideologie,
gegen die Positionen Rosenbergs, gegen die von einem
bestimmten Datum an offizielle Politik des Regimes. Die
zweite Hypothese: In Heideggers Entwicklung spiele eine
Figur eine wichtige Rolle: der österreichische Prediger
Abraham a Sancta Clara. Heidegger widmet ihm seinen
ersten Text und kehrt 1964 in einem Vortrag zu ihm zurück.
Dieser Katholik aus dem Zeitalter des Barock, ein virulenter Antisemit, soll die zentrale Figur, das Wappen einer
populistischen Politik sein, die will, daß das Schicksal und
die Einheit der germanischen Völker nicht in Norddeutsch-
land, im protestantischen Preußen, sondern im Alemanni-

schen der Völker des Südens und des Katholizismus wurzelt.

Darüber hinaus zeigt Farias, daß Heidegger bis 1945 seinen NSDAP-Beitrag bezahlt hat, daß seine Beziehungen zu Würdenträgern des Regimes oder zumindest die Achtung, die er stets erfahren hat, ihm das Erscheinen seiner Schriften ermöglicht haben, daß er nie verfolgt worden ist, sondern sich an den »Jahrbüchern« oder ähnlich engagierten Werken beteiligt hat; daß seine oppositionelle Rolle sich durch seine Entscheidung für den SA-Flügel um Röhm erklärt, und daß er die »Nacht der langen Messer« als ein Ereignis ansieht, das die »Revolution« in eine Sackgasse und gar zur Revidierung ihrer radikalen Prinzipien treibt.

Heidegger scheint zu meinen, der »reale Nationalsozialismus« verrate die Ideale des ursprünglichen Nationalsozialismus. In seinen Aktivitäten finden sich die großen nationalsozialistischen Themen wieder: organische Auffassung der Gesellschaft, virulenter Haß auf die Demokratie, Antisemitismus. Die Frage ist nunmehr, warum man sich damit begnügt hat, seine Texte zu kommentieren, beispielsweise jenes Plädoyer pro domo wie Heideggers Spiegel-Interview, ohne die Archive durchzulesen, ohne sich um die Taten selbst zu kümmern? In einem Wort, warum dieses Buch so spät kommt?

Ich habe das Gefühl, daß man seit der Befreiung gegenüber Heidegger ein »Heideggersches« Verhalten einnimmt, das heißt, daß man versucht, die Wahrheit der Heideggerschen Position in dem Text isoliert von jeglicher »künstlichen« Geschichtlichkeit zu enthüllen. Farias' Verdienst ist es, daß er mit diesem hermeneutischen Verhalten bricht. Er enthüllt Heidegger innerhalb einer Gesamtheit von Praktiken und Institutionen. Er analysiert beispielsweise die Inhaltsverzeichnisse der Zeitschriften, die Posten- und Machtkämpfe an den Universitäten, die Zusammensetzung von Kollegien und Cliquen. Man wird sich der Rolle bewußt, die Heidegger während und nach seinem Rektorat in Freiburg gespielt hat, seines Einsatzes zugunsten der

Gleichschaltung der älteren Universitäten. Man sieht, daß die Universität für die Nazis keine zweitrangige Institution war. Es gab sogar Abteilungen zur SS-Philologie... Bei den radikalsten Verfechtern jener »Revolution« ist der Wunsch vorhanden, aus den Studenten die Avantgarde der Bewegung und aus der Universität den Ausgangspunkt zur Abschaffung der bisherigen Lebensweise zu machen, der die Trennung zwischen Arbeitern und Studenten, zwischen Arbeitsdienst und Wissensdienst, zwischen diesen und dem Waffendienst bedeutete.

Genauso soll die Universität der Frau helfen, die würdige deutsche Gefährtin, die »Volksgenossin« zu werden. Diese extremen Positionen, die die SA verteidigt, werden von Heidegger in offiziellen Reden gefördert, unterstützt und den Positionen anderer Fraktionen entgegengestellt. Er verteidigt die wissenschaftliche Strenge, die der Philosophie, als Waffe gegen die »liberale« Wissenschaft. Es besteht kein Zweifel, daß Heidegger die philosophische Praxis nie als eine abgehobene, »abstrakte« Praxis betrachtet hat. Farias zeigt ihn uns als jemanden, den seine Studenten verehren, aber auch als jemanden, der in Beziehung zu unheimlichen Personen steht, Verantwortlichen von Instituten für Rassenhygiene, die mit dem »goldenen Dolch« der SS ausgezeichnet sind, was den Gedanken verbietet, Heidegger seien die Konsequenzen der von ihm unterstützten »Revolution« nicht bekannt gewesen.

Wenn man aufs äußerste schematisiert, hat es dann nicht zwei Betrachtungsweisen dieser Frage gegeben? Die erste machte sie zum Tabu, also: Es gibt eine unglückliche Episode in Heideggers Leben, die nur ein Jahr gedauert hat; es ist zugegebenermaßen ein Fleck, doch im Verhältnis zum immensen philosophischen Werk nur eine Lappalie. Das ist in etwa Beaufrets Haltung. Die zweite Betrachtungsweise reduziert die Frage auf ein Rätsel: Wie kann ein solcher Gipfel der Intelligenz mit dem Gipfel der Verkommenheit zusammenfallen? Dieser Gipfel des Scharfsinns mit diesem Gipfel der Verblendung? Führt Farias' Buch nicht eine dritte, diesmal analytische Perspektive ein, die darin

besteht, sich die Frage nach der Verbindung zwischen einer
nationalsozialistischen politischen Position und der Philoso-
phie Heideggers zu stellen?

Ja, das ist Farias' These. Sie stützt sich auf eine gewisse
Anzahl von Argumenten. Man sieht, wie bedeutende Texte
dem innerparteilichen Kampf entsprechen. Liest man sie
außerhalb des nationalsozialistischen Kontexts, wird ihre
Lektüre sozusagen keimfrei gemacht, bewahren sie ihre
reine begriffliche Größe und zwingt sich ihre Stärke auf.
Nun gibt uns Farias aber andere Texte Heideggers zu lesen,
diesmal politische, die in den Kontext anderer dazugehöri-
ger politischer Diskurse gestellt werden und die von Auto-
ritäten, Kollegen oder Kampfgenossen stammen. Diese
Texte liefern zusätzliche Angaben, ohne daß irgendetwas
an dem philosophischen Bestand des Diskurses zurückge-
nommen wird, den Heidegger zur gleichen Zeit hält. Sie
wirken unmittelbar obszön, beispielsweise die Rede zum
Ruhm Schlageters, die unerträglich ist: Hier übernimmt
der Begriff der »Entschlossenheit«, der in *Sein und Zeit* für
die Geschichtsanalyse eine Rolle spielt, eine politisch-mili-
tante Rolle. Da ist die Wiederaneignung der von Schlageter
hinterlassenen Fahne, da ist das Zurückgewinnen des Sinns
seines Todes durch französische Gewehre, da ist das Wesen
des jenem Protomärtyrer der Nazis eigenen Handelns. Die
Wiederholungen und der Kreislauf zwischen dem Politischen und dem Philosophischen müßten untersucht werden. Große Heideggersche Themen, das Ende der Metaphysik, der weltweite Sieg der Technik, werden gerade in
ihrer Tiefe anläßlich der »Revolution« entwickelt, die für
Heidegger mangels eines Begreifens zur »verratenen Revolution« wird. Unbestreitbar gewinnt die Daseins-Analyse
von daher die Dimensionen einer Symptomatik des Schicksals des Abendlandes. Wie und warum hat ein Denken, das
dieses Schicksal mit dem Schicksal des Kampfes eines deutschen Europas identifizierte, die »ontologische Differenz«
von Sein und Seiendem problematisieren können? Ich sehe
nicht, wie man von nun an dieser Frage ausweichen kann.
Und wenn es zwischen der Politik Heideggers und seiner
Ontologie tatsächlich eine Gemeinsamkeit gibt, sehe ich

nicht, wie die Infragestellung zweier seiner entschiedensten Schlüsse zu vermeiden ist: seine Einschätzung der Geschichte der Philosophie und sein Zugang zur Seinsfrage. Nun hat uns Heidegger damit zwei Thematiken hinterlassen, die für unsere Zeit einen Evidenzwert haben, weil sie zum Denken der Totalität des abendländischen Denkens taugen. Farias' These ist, daß diese Eignung nicht grundlegend von Heideggers nationalsozialistischer Position zu trennen ist.

Wie kommt es, daß eine solch simple Geste, ein Denken, eine Philosophie in ihren historischen Kontext zu stellen, bei Heidegger nie unternommen worden ist, während jeder andere Denker irgendwann einmal dieser Prozedur unterzogen wurde?

Heidegger ist einer der Autoren, deren Werke als gleichrangig mit denen Platons oder Hegels angesehen werden können. Doch wer von den großen Philosophen, unter denen er nunmehr weilt, hat jemals einem mit Hitler vergleichbaren Herren den Eid geschworen? Warum soviel Strenge für Hegel oder Marx und soviel systematische Nachsicht für Heidegger? Der Fall wiegt um so schwerer, als hier die zentrale Frage des Werks die der Wahrheit, des Ursprungs der Wahrheit ist. Wie kann ein großer Philosoph den Ursprung des Wahren in Zeitschriften denken, in denen Praktiker der »Endlösung« schreiben? All das wird bewußt verdrängt, man »will davon nichts wissen«. Die erste Lesergeneration von Heidegger war jene, die vor dem Krieg die universitäre Orthodoxie mittels der Phänomenologie bekämpfte. Heidegger wurde damals in einer Konstellation deutscher Denker gemeinsam mit Jaspers und Scheler auf dem Hintergrund der Entdeckung Husserls übersetzt. Er wurde in Kreisen diskutiert, die über Kojève gleichzeitig Hegel entdeckten. Die Zeit der Heiligsprechung war noch nicht gekommen: Für Henri Corbin, Heideggers ersten Übersetzer in Frankreich, steht er zwischen Hamann und den persischen Denkern. Er ist ein gutes Beispiel für eine Generation, die 1945 Heidegger aufgibt und sich von Deutschland entfernt. Sartre hat Heidegger im wesentlichen aus dem von Corbin übersetzten Sammelband gekannt. Merleau-Ponty fand sein Glück bei dem späten Husserl. Die Verherrlichung Heideggers hat einen anderen Ursprung. In den fünfziger Jahren siegt offenbar der Wille zu vergessen: Diejenigen, die das Denken des »jungen« Heidegger propagieren, kümmern sich nicht um dessen spätere Arbeiten; sie »hängen ihn ab«, allerdings »hängen« sie ihn links ab: Sein Denken wird zu einer Anthropologie entstellt, die deutschen Studenten hatten ihn als Träger eines Appells zum Heil des Alemannischen gehört. Dafür theologisieren ihn diejenigen, die Heidegger nicht »anthropologisieren«, was eine radikale Methode ist, ihn von seiner Geschichte zu lösen.

Die Ablehnung von Sowjetunion und Amerika als Verkörperung des Siegs der Technik gegenüber einem Deutschland, das die Heimstätte des Seins wäre, ist von rechts bis links ein ständig wiederholtes Thema.

Ja, das Thema ist links aufgegriffen worden, um einer Kritik der Verdinglichung zu dienen; Heidegger wird zur Verstärkung von Marx herangezogen. Für Heidegger handelte es sich um den Kampf zwischen den Ländern des Kapitals und des Proletariats, die den Nihilismus und die Technik als Schicksal darstellen, sowie um ein vom neuen Deutschland geführtes Europa.

Das ist das Denken, das die »Grünen« aus Ignoranz übernehmen...

Genau. Der »Feldweg« ist nicht mehr der, wo man möglicherweise die Stimme des Seins hören kann, man trifft dort nicht mehr auf den Landarbeiter, der sich von jeder kosmopolitischen Ansteckung rein hält – wie kann man diese Texte Heideggers lesen, ohne zu verzweifeln ob soviel Zustimmung zu den Naziidealen? –, sondern er ist der Weg der Meister im Kampf gegen die auf dem Plateau d'Albion stationierten Raketen, für das Reine gegen die Umweltverschmutzung. Bei solchen Verirrungen wird deutlich, daß Heidegger schon lange ein französischer Philosoph geworden ist. Zwei Mitgliedern der

Résistance, Jean Beaufret und René Char, verdankt er, daß er unbescholten seine intellektuelle Heimat hat tauschen können, denn in Frankreich hat seine Philosophie ihren Evidenzcharakter bekommen. Wie Marx sagte, führt Frankreich jede Sache zu Ende – die Philosophie wie die Revolutionen. Meiner Ansicht nach beweist der Erfolg mehrerer Heideggerscher Themen das damalige grandiose Mißverständnis. So der Erfolg des *Briefes über den Humanismus,* der an Beaufret adressiert war. Dieser Text wurde in Frankreich in einer Zeit aufgenommen, die reif für einen Anti-Humanismus war: der des Strukturalismus. Doch hat dieser mit dem Heideggers nichts gemein. Diejenigen, die in Frankreich das Denken des Menschen aufgegeben hatten, müssen genannt werden: Jean Cavaillès, der die Philosophien des Bewußtseins durch eine Theorie des Begriffs ersetzen wollte, und, allgemeiner, die Theoretiker der Mathematik, die zu den großen Résistance-Kämpfern der französischen Universitäten zählen. Eine Philosophie des Widerstands hatte sich herausgebildet, die, wie Canguilhem gezeigt hat, ein formales Denken sein wollte, das die Wonnen des Humanismus verabscheute. Wo ist der Zusammenhang mit den Heideggerschen Themen? Nun, alles geschieht so, als ob über diese Verdrängung des Menschen eben die Heideggerschen Themen die Möglichkeiten zu originellen Weiterentwicklungen gefunden hätten. Schließlich ist die Heideggersche Evidenz nicht ohne Zusammenhang mit dem Ende des Linksradikalismus zu sehen. Ich habe das Gefühl, weil einige Intellektuelle ohne allzuviel Risiko das Denken von Marx, das Denken von Freud haben kritisieren können, haben sie die Schlußfolgerung gezogen, Heidegger zum einzigen Philosophen der Modernität zu verklären. Heute sieht man die perversen Folgen dieser Haltung an der Verzweiflung eines Übersetzers, der *Sein und Zeit* für einen heiligen Text hält, so daß er ernsthaft erklärt, dieser sei zu Recht unübersetzbar.

Hat es nicht unbeabsichtigt und vermutlich unbewußt eine Art Tauschgeschäft gegeben: Ich, Dichter der Résistance,

*gebe dir mein politisches Ansehen, du, Heidegger, gibst mir
dein philosophisches Ansehen…?*

Vergessen wir nicht, daß die Seiten über Hölderlin seinerzeit in Deutschland als eine Verbeugung vor dem Führer
der kämpfenden Jugend geschrieben und gelesen wurden.
Heidegger hebt bei Hölderlin das »deutsche Lied« hervor,
das Verhältnis zum postrevolutionären Denken übergeht er
ganz; genauso interpretiert er die Problematik der Freiheit
bei Schelling, um deren Bedeutung er weiß und mit der er
sich in einer Vorlesungsreihe auseinandersetzt, die man einmal untersuchen müßte, um eventuell zu begreifen, wann
die Position der Freiheit geschwankt hat. Was wird davon
bleiben? Die Tatsache, daß einige Menschen es nötig
haben, aus der Dichtung das Refugium eines Denkens zu
machen, das die Politik, die anderen Formen der Literatur
verlassen hat und die Philosophie verlassen wird. Die Dichter des Unsagbaren werden bei Heidegger eine philosophische Unterstützung erfahren. Umgekehrt wird Heidegger
der Denker der Nach-Philosophie, der Wiege des Seins,
des Dichters. Fällt damit René Chars Poesie nicht zusätz-
liches Ansehen zu?

*Poesie einerseits, Philosophie andererseits, gab es nicht
etwas dazwischen, was in die Zange genommen wurde? Als
müßte der im 19. Jahrhundert von dem Roman erzeugte
Wahrheitseffekt durch diesen Diskurs über die »Eigentlichkeit«, über das »Ursprüngliche« verdeckt, ausgeschaltet
werden?*

Ja, im Namen all dessen wird man die Pluralität von
Schreibweisen, Philosophien, mathematischen Arbeiten
verachten zugunsten einer *endlosen Dekonstruktion,* die
nur auf dem Hintergrund von Ruinen sprechen will.

*Man stößt bei Heidegger noch auf ein anderes beherrschen-
des Thema, das der Achse Griechenland – Deutschland,
sowie der Auslassung von allem, was »romanisch« (im Sinne
von romanischen Kulturen und Sprachen) und »römisch«
ist. Diesem anti-italienischen, anti-französischen, anti-spa-
nischen und demzufolge sehr schnell anti-katholischen Ein-*

schlag... Übrigens ist der Katholizismus des jungen Heideg-
ger, den Sie vorhin im Zusammenhang mit Abraham a
Sancta Clara erwähnten, dieser populistische, nationalisti-
sche, antisemitische Katholizismus, ziemlich schnell mit der
geistlichen Hierarchie und Rom in Konflikt geraten. Im sel-
ben Moment, in dem sich sein Antiliberalismus zeigt, geht
Heidegger zum Antikatholizismus über.

Es ist ein Gemeinplatz, daß die Philosophie nur griechisch und deutsch spricht. Heidegger führt diese Denk-
methode zur Zeit des Descartes-Kongresses in Paris ein.
Farias erinnert daran, daß die Nazis die Anwesenheit einer
Dissidentendelegation befürchteten, nämlich Husserls und
weiterer deutscher Juden, die ihrer Universität beraubt
worden waren und gefeiert worden wären. Heidegger
begreift damals die Bedeutung von dem, worum es geht:
auf der einen Seite das »liberale« Denken, das Denken des
cogito, das Lateinische und das Romanische, verstärkt um
das Genie Husserls und die Theoretiker der Formen, auf
der anderen die Philosophie der »Revolution«. Heidegger
wurde nicht zum Chef der Delegation gewählt; er hat aber
einen einflußreichen theoretischen Apparat entwickelt und
dieser Idee der Heimat der Begrifflichkeit, Griechenland-
Deutschland, zum Sieg verholfen. Man hat also auf der
einen Seite Philosophien, die den Auftrag zu haben meinen, durch ihre Archäologie die europäische Vernunft vor
ihrem Desaster zu retten: es wird eine regelrechte Geschichte des europäischen Denkens produziert, das sich
zurückbesinnt, um seinen Freiheitskern zu retten; das
Ganze stützt sich auf die Verkündung des transhistorischen
Charakters der cartesianischen Freiheit, was in den dreißiger Jahren eine Widerstandshandlung ist; demgegenüber
steht eine andere Philosophie der Freiheit, die sich nicht
den Helden der Vernunft, sondern den behelmten Helden
zum Subjekt nehmen wird.

Bei der Achse Griechenland–Deutschland geht es eigentlich um das, was Heidegger zufolge in Griechenland durch
den Platonismus verschüttet worden ist, also die Vorsokratiker, und um das, was sich in Deutschland in der Dämme-
rung der Metaphysik weiterhin behauptet. Daß eine solche

Denkweise schließlich in Frankreich gesiegt hat, das ist das wirklich Erstaunliche. Jedenfalls ist es nicht ohne Konsequenzen geblieben: Das Romanische wurde verbannt, und die mittelalterlichen Texte wurden sehr eigentümlich behandelt (Heidegger ist der Anti-Gilson); man hat Hegel oft Ethnozentrismus vorgehalten, doch für Hegel ist der absolute Geist der universelle Geist.

Das Verblüffende ist diese ständige Gleichsetzung von Heimat, Sprache und Sein.

Dazu muß man auch noch wissen, was Heidegger mit Sprache meint. Nichts Vergleichbares mit dem, was beispielsweise Lacan dazu gesagt hat. Es geht nicht um das Bedeutende oder um den Primat des Symbolischen. Es gibt kein Reales der Sprache, oder genauer gesagt, es gibt eine Realität der Sprache, die im Imaginären, im Vaterland geschaffen wird. Daher das Lob dessen, was innerhalb der Sprache am dialekthaftesten und innerhalb des Dialekts am meisten Sich-Selbst ist. Das allgemeine Thema der Hermeneutik, die ein allgemeines Thema der deutschen Philosophie war, wird umgedeutet und reaktualisiert zugunsten eines Lobes, von dem man sagen muß, daß es in den politischen Texten grotesk wird: Lob der stummen Sprache des Bauern, der alten Frau, die das Gedächtnis des Bodens bewahrt. Hier stößt man auf die »Ökologie«, den Regionalismus, eine sehr aktuelle obskurantistische Konstellation...

Man muß sich auch fragen, wie Heidegger angesichts des marxistischen Einflusses als ein Philosoph des Widerstands angesehen werden konnte.

Die Frage bleibt, und Farias hat sie nicht beantwortet. Das müßte ein Forschungsprogramm sein: Wie ist der allumfassende Einfluß des Werkes Heideggers möglich? Der positive Einfluß auf Menschen, die keineswegs mit dem Nationalsozialismus in Verbindung gebracht werden können. Wie ordnet sich seine Größe in das politische Ereignis ein? Als der Nationalsozialismus triumphiert, hat Heidegger bereits sein größtes Buch veröffentlicht, nun aber zieht er die ganze Philosophie mit hinein, deren Denker er sein will. Sagen wir nicht, weil er Nazi gewesen ist, ermöglicht er uns, den Nationalsozialismus zu verstehen. Ich halte diese These für falsch. Aber vielleicht steckt im Kern dieser falschen These ein Kern Wahrheit. Ein Rätsel muß aufgelöst werden: Wie ist eine solche Fruchtbarkeit bei einem Denker möglich gewesen, der selber im Rahmen eines inneren nationalsozialistischen Kampfes und einer Vernichtungspolitik »genial« gewesen ist?

Wird man nicht da und dort sagen, Heidegger sei Komplize des Nationalsozialismus gewesen, wie andere Philosophen als Marxisten Komplizen des sowjetischen oder chinesischen Totalitarismus gewesen sind? Also allen gleichermaßen eine Abfuhr erteilen? Das ist ein bißchen die These von Patocka...

Diese These ist meiner Ansicht nach nicht haltbar. Als Heidegger Nazi war (und nicht nur sechs Monate lang), war man zu Recht Marxist oder Kantianer oder Spinozist. Marxist wie Politzer, Kantianer wie Piobetta oder Spinozist wie Cavaillès. Danach ist kein einziger der Denker, die sich in Westeuropa auf den Marxismus berufen haben, mit einem vergleichbaren Staatsapparat verbunden gewesen, hat Repressionsunternehmen zugesehen, Denunziationen begangen oder ist mit Leitern von Instituten zur Rassenhygiene befreundet gewesen. Nehmen Sie selbst das Beispiel Lukács, der gewiß keine erstrangige moralische Erscheinung ist, immerhin hat er sich am Aufstand in Ungarn beteiligt. Trotzdem wird er immer der Archetypus des Stalinisten genannt. Außerdem sind die Kommunisten, die sich zum dritten Weg des Marxismus, dem Maoismus, bekannt haben, genau diejenigen, die in Europa die Krise des Marxismus erfahren haben; sie haben alles getan, damit dieses Denken, der Marxismus, der Kritik unterzogen wird als ein Denken der Wahrheit, das als Praxis der Befreiung zu einem bestimmten Desaster geführt hat. Nichts Vergleichbares bei Heidegger. Keinerlei Selbstkritik, nicht die geringste Frage über seine Vergangenheit.

Schließlich soll man nicht alles gleichsetzen. Die chinesische Kulturrevolution hat nie Gaskammern hervorgebracht. Im Maoismus gibt es kein Projekt einer Endlösung, kein Projekt eines Genozids, keine rassistische Theorie, keinen Blut-und-Boden Wahn...

An dem, was derzeit an Heidegger zur Sprache kommt, wird man die simple Gleichwertigkeit zwischen dem Schicksal der extremen Revolutionen im Marxismus und dem Schicksal der Vernichtungspolitik im Nationalsozialismus überdenken müssen. Es gibt hier ein Ungedachtes, auf das man zurückzukommen haben wird.

EIN GESPRÄCH MIT JACQUES DERRIDA
Die Hölle der Philosophie

DIDIER ERIBON: *Ihre beiden Bücher erscheinen wenige Tage nach dem Buch von Victor Farias, der Heideggers politische Positionen und Aktivitäten nachdrücklich in Erinnerung ruft. Was halten Sie von seinen Schlußfolgerungen?*

JACQUES DERRIDA: Was die wesentlichen »Fakten« betrifft, habe ich in dieser Untersuchung noch nichts gefunden, das nicht denen schon lange bekannt gewesen wäre, die sich für Heidegger ernsthaft interessieren. Und was die Auswertung gewisser Archive angeht, ist es gut, wenn ihre Ergebnisse in Frankreich zugänglich sind. In Deutschland waren die solidesten bereits seit den Arbeiten von Bernd Martin und Hugo Ott bekannt, deren sich der Autor weitgehend bedient hat. Abgesehen von bestimmten dokumentarischen Aspekten und Fragen zu Fakten, die zur Vorsicht mahnen, wird man vor allem, sagen wir, die Interpretation diskutieren müssen – es ist wichtig, daß weiter diskutiert wird –, die jene »Fakten« auf den »Text«, auf das »Denken« Heideggers bezieht. Die vorgeschlagene Lektüre, wenn es denn eine ist, bleibt unzureichend oder anfechtbar, teilweise so grob, daß man sich fragt, ob der Untersuchende länger als eine Stunde Heidegger gelesen hat. Man sagt, er sei sein Schüler gewesen. So etwas kann passieren. Wenn er ungerührt behauptet, daß Heidegger, ich zitiere, »das eigentliche nationalsozialistische Fundament« in »Stil und Formen, die ihm gewiß eigen sind«, »übersetzt«, zeigt er mit dem Finger auf einen Abgrund, auf mehr als einen Abgrund, auf einen hinter jedem einzelnen Wort. Doch keinen Augenblick nähert er sich ihnen, und er scheint sie nicht einmal zu erahnen.

Gibt es hier Aufsehenerregendes? Nein, ausgenommen für die Orte, an denen man sich zu wenig für andere, strengere und diffizilere Arbeiten interessiert. Ich denke an jene, die, vor allem in Frankreich, die wesentlichen »Fakten«

und »Texte« kennen, die den Nationalsozialismus und Heideggers Schweigen nach dem Krieg unmißverständlich verurteilen, die sich aber auch jenseits etablierter oder bequemer Schemata darum bemühen, zu *denken* und eben zu *verstehen*. Was? Nun das, was je nach Art und Weise der sogenannten »Übersetzung« einen unmittelbaren Übergang von dem nationalsozialistischen Engagement zum Wesentlichsten und Durchdringendsten in irgendeiner Form gewährleistet oder auch nicht gewährleistet, auch zum Schwierigsten eines Werkes, das weiter zu denken gibt und geben wird. Das auch das Politische zu denken zur Aufgabe macht. Ich meine vor allem die Arbeit von Lacoue-Labarthe, aber auch bestimmte, sehr unterschiedliche Texte von Lévinas, Blanchot und Nancy.

Warum wirkt das abscheuliche Archivmaterial unerträglich und faszinierend? Genau deswegen, weil es nie jemandem gelungen ist, das ganze Denkwerk Heideggers auf das irgendeines beliebigen Naziideologen zu reduzieren. Dieses »Dossier« wäre sonst von wenig Interesse. Seit über einem halben Jahrhundert hat sich kein einziger gewissenhafter Philosoph eine »Auseinandersetzung« mit Heidegger ersparen können. Wie könnte man das leugnen? Wozu abstreiten, daß sich so viele kühne und beunruhigende, »revolutionäre« philosophische oder literarische Werke des 20. Jahrhunderts in Regionen gewagt, gar engagiert haben, in denen das spukt, was eine sich ihres liberalen und linksdemokratischen Humanismus sichere Philosophie das Diabolische nennt? Muß man nicht eher, statt es auszulöschen und zu vergessen, versuchen, dieser Erfahrung, das heißt unserem Zeitalter Rechnung zu tragen? Die Aufgabe, die Pflicht und in Wirklichkeit das einzige Neue oder Interessante heißt zu versuchen, die Analogien und die Schnittmöglichkeiten zu erkennen zwischen dem, was sich Nationalsozialismus nennt, jenem riesigen, vielschichtigen, differenzierten und in seinen Wurzeln noch dunklen Kontinent einerseits und einem Heideggerschen Denken andererseits, das noch lange provozierend, rätselhaft und zu lesen bleibt. Nicht deshalb, weil es eine noch chiffrierte, gute und beruhigende Politik, einen »Linksheideggerianismus« in Reserve hielt, sondern weil es dem existierenden Nationalsozialismus nur einen »revolutionäreren« und reineren Nationalsozialismus entgegengesetzt hat!

Ihr letztes Buch, ›De l'esprit‹, behandelt ebenfalls Heideggers Nationalsozialismus. Sie siedeln die politische Problematik inmitten seines Denkens selbst an.

De l'esprit war ursprünglich ein Vortrag, der zum Abschluß eines Kolloquiums gehalten wurde, das das *Collège international de philosophie* unter dem Thema »Heidegger, offene Fragen« veranstaltet hat. Die Materialien erscheinen demnächst. Die sogenannte »politische« Frage wurde in mehreren Referaten analysiert, ohne Gefälligkeit, weder Heidegger noch schulmeisterlichen Urteilen gegenüber, die, ob sie von der »Verteidigung« oder von der »Anklage« stammen, so oft das Lesen und das Denken verhindert haben, ob zu Heidegger, zu seinem Nationalsozialismus oder zum Nationalsozialismus im allgemeinen. Zu Beginn des Buches und in einigen Texten in *Psyché* stelle ich die Wege dar, die mich schon seit langem dazu geführt haben, diese Lektüre zu versuchen. Sie steckt noch in den Anfängen, sie bemüht sich, um den Nationalsozialismus herum eine Vielfalt von Motiven miteinander zu verknüpfen, die es mir schon immer schwierig machten, Heidegger zu folgen: die Fragen des Eigentlichen, des Selbst und der Heimat, des Ausgangspunktes von *Sein und Zeit,* die Frage der Technik und der Wissenschaft, der Animalität oder des sexuellen Unterschieds, der Stimme, der Hand, der Sprache, der »Epoche« und vor allem, das ist der Untertitel meines Buches, die von Heidegger fast immer bevorzugte Frage der »Treue des Denkens«. Zu diesen Themen ist meine Lektüre schon immer, sagen wir, in einer aktiven Art ratlos gewesen. Ich habe in *allen* meinen Bezügen auf Heidegger schon immer meine Vorbehalte geäußert. Jeder einzelne Anlaß zur Beunruhigung hat eine offensichtliche Tragweite, die man schnell als eine »politische« benennen kann. Muß man aber nicht im selben Moment, in dem man sich mit Heidegger auf kritische oder dekonstruktive Weise auseinandersetzt, weiterhin eine gewisse Notwendigkeit seines Denkens, dessen in so vieler Hinsicht innovierenden Charakter und vor allem anerkennen, was uns an Entzifferung desselben noch bevorsteht? Hier ist eine Aufgabe des Denkens gestellt, eine historische und eine politische Aufgabe. Ein Diskurs zum Nationalsozialismus, der das ausspart, ist nichts anderes als die konformistische Meinung eines »guten Gewissens«.

Seit langem versuche ich die alte Alternative zu verschieben zwischen einer »externen« Geschichtsschreibung oder Soziologie einerseits, die im allgemeinen unfähig sind, sich mit jenen Philosophemen zu messen, die sie erklären wollen, und der »Kompetenz« einer »internen« Lektüre andererseits, die wiederum blind für die politisch-historische Einordnung und vor allem für die Pragmatik des Diskurses ist. Im Falle Heideggers ist die Schwierigkeit, beides miteinander zu verbinden, besonders gravierend; es geht um den Nationalsozialismus, von vorgestern bis heute. Auch weil das Heideggersche »Denken« die Fundamente der Philosophie und der Sozialwissenschaften destabilisiert. Einige dieser zwischen einem externen und einem internen Zugang fehlenden Verbindungen versuche ich zu erhellen. Das aber ist nur relevant und wirksam, wenn man der eben von mir erwähnten Destabilisierung Rechnung trägt. Ich habe also die praktische, »pragmatische« Behandlung des Konzeptes und der Lexik des Geistes in den »großen« Texten wie auch beispielsweise in der »Rektoratsrede« untersucht. Mit derselben Absicht untersuche ich in *La main de Heidegger* und weiteren in *Psyché* zusammengetragenen Essays damit verbundene Themen.

Man wird nicht versäumen, Ihnen folgende Frage zu stellen: Wie kann man dieses Werk weiter lesen, wenn Sie den Nationalsozialismus dem Wesen des Heideggerschen Denkens zuordnen?

Die Verurteilung des Nationalsozialismus, wie auch immer der Konsens hierzu sein mag, ist noch kein Denken über den Nationalsozialismus. Noch wissen wir nicht, was dieses abscheuliche, aber überdeterminierte, von inneren Konflikten geprägte Ding (daher die Fraktionen und Cli-

quen, zwischen die sich Heidegger gestellt hat – und seine
gewundene Strategie beim Gebrauch des Begriffs »Geist«
erhält einen bestimmten Sinn, wenn man an die allgemeine
Rhetorik des Naziidioms denkt wie auch an die biologisie-
renden Tendenzen eines Rosenberg, die schließlich gesiegt
haben) ist oder ermöglicht hat. Schließlich ist der Nationalsozialismus in Deutschland oder Europa nicht wie ein Pilz
aus dem Boden geschossen.

*›De l'esprit‹ ist also genausogut ein Buch über den National-
sozialismus wie eines über Heidegger?*
   Um den Nationalsozialismus zu denken, darf man sich
nicht für Heidegger allein interessieren, sondern man muß
sich *auch* dafür interessieren. Zu glauben, der europäische
Diskurs könne den Nationalsozialismus wie einen Gegenstand auf Distanz halten, ist bestenfalls eine Naivität,
schlimmstenfalls ein Obskurantismus und ein politischer
Fehler. Damit tut man so, als habe der Nationalsozialismus
keinerlei Berührung zum übrigen Europa, den übrigen
Philosophen, den übrigen politischen oder religiösen
Reden gehabt...

*Das Beeindruckende an Ihrem Buch ist die Annäherung,
die Sie zwischen den Texten Heideggers und denen anderer
Denker wie Husserl, Valéry... vornehmen.*
   Als sich sein Diskurs spektakulär zum Nationalsozialismus bekennt (und welcher anspruchsvolle Leser hat jemals
geglaubt, die Rektoratszeit sei eine isolierte und leicht ein-
grenzbare Episode gewesen?), greift Heidegger das Wort
»Geist« wieder auf, das er zu vermeiden sich vorgenom-
men hatte; er hebt die Anführungszeichen auf, zwischen
die er es gesetzt hatte. Er grenzt den Umfang der von ihm
vorher eingeleiteten Dekonstruktion ein. Er hält einen
metaphysischen und voluntaristischen Diskurs, den er später in Frage gestellt hat. Zumindest, indem er seine Freiheit
zelebriert, ähnelt die Erhöhung des Geistes weiteren (spiri-
tualistischen, religiösen, humanistischen) europäischen Diskursen, die allgemein dem Nationalsozialismus entgegengestellt werden. Ein komplexes und instabiles Durcheinan-

der, das ich zu entwirren versuche, indem ich die Gemeinsamkeiten von Nationalsozialismus und Antinationalsozia-
lismus aufzeige, das Gesetz der Ähnlichkeit und die Fatali-
tät der Perversion. Die Spiegeleffekte sind teilweise
schwindelerregend. Diese Spekulation stelle ich am Ende
des Buches auf...

Es handelt sich nicht darum, alles miteinander zu vermengen, sondern die Wege zu analysieren, die den simplen
Schnitt zwischen dem Heideggerschen Diskurs und weiteren älteren oder zeitgenössischen europäischen Diskursen
untersagen. Zwischen 1919 und 1940 (aber tut man das
nicht noch heute?) fragen sich alle: »Was wird aus Europa
werden?«, und das überträgt sich immer in ein: »Wie soll
der Geist gerettet werden?« Oft werden analoge Diagnosen
zur Krise, Dekadenz oder zur »Destituierung«, zur Abset-
zung des Geistes angeboten. Belassen wir es nicht bei den
Diskursen und ihrem gemeinsamen Horizont. Der Nationalsozialismus hat sich nur dank der unterschiedlichen,
aber entscheidenden Komplizenschaft anderer Länder,
»demokratischer« Staaten, universitärer und religiöser
Institutionen entwickeln können. Durch dieses europäische Netzwerk schwoll damals und klingt heute noch die
Hymne auf die Freiheit des Geistes an, die genau mit derjenigen Heideggers in der »Rektoratsrede« und anderen ähnlichen Texten harmoniert. Ich versuche das gemeinsame,
schrecklich ansteckende Gesetz jenes wechselseitigen Aus-
tausches der Gemeinsamkeiten und Übersetzungen zu
erfassen.

*Daran zu erinnern, daß Heidegger sein Glaubensbekennt-
nis zum Nationalsozialismus im Namen der »Freiheit des
Geistes« abgibt, ist eine ziemlich schneidende Art, auf all
diejenigen zu antworten, die Sie vor kurzem im Namen des
»Gewissens«, der »Menschenrechte« angegriffen haben, die
Ihnen Ihre Dekonstruktion des »Humanismus« vorhielten
und Sie...*

... des Nihilismus, Antihumanismus bezichtigten ...
Die Parolen sind bekannt. Im Gegenteil versuche ich die
Dekonstruktion als ein Denken der Affirmation zu definie-

ren. Denn ich glaube, daß es notwendig ist, möglichst uneingeschränkt die tiefe Zugehörigkeit des Heideggerschen Textes (Schriften wie Taten) zur Möglichkeit und Realität aller Nationalsozialismen vorzuführen; denn ich glaube, daß die unergründliche Monstrosität nicht in wohlbekannte und eigentlich beruhigende Schemata eingeordnet werden darf; einige Manöver finde ich zugleich lächerlich und alarmierend. Manche nehmen ihre jüngste Entdeckung zum Anlaß, auszurufen: 1) »Heidegger zu lesen ist eine Schande!« 2) »Ziehen wir folgenden Schluß: Alles, was sich – insbesondere in Frankreich – irgendwie auf Heidegger oder gar auf die sogenannte ›Dekonstruktion‹ bezieht, ist Heideggerianismus!« Die zweite Schlußfolgerung ist dümmlich und unehrlich. In der ersten liest man Verzicht auf das Denken und politische Verantwortungslosigkeit. Im Gegenteil kommt es meiner Ansicht nach darauf an, daß wir, ausgehend von einer bestimmten Dekonstruktion – von jener jedenfalls, die mich interessiert –, neue Fragen an Heidegger stellen, seinen Diskurs entziffern, dessen politische Risiken benennen und auch die Grenzen seiner eigenen Dekonstruktion erkennen können. Wenn Sie einverstanden sind, nenne ich jetzt ein Beispiel für die aufgeregte Konfusion, vor der ich warnen will. Es handelt sich um das Vorwort zu der Untersuchung von Farias, von der wir sprachen. Zum Schluß einer Ansprache, offensichtlich für den Hausgebrauch (wieder einmal spricht Frankreich!), liest man folgendes:

»Sein (Heideggers) Denken hat für zahlreiche Forscher einen *Evidenzcharakter*, den keine andere Philosophie in Frankreich hat erreichen können, der Marxismus ausgenommen. Die Ontologie vollendet die methodische Dekonstruktion der Metaphysik als solcher.«

Teufel! Wenn es einen »Evidenzcharakter« gibt, dann vermutlich für den Autor dieses Wirrwarrs. Es hat nie einen »Evidenzcharakter« in Heideggers Text gegeben, weder für mich noch für die, die ich vorhin zitiert habe. Sonst hätten wir aufgehört zu lesen. Und die Dekonstruktion, die ich versuche, ist genauso wenig eine »Ontologie«, wie man, wenn man ihn auch nur ein wenig gelesen hat, von einer »Ontologie Heideggers« oder selbst einer »Philosophie Heideggers« sprechen kann. Und die Dekonstruktion, die nicht »vollendet«, ist auf keinen Fall eine »Methode«. Zum Begriff der Methode entwickelt sie sogar einen ziemlich komplizierten Diskurs, über den nachzudenken Christian Jambet gut beraten wäre. Wirkt diese franco-französische, um nicht zu sagen provinzielle, Benutzung bei dem tragischen Ernst der Probleme nicht zugleich grotesk und schaurig?

Diese Konfusion liegt vielleicht daran, daß Ihre Bücher schwer zu lesen sind. Man sagt oft, um Derrida zu lesen, muß man den ganzen Derrida gelesen haben. In unserem Fall muß man auch Heidegger, Husserl, Nietzsche gelesen haben...

Aber das trifft für so viele andere zu! Das ist eine Frage der Organisation. Sie stellt sich, auch wenn man sie ihnen nicht stellt, allen wissenschaftlich Arbeitenden. Warum sie nur den Philosophen stellen?

Es trifft ganz besonders auf Sie zu.

Um das Implizite von so vielen Diskursen zu entfalten, wäre jedesmal eine pädagogische Ausgabe nötig, die vernünftigerweise nicht von jedem Buch verlangt werden kann. Die Verantwortung hierfür muß sich vervielfältigen, mediatisieren, die Lektüre muß ihr Werk und das Werk den Leser machen.

›De l'esprit‹ ist aus einem Vortrag entstanden, der Stil ist eigentlich ein demonstrativer. Ihre vorigen Bücher aber, ›Parages‹ oder ›Ulysse gramophone‹ sind mehr literarische Versuche zu literarischen Texten.

Ich bemühe mich immer, so demonstrativ wie möglich zu sein. Es stimmt aber, daß die Demonstrationen Schreibformen verhaftet sind, die ihre eigenen, manchmal neuen, meist produzierten und ausgewiesenen Regeln haben. Sie können den traditionellen Formen nicht restlos entsprechen, die diese Texte gerade hinterfragen oder verschieben.

Ihr Buch über Joyce war aber schon etwas verwirrend.

Es ging um Joyce. Es wäre traurig, über ihn in Formen zu schreiben, die von Joyces Sprache, seiner Ironie, seinen Erfindungen, der Unruhe, die er in das Feld des Denkens oder der Literatur einführte, völlig unberührt blieben. Will man dem Ereignis »Joyce« Rechnung tragen, muß man anders schreiben, anders erzählen und anders aufzeigen, ein formales Abenteuer riskieren.

Passen Sie Ihren Stil jedem von Ihnen behandelten Thema an?

Ohne Mimikry, allerdings nehme ich schon die Handschrift des anderen auf. Im Glücksfall kündigt sich ein anderer Text, ein anderes Ereignis an, die nicht mehr auf den Autor und sein Werk zurückzuführen sind, worüber man jedoch so getreu wie möglich sprechen müßte.

Sie müssen also bei jedem Buch einen neuen »Ton« finden, wie Robert Pinget sagen würde?

Ja, das Schwierigste ist die Erfindung des Tons und mit dem Ton der Szene, die man entwerfen will und von der man sich unterwerfen läßt, die Pose, die Sie genauso einnimmt, wie Sie sie annehmen.

Sie begreifen sich als Schriftsteller?

Die Aufmerksamkeit, die man der Sprache oder dem Schreiben schenkt, hat nicht notwendig mit »Literatur« zu tun. Beim Nachdenken über die Grenzen dieser Räume – »Literatur« oder »Philosophie« –, frage ich mich, ob man noch ganz »Schriftsteller« oder »Philosoph« sein kann. Vermutlich bin ich weder das eine noch das andere…

Man hat den Eindruck, daß Sie im Verlauf der letzten Jahre Frankreich zugunsten einer amerikanischen Karriere verlassen haben. Ist das eine Entscheidung Ihrerseits?

Nein, ich emigriere nicht! Es gibt keinerlei amerikanische »Karriere«! Wie andere auch unterrichte ich jährlich wenige Wochen in den Vereinigten Staaten. In der Tat werden meine Arbeiten im Ausland großzügig übersetzt, gelesen und diskutiert. Diese Situation habe aber nicht ich gewählt. Ich lebe, unterrichte und publiziere in Frankreich. Wenn es ein Mißverständnis gibt, bin nicht ich dafür verantwortlich.

Sie bedauern es?

Hinsichtlich Frankreichs ja. Die Debatten und Arbeiten, die mich interessieren oder betreffen, sind im Ausland weiter entwickelt. Das trifft nicht nur für mich oder mein Arbeitsfeld zu. Über die sogenannten schwierigen Dinge, selbst und vor allem wenn sie eng mit dem französischen Idiom verbunden sind, sind die Debatten im Ausland ergiebiger und offener.

Wie erklären Sie das?

Das liegt am Zustand der französischen Universität, vor allem in der Philosophie. Andererseits auch an dem sogenannten kulturellen Feld mit seinen Medienfiltern und mit dem, das muß gesagt werden, Pariser Raum, seinen Schulen und seinen Lobbys. Und es liegt, wie wir schon sagten, auch daran, wie diese Texte geschrieben sind. Sie setzen eine Formalisierung, eine Potentialisierung vorerworbenen Wissens voraus, die sie nicht unmittelbar entzifferbar machen. Wenn einige Texte überkodiert sind, wenn ihre kulturelle Übersetzung mühsam bleibt, liegt es in keiner Weise an einem bewußten schlechten Willen.

In ›Psyché‹ findet man einen Text über Mandela und das Apartheid-System. Es ist einer Ihrer seltenen politischen Texte.

Und wenn sich jemand den Spaß machen würde, aufzuzeigen, daß diese beiden Bücher über die Seele und den Geist auch militante Bücher sind? Daß die Essays zu Heidegger und zum Nationalsozialismus, zu Mandela und zur Apartheid, zur Atomfrage, zur psychoanalytischen Institution und Folter, zu Urbanismus und Architektur etc. ... »politische Schriften« sind? Aber Sie haben recht, ich bin, wie Sie mir selbst sagten, nie ein »engagierter Philosoph im Sinne des Sartreschen oder selbst des Foucaultschen Bildes des Intellektuellen« gewesen. Warum? – Es ist aber schon zu spät, oder?

EIN BRIEF VON MAURICE BLANCHOT AN CATHERINE DAVID

Die Apokalypse denken

Ich ziehe es vor, Ihnen einen Brief zu schreiben, statt einen Text zu verfassen, der den Glauben wecken müßte, ich hätte die Autorität, über etwas zu schreiben, was in den Medien die Affäre H. und H. geworden ist (ähnlich wie es die Affäre Luchaire, die Affäre Chaumet etc. gibt). Mit anderen Worten: Der journalistische Wirbel hat sich eines äußerst ernsten, schon unzählige Male behandelten, selbstverständlich jedoch unerschöpflichen »Anliegens« angenommen und uns auf das niedrigste Niveau der Leidenschaften, der Vehemenz, gar der Gewalt zurückgeworfen. Ich verstehe, daß man von Victor Farias spricht; er liefert einige unbekannte Fakten, zugegebenermaßen mit einer polemischen Absicht, die nicht dazu beiträgt, jene angemessen zu würdigen. Aber wie kommt es, daß das vor mindestens sechs Monaten erschienene Buch von Philippe Lacoue-Labarthe[1] mit einem Schweigen aufgenommen wurde, das ich vielleicht als erster breche? Weil es das Anekdotische meidet und zugleich die meisten von Farias erwähnten Fakten zitiert und einordnet. Es ist ein strenges und rigoroses Buch. Es konfrontiert uns mit den wesentlichen Fragen.

Ich werde diesen Text nicht zusammenfassen (einen philosophischen Text faßt man nicht zusammen, auch wenn Lacoue-Labarthe den Status eines Philosophen ablehnt). Auch Heidegger sagte: Es gibt keine Philosophie Martin Heideggers. Er behauptete, die Metaphysik habe ihr Ende erreicht, was schon Nietzsche, der ihr noch anhing, vermutet hatte. Und dennoch ist unbestreitbar, daß Heidegger mit seiner Zustimmung zum Nationalsozialismus zur Ideologie zurückgekehrt ist, und dies, was das Verwirrendste ist, ohne es zu merken. Jedesmal, wenn er gebeten wurde, seinen »Irrtum« einzugestehen, bewahrte er ein rigides

Schweigen oder drückte sich so aus, daß er seine Situation verschlimmerte (ein Heidegger konnte sich nämlich nicht geirrt haben; vielmehr hatte sich die nationalsozialistische Bewegung durch ihren Verzicht auf Radikalität zersetzt). Lacoue-Labarthe allerdings erinnert uns daran (ich wußte es nicht), daß Heidegger *privat* zugegeben hat, mit seinem politischen Engagement von 1933 bis 1934 »die größte Dummheit seines Lebens« begangen zu haben (eine »Dummheit«, mehr nicht).[2] Nun weiß man seit einem Jahr dank einem Bericht von Karl Löwith[3], daß Heidegger 1936 (zwei Jahre nach seinem Rücktritt vom Rektorat) seinen ungebrochenen Glauben an Hitler, seine ungebrochene Überzeugung verkündete, »der Nationalsozialismus (sei) der für Deutschland vorgezeichnete Weg«. Es würde sich lohnen, diesen bestürzenden Bericht eines Mannes zu zitieren, dessen intellektuelle und moralische Redlichkeit unzweifelhaft ist (zudem war er Anhänger oder genauer gesagt Schüler und Vertrauter Heideggers, dessen Kinder er oft gehütet hatte). Als sich Heidegger in Rom befand, um seinen Vortrag zu Hölderlin zu halten, nutzte Karl Löwith, der dorthin in eine ärmliche, fast bücherlose Wohnung geflüchtet war (was Heidegger bewegte – nein, Bücher verbrannte er nicht, wie Farias suggeriert), einen Spaziergang, um den Versuch zu machen, ihn zu jenem heiklen Thema zu befragen, das die einen wie die anderen mieden. Ich zitiere: »Ich brachte das Gespräch auf die Kontroverse in der *Neuen Zürcher Zeitung* und erklärte ihm, daß ich sowohl mit Karl Barths politischem Angriff wie mit Staigers Verteidigung nicht übereinstimmte, weil ich der Meinung sei, daß seine Parteinahme für den Nationalsozialismus im Wesen seiner *Philosophie* liege« (Hervorhebung durch den Autor). »Heidegger stimmte mir ohne Vorbehalt zu und führte aus, daß sein Begriff von der ›Geschichtlichkeit‹ die Grundlage für seinen politischen ›Einsatz‹ sei.«

Ich unterbreche das Zitat, um genau hervorzuheben, daß Heidegger damals der Behauptung, es gäbe eine Heidegger-Philosophie, zustimmte, was Lacoue-Labarthes Vermutung bekräftigt, durch das politische Engagement habe sich dieses Denken zur *Philosophie* gewandelt. Doch die

Bedenken und Zweifel des »Philosophen«, die er damals Löwith gegenüber äußerte, sind nichts anderes als durchschnittliche politische Meinungen. Ich zitiere weiter: »... Nur zwei Dinge habe er unterschätzt: die Lebenskraft der christlichen Kirchen und die Hindernisse für den Anschluß von Österreich... Bedenklich schien ihm bloß das maßlose Organisieren auf Kosten der lebendigen Kräfte.« Was Löwith so kommentiert: »Der destruktive Radikalismus der ganzen Bewegung und der spießbürgerliche Charakter all ihrer ›Kraft-durch-Freude‹-Einrichtungen fiel ihm nicht auf, weil er selbst ein radikaler Kleinbürger war. – Auf meine Bemerkung, daß ich zwar vieles an seiner Haltung verstünde, aber eines nicht, daß er sich an ein und denselben Tisch (in der *Akademie für deutsches Recht*) setzen könne mit einem Individuum wie J. Streicher, schwieg er zunächst. Schließlich erfolgte widerwillig jene bekannte Rechtfertigung (K. Barth hat sie in seiner *Theologischen Existenz heute* vortrefflich zusammengestellt, die darauf hinauslief, daß alles ›noch viel schlimmer‹ geworden wäre, wenn sich nicht wenigstens einige von den Wissenden dafür eingesetzt hätten). Und mit bitterem Ressentiment gegen die ›Gebildeten‹ beschloß er seine Erklärung: ›Wenn sich diese Herren nicht zu fein vorgekommen wären, um sich einzusetzen, dann wäre es anders gekommen, aber ich stand ja ganz allein.‹ Auf meine Erwiderung, daß man nicht gerade ›fein‹ sein müsse, um eine Zusammenarbeit mit Streicher abzulehnen, antwortete er: Über Streicher brauche man kein Wort zu verlieren, der *Stürmer* sei doch nichts anderes als Pornographie. Warum sich Hitler nicht von diesem Kerl befreie, das verstünde er nicht, er habe wohl Angst vor ihm.« Nach einigen Bemerkungen zu Heideggers Pseudoradikalismus fügt Löwith hinzu: »In Wirklichkeit war aber das Programm jener ›Pornographie‹ im November 1938 restlos erfüllt und eine deutsche Realität, und niemand kann leugnen, daß Streicher und Hitler gerade in diesem Punkt eins sind.«[3]

Was ist aus diesem Gespräch zu folgern? Einerseits, daß es eine Unterhaltung ist, allerdings ist Heidegger nicht jemand, der sich leichtfertig ausdrückt, selbst in einer

Unterhaltung nicht. Er war also damit einverstanden, daß von *seiner* Philosophie gesprochen wird und daß diese das Fundament seines politischen Engagements sei; wir befinden uns im Jahr 1936, Hitler ist an der Macht und Heidegger von dem Rektorat zurückgetreten; er hat sich aber einzig von Krieck, Rosenberg und all denjenigen distanziert, für die der Antisemitismus Ausdruck einer biologistischen und rassistischen Ideologie war. Und was schreibt er 1945? »Ich dachte, daß, nachdem Hitler 1933 die Verantwortung für das ganze Volk übernommen hatte, er sich trauen würde, sich von seiner Partei und ihrer Doktrin zu lösen, und daß das Ganze auf eine Erneuerung und eine Sammlung zur Verantwortungsnahme des Abendlands hinauslaufen würde. Diese Überzeugung war ein Fehler, den ich ausgehend von den Ereignissen am 30. Juni 1934 erkannt habe...« (Die Nacht der langen Messer, Ermordung von Röhm und Auflösung der SA). »In der Tat hatte ich 1933 eingegriffen, um das Nationale und das Soziale zu bejahen, aber nicht den Nationalismus – und genausowenig die intellektuellen und metaphysischen Grundlagen, auf denen der Biologismus und die Parteidoktrin beruhten...«[4] Wenn das seine Gedanken waren, hat er Löwith 1936 nichts davon gesagt. Damals vertraut er weiterhin Hitler, trägt er das Naziabzeichen im Knopfloch und findet nur, daß die Dinge nicht schnell genug vorangingen, man aber durchhalten müsse...

Daß er dem Nationalismus das Nationale vorgezogen hat, ist kein hohles Wort; diese Bevorzugung liegt auch seinem Denken zugrunde, sie ist Ausdruck seiner tiefen Bindung zum Boden, genauer gesagt zum heimatlichen Boden, seiner entschlossenen Verwurzelung (die dem Haß von Barrès auf die »Entwurzelten« nicht so fernliegt, ein Haß, der letzteren dazu führte, Dreyfus zu verurteilen, der einem Volk ohne Wurzeln angehörte) sowie seinem Abscheu vor Urbanität.

Diese im übrigen wohlbekannten Punkte will ich aber hier nicht weiter ausführen, allerdings lassen sie mich vermuten, daß ihm eine Art Antisemitismus nicht fremd gewesen ist, was erklärt, daß er trotz unzähliger Bitten nie bereit gewesen ist, sich zur Vernichtung zu äußern. Lacoue-Labarthe (und nicht Farias) veröffentlicht einen entsetzlichen Text, den man Mühe hat abzuschreiben. Was sagt dieser Text?

»Ackerbau ist jetzt eine motorisierte Ernährungsindustrie, im Wesen das Selbe wie die Fabrikation von Leichen in Gaskammern und Vernichtungslagern, das Selbe wie die Blockade und Aushungerung von Ländern, das Selbe wie die Fabrikation von Wasserstoffbomben.«

Das hier, sagt Lacoue-Labarthe, ist ein skandalös ungenügender Satz, der von der Vernichtung nur eine bestimmte Anwendung der Technik berücksichtigt und weder Namen noch Schicksal der Juden benennt. Es stimmt, daß in Auschwitz und anderswo die Juden wie Industrieabfälle behandelt wurden, man sie als den Müll Deutschlands und Europas betrachtet hat (und hierfür trägt jeder einzelne von uns Verantwortung). Das, was an dem Ereignis Auschwitz, jener absoluten Zäsur, undenkbar und unverzeihlich ist, stieß auf Heideggers beharrliches Schweigen, und das einzige Mal, daß er meines Wissens darüber spricht, ist in »Revisionisten«-Manier, um die Vernichtung der Ostdeutschen im Krieg und die Vernichtung der ebenfalls im Krieg umgekommenen Juden gleichzusetzen: Man solle, sagt er, das Wort »Juden« durch »Ostdeutsche« ersetzen, dann würde die Rechnung aufgehen.[5] Daß die Juden, die kein anderes Verbrechen begangen hatten, als Juden zu sein, einzig aus diesem Grund der Endlösung zugedacht waren, das, so Lacoue-Labarthe, ist in der Geschichte einmalig. Und er fügt hinzu:

»Gestorben ist in Auschwitz der Gott des griechisch-christlichen Abendlands, und es ist überhaupt kein Zufall, daß die, die man vernichten wollte, in jenem Abendland die Zeugen einer anderen Herkunft des Gottes waren, der hier verehrt und gedacht worden war – wenn nicht gar eines anderen Gottes, der von seiner hellenistischen und römischen Inbeschlagnahmung befreit geblieben war....«

Erlauben Sie, daß ich mich nach diesen Worten zurück-
ziehe, um zu unterstreichen, daß Heideggers irreparabler
Fehler in seinem Schweigen zur Vernichtung liegt, seinem
Schweigen oder seiner Weigerung gegenüber Paul Celan,
um Verzeihung für das Unverzeihbare zu bitten, eine Weigerung, die Celan in die Verzweiflung trieb und krank
machte, denn Celan wußte, daß die Shoah die Offenbarung
des Wesens des Abendlands ist. Und daß unbedingt das
kollektive Gedächtnis bewahrt werden mußte, sei es um
den Preis, jeglichen Frieden zu verlieren, doch um die
Möglichkeit des Verhältnisses zum anderen zu bewahren...

P.S. Noch einige Worte in eigener Sache. Dank Emmanuel
Lévinas fing ich schon 1927 oder 1928 an, *Sein und Zeit* zu
verstehen; die Lektüre dieses Buches bedeutete für mich
tatsächlich einen intellektuellen Schock.

Ein Ereignis von herausragender Bedeutung war geschehen: unmöglich, es herunterzuspielen, auch heute nicht,
auch nicht in meiner Erinnerung. Das vermutlich ist der
Grund, weshalb ich an der Ehrung anläßlich des 70.
Geburtstags Heideggers teilgenommen habe; mein Beitrag: eine Seite aus *L'attente, l'oubli*.[6] Kurze Zeit später
schickte mir Guido Schneeberger (dem Farias viel verdankt) oder sein Verleger Heideggers Reden zugunsten
Hitlers während seiner Rektoratszeit zu. In Form und
Inhalt erschreckende Reden, denn es ist dieselbe Schreib-
weise, dieselbe Sprache, die uns, in einem großen Moment
des Denkens, zur höchsten Frage aufgefordert hatte, die
uns das Sein und die Zeit stellen konnten, mit denen Heidegger zur Wahl Hitlers aufrief, den Austritt Nazideutsch-
lands aus dem Völkerbund rechtfertigte oder eine Schlage-
ter-Eloge verfaßte. Ja, dieselbe heilige, vielleicht etwas
rohere, etwas emphatischere Sprache, die nunmehr bis in
die Hölderlin-Kommentare zu hören sein wird und diese,
allerdings noch aus weiteren Gründen, entstellen wird.

In treuer Freundschaft.   Maurice Blanchot
                                         10. November 1987

1 Von der Straßburger Universität verlegt. Ich zitiere auch das Paul Celan gewidmete Buch *La poésie comme expérience.*

2 Der Gerechtigkeit halber müssen auch einige (gleichzeitig von ihm verschleierte) Vorbehalte Heideggers berücksichtigt werden, die seine Glorifizierung des Nationalsozialismus abschwächten. Wie ich vor langem in *L'entretien infini* geschrieben habe, sind die unter dem triumphierenden Faschismus gehaltenen Vorlesungen zu Nietzsche unbestreitbar eine zusehends aggressivere Kritik an der plumpen Methode, wie die »offizielle Philosophie« Nietzsche benutzen wollte.

3 Karl Löwith, *Mein Leben in Deutschland vor und nach 1933 – Ein Bericht,* Stuttgart 1986, 57 f. Anm. d. Übers.

4 Zitiert nach Jacques Derrida, *Psyché,* Paris 1987.

5 In einem von Herbert Marcuse verlangten und empfangenen Brief. Marcuse hat den Brief nicht veröffentlicht, der Wortlaut ist also nicht sicher.

6 Maurice Blanchot, *L'attente, l'oubli,* Paris 1962. Anm. d. Übers.

EMMANUEL LÉVINAS

Das Diabolische gibt zu denken

Ich habe sehr früh – vielleicht noch vor 1933 und auf jeden
Fall nach Hitlers großem Erfolg bei den Reichstagswahlen –
von Heideggers Sympathie für den Nationalsozialismus
erfahren. Der leider verstorbene Alexandre Koyré ist es
gewesen, der mir nach einer Rückkehr aus Deutschland
zum ersten Mal davon erzählt hat. Eine Nachricht, an der
ich nicht zweifeln konnte, die ich bestürzt und enttäuscht
zur Kenntnis nahm, allerdings auch mit der schwachen
Hoffnung, daß sie nur eine vorübergehende Verwirrung
eines großen spekulativen Geistes in der praktischen Banalität ausdrücke. Sie trübte meine feste Überzeugung, daß
eine unüberbrückbare Distanz den wahnhaften und krimi-
nellen Haß, den das Böse auf den Seiten von *Mein Kampf*
ausrief, von dem intellektuellen Scharfsinn und der extremen analytischen Virtuosität von *Sein und Zeit*, die eine
neue philosophische Fragestellung ermöglichten, auf ewig
trenne.

Konnte man den unvergleichlichen Eindruck in Zweifel
ziehen, den dieses Buch gemacht hatte, womit Heidegger
sofort als Gesprächspartner und Ebenbürtiger der größten
– der wenigen – Begründer unserer europäischen Philosophie erschien, den bald – das schien evident – jedes Denken
zu berücksichtigen hätte?

Eine Größe, deren ganze Dimension und Bedeutung
nicht leicht zu ermessen sind. Die in der Fortsetzung von
Husserl steht, dem *Sein und Zeit* ohne jegliche Heuchelei
in jenen zwanziger Jahren gewidmet wird. Das Heideggersche Werk setzt die Husserlsche Phänomenologie voraus,
formt sie aber um. Die traditionellen Begriffe der Rationalität werden hier modifiziert und lassen mit genialer Feder
das Nicht-Gesagte der höchsten Diskurse unserer Kultur
schwingen. Das Denken verstand sich immer als Wissen
von *dem, was ist,* das zum *Seienden,* zum zu erfassenden

Gegenstand gelangt und sich in seinen Attributen zeigt, als beantwortete es die Frage: »Was ist das?« Der Sinn des Realen, seiner Intelligibilität reduzierte sich auf die *Quiddität*, auf das in der Erfahrung zu entdeckende Objekt, die sich durch ihre Erhöhung zur allgemeinen Idee oberhalb des Gegebenen zur Metaphysik läutert. Das sind reine Ideen hinter der Erfahrung der Welt! Eine Hinterwelt, deren Vergeblichkeit die Kritik der reinen Vernunft aufgezeigt hat und in der Nietzsche das Profil eines gestorbenen Gottes ausmachte.

Heidegger bedeutet das radikale Ende dieser metaphysischen Rationalität. Der Sinn des Realen, das ist das Sein selbst, das Existieren selbst dieses Realen, der Sinn der verbalen Form dieses Wortes, Sinn, den man nicht für ein Substantiv halten darf. Doch dieser Sinn – nicht der des *Seienden*, sondern der des *Sein des Seienden* – ist er infolgedessen nicht bereits präphilosophisch vorhanden? Er ist aufgrund der ganzen Konkretheit des *Daseins* des Menschen vorhanden, für den es in diesem *Dasein* eben um dieses Sein geht. Diese Sorge um das Sein, Verstehen des Seins, eine Ontologie jenseits von jeglichem objektiven *Quidditäten*-Wissen ist die ursprüngliche Rationalität, die das philosophische Denken explizit macht und analysiert. Die Analyse dieser Sorge ist keine weitere »objektive Wissenschaft« – eine simple Anthropologie –, es ist die Weise selbst, wie das Sein gedacht ist. Von nun an verlangten die Formen unserer wissenschaftlichen und politischen, poetischen und prophetischen Rede – die Objektivität und die Objektivierung selbst – von der *Ontologie* ihren Platz in der Rationalität. Nicht um die »transzendentalen Illusionen« zu verbreiten, von denen sie erzeugt wären, sondern um ihre Rolle in dem »Sein der Seienden« zu erkennen, die auch Ruf an dieses Denken, an diese Rede ist.

Nichts in dieser neuen Phänomenologie – wie sie in den wunderbaren ersten Seiten von *Sein und Zeit* entwickelt wird – ist irgendeines politischen und gewalttätigen Hintergedankens verdächtig.

Nun passiert, daß von verschiedenen Seiten aus und ohne Zuhilfenahme irgendeiner immanenten Kritik an *Sein und Zeit* – sogar ohne irgendeinen Einwand gegen das gesamte spätere Werk – die Warnung, die mir Alexandre Koyré noch vor Hitlers Machtergreifung mitteilte, sich durch Informationen aller Arten bestätigt sieht. Was die Verbindungen zwischen Heidegger und dem Nationalsozialismus betrifft, sind wir weit über Sympathie und Antipathie hinaus! Ich habe kein Archiv geführt und nicht einmal all diese Fakten im Gedächtnis behalten. Einige aber heben sich deutlich ab: die Verurteilung Heideggers zu einer vorgezogenen Pensionierung von der Universität durch die Säuberungskommission nach der deutschen Niederlage, die »Rektoratsrede« von 1933 und das Treffen mit Löwith in Rom 1936, die Brust trotz angeblichem Bruch mit der nationalsozialistischen Partei nach dem Rektoratsrücktritt mit dem Hakenkreuz geschmückt, das in *Der Spiegel* nach dem Tod Heideggers erschienene Testament und vor kurzem das Buch von Farias, in dem viele bekannte Informationen wieder aufgenommen werden und zahlreiche andere hinzukommen, deren Details gewiß einer kritischen Überprüfung bedürften.

Ich glaube aber, daß zur Frage von Heideggers Beteiligung an den »Hitler-Gedanken« weder irgendeine historische Forschung noch die aus Archiven gewonnenen Fakten und auch nicht die gesammelten Berichte – selbst wenn sie nicht auf reine Mißverständnisse gründen – mit der Gewißheit gleichzusetzen sind, die wir aus dem Schweigen ziehen, das er im besagten *Spiegel*-Testament zur Endlösung, zum Holocaust, zur Shoah gewahrt hat. Tatsächlich offenbarte der Nationalsozialismus in der »Endlösung«, in der reinen Vernichtung in den Todeslagern – abgesehen vom gravierenden Unrecht des dreizehnjährigen Hitlerregimes – die diabolische Kriminalität, das absolute Böse, das man nicht »Denken« nennen kann.

Alles übrige könnte notfalls noch der unvermeidbaren Immoralität von Politik zugewiesen werden – ist nicht jeder Staat im Laufe seiner Geschichte für Kriege verantwortlich gewesen?

Infolgedessen können alle Formen der Kompromittierung und der Servilität, der widerwärtigen Bekanntschaften, der suspekten Freundschaften, der beschämenden Erklärungen und Taten, der rein opportunistischen Gedanken von Bürgern totalitärer Staaten notfalls noch einer kläglichen Vorsicht – Feigheit oder Vorsicht – zugewiesen werden und als Ausdruck von Schwäche etwas Nachsicht beanspruchen. Spricht nicht auch Heidegger von einem »menschlichen Versagen«, mit dem er sich im zitierten Testament bei Frau Husserl entschuldigte, ihr nicht »nochmals« seine Hochachtung ausgedrückt zu haben, als sein Lehrer Edmund Husserl erkrankte und starb? Aber im wieder eingekehrten Frieden das Schweigen zu Gaskammern und Todeslagern zu wahren, ist das nicht – abgesehen von den schlechten Entschuldigungen – das Zeugnis vollständiger Verschlossenheit der Seele gegenüber Sensibilität und wie eine Zustimmung zu dem Entsetzlichen?

Schweigen, jedoch kein vollständiges. Es gibt einen Satz, den Lacoue-Labarthe in seinem schönen Buch über Heidegger erwähnt und auf den mich Professor Michel Abensour aufmerksam machte. Martin Heidegger soll ihn 1949 in einer der unveröffentlichten Reden aus dem Zyklus der vier Bremer Vorträge über die Technik gesagt haben; man findet ihn in dem Buch von Wolfgang Schirmacher, *Technik und Gelassenheit*: »Ackerbau ist jetzt motorisierte Ernährungsindustrie, im Wesen das Selbe wie die Fabrikation von Leichen in Gaskammern und Vernichtungslagern, das Selbe wie die Blockade und Aushungerung von Ländern, das Selbe wie die Fabrikation von Wasserstoffbomben.«* Diese Stilfigur, diese Analogie, diese Anordnung bedarf keines Kommentars.

Was die intellektuelle Stärke in *Sein und Zeit* angeht, so kann dem ganzen immensen Werk, das auf dieses außergewöhnliche Buch von 1926 gefolgt ist, die Bewunderung nicht versagt werden. Kann man aber sicher sein, daß das Böse darin nie auf ein Echo stieß? Das Diabolische begnügt sich nicht mit dem Stand des Bösen, den ihm die Volksweisheit zuordnet und dessen List und Schläue in einer erwachsenen Kultur verbraucht und berechenbar sind. Das Diabolische ist intelligent. Es dringt ein, wo es will. Um es abzulehnen, muß es zunächst widerlegt werden. Um es zu erkennen, ist eine intellektuelle Anstrengung nötig. Wer kann sich ihrer brüsten? Was wollen Sie, das Diabolische gibt zu denken.

15. November 1987

---

* Wolfgang Schirmacher, *Technik und Gelassenheit – Zeitkritik nach Heidegger*, Freiburg/München 1983, 25. Der Satz stammt aus »Das Ge-Stell«, 1949, unveröffentlicht. Anm. d. Übers.

ALAIN FINKIELKRAUT

Philosophie und reines Gewissen

Bis vor ganz kurzem noch wurde Heidegger für einen schwierigen, gelegentlich für einen hermetischen, immer für einen anspruchsvollen Denker gehalten. Indem er *Sein und Zeit* in die Nähe von *Mein Kampf* rückt und deklamiert, Heidegger sei durch und durch Nazi gewesen, befreit uns Victor Farias von dieser Einschüchterung. Nationalsozialismus, das ist in der Tat unverhüllter Haß, das ist das Böse, das seine eigene Einzigartigkeit ohne Rücksicht und ohne Verkleidung behauptet.

Versehen mit Hitlers Schnurrbart und mit dem Hakenkreuz, verliert das Werk Heideggers sofort seine Tiefe: Diese ganzen mysteriösen Parolen über die Seinsvergessenheit, *das war es also, mehr nicht*! Die elegante, akademische und gekünstelte Fassung des Widerwärtigen! Hitlerverschnitt oder besser – man muß mit der Zeit gehen – Le Pen-Verschnitt für die *happy few*! Was für ein Glück! Was für eine Erleichterung! Welch köstliche Revanche für den gesunden Menschenverstand, den schon lange reizte, daß ihn ein Denken, das er nicht verstand, in Schach hielt.

Ach, wie süß es ist, Antifaschist zu sein, wenn es euch auch noch von der Phänomenologie und deren unmöglichem Jargon befreit! Denn wenn sich Heideggers Meditation, wie Michel Polac jetzt behauptet, auf »einige lepenistische Allgemeinplätze« reduziert oder wenn, wie Patrick Gérard schreibt, »Le Pen alles hat, um einen guten Heideggerianer abzugeben«, wird das Lesen überflüssig: Man hat verstanden, »man weiß Bescheid«. Falls nötig, wird morgen demonstriert.

Aber genug der billigen Ironie: Hat Heidegger nicht, für die Dauer eines Augenblicks, an die regenerierenden Wirkungen des Nationalsozialismus geglaubt? Hat er nicht, als er nicht mehr daran glaubte, jeden Ärger gemieden und der Nazipartei bis 1945 seinen Beitrag entrichtet? Und hat er sich nicht nach dem Krieg auf ein beinahe vollständiges Schweigen zur Judenvernichtung zurückgezogen? Zweifellos. Aber weder muß Vorsicht notwendig eine Fortführung des Engagements, noch muß Schweigen – so unerträglich dieses ist – ein Beweis für Zustimmung oder Komplizenschaft sein.

Diese Verhaltensweisen haben nicht denselben Sinn, und aus ihrer Addition ergibt sich nicht, daß Heidegger als Naziphilosoph betrachtet werden muß; zuerst, weil es dem Nationalsozialismus viel Ehre bereiten hieße, ihn mit einer Philosophie zu versehen, also mit dem Bedürfnis oder der Fähigkeit zur Frage, dann, weil eine solche Anschuldigung unter anderem die Kritik am rassistischen Biologismus übersieht, die in der *von Heidegger zwischen 1936 und 1941 gehaltenen* Nietzsche-Vorlesung enthalten ist, und schließlich, weil das Denken Heideggers einige der prägnantesten Interpretationen des Phänomens des Totalitarismus inspiriert oder sich mit ihnen überschneidet.

»Die Gedankenlosigkeit«, hat Heidegger geschrieben, »ist ein unheimlicher Gast, der in der heutigen Welt überall aus- und eingeht.«[1] Nicht an seiner Stupidität, sondern an seiner Wirksamkeit erkennt man den unheimlichen Gast: Aus Sorge um das *Wie* und nicht um das *Warum* setzt er die Intelligenz zum Werkzeug, zum schlichten Umsetzungsinstrument herab, verbannt er die Frage nach dem Sinn zugunsten der ausschließlichen, hemmungslosen, unermüdlichen Suche nach der Leistung oder dem Erfolg. Unter seiner Ägide funktioniert alles, allerdings bei immer tieferer Vergessenheit über die Ziele oder Zwecke jenes allgemeinen Funktionierens.

Nun ist es genau diese so definierte Gedankenlosigkeit, die die Philosophin Hannah Arendt[2] bei Eichmann und die der Historiker Raoul Hilberg bei allen Bürokraten des Völkermords (Angestellte, Prokuristen, Juristen, Ingenieure, Ärzte, Eisenbahner usw.) wirken sehen: Unerschütterlich übertrugen sie die Realität immer weiter in eine Sprache der Zahlen und Prozente, und mehr neutral als blutrünstig ließen sie die Todesmaschinerie arbeiten. Sie widmeten sich ganz der abstrakten Strenge ihres Berufs, »als gebe es zwischen der ›Endlösung‹ und den normalen Geschäften keinen faßbaren Unterschied...«[3] Um es in einem Wort zu sagen: Die Banalität des Bösen ist ein heideggersches Konzept.

Wenn andererseits Castoriadis die letzte Modalität des Totalitarismus mit der Formel »die nackte Stärke um der nackten Stärke willen« resümiert, wenn er jene Regime sich von jedem Gedanken lösen sieht, um sich ausschließlich der eigenen Ausbreitung zu widmen, stimmt er – wie übrigens auch der tschechoslowakische Philosoph Jan Patocka – Heideggers Analyse des Willens zur Macht zu.

Weshalb hat derjenige, der die Geschichte der Metaphysik sich in diesem Willen zur Macht (auch Wille zum Willen genannt, um mittels dieser Verstärkung besser zu kennzeichnen, daß er keinen anderen Zweck verfolgt, als ständig sich selbst zu überholen) vollenden sah, weshalb hat sich der radikalste Denker des modernen Nihilismus mit dessen brutalster, absolutester Form kompromittiert, und wäre es nur vorübergehend?

Weshalb blieb er stumm angesichts der »systematischen Fabrikation von Leichen« (Arendt), die andere, unter dem Einfluß seines Denkens, zu verstehen versucht haben?

Aufgrund oder trotz seiner Radikalität? Genau das ist eine wirkliche biographische und philosophische Frage. Aber statt der Diskussion, die dieses Problem verlangt, erleben wir heute einen Prozeß, der durch seine groteske Hysterie an die stalinistischen Kampagnen der dreißiger Jahre erinnert. Damals geschah es im Namen der vorangegangenen Revolution, daß einige Kommunisten Camus als Totengräber der Kultur, Koestler als Agenten des Intelligence Service oder Raymond Aron als Lakaien des Großkapitals beschimpften. Heute sind es vor schönen antitotalitären Gefühlen triefende Studenten, die sich in jenen wenigen Seminaren, wo sich Professoren noch trauen, sich auf den Philosophen aus dem Schwarzwald zu beziehen oder ihn auch nur auf den Lehrplan zu setzen, zu dem *Libération*-Artikel mit der (subtilen) Überschrift »Heil Heidegger!« bekennen. Und aufgewühlt von einer ehrenhaften demokratischen Entrüstung, sieht der Journalist von *Globe*, der ihr Verhalten lobt, Hannah Arendts Besuch bei Heidegger 1946 als die »intellektuelle Fassung des Films *Nachtportier*«. Wo bleibt der Fortschritt?

Indem man mit den allerbesten Absichten die heideggersche Kritik des technischen Nihilismus und seiner »entfesselten Maschinerie« verwünscht, dient man weder dem besseren Verständnis des Nationalsozialismus und des Stalinismus noch der Sache der Demokratie. Man riskiert nur, das Auftauchen einer neuen antifaschistischen Parole zu begünstigen: »Nieder mit der Philosophie!«

1 Heidegger, *Gelassenheit*, Pfullingen 1985, 11. Anm. d. Übers.
2 Hannah Arendt, *Eichmann in Jerusalem – Ein Bericht über die Banalität des Bösen*, Reinbek 1978, 16 f. Anm. d. Übers.
3 Raoul Hilberg, *La bureaucratie et la solution finale*, in: *L'Allemagne nazie et le génocide juif*, Kolloquium an der *École des hautes études en sciences sociales*, Paris 1985, 229.

GEORGES-ARTHUR GOLDSCHMIDT

Der Deutsche und das Ressentiment –
eine Antwort auf Alain Finkielkraut

Die wunderbaren Gedankenblitze am Anfang von Heideggers *Sein und Zeit* führen sehr schnell zu einem eigen-
artigen, entschlossenen und haßerfüllten politischen
Negativismus, der sich uneingeschränkt gegen die Republik von Weimar richtet; schon hier lief Heidegger Hand
in Hand mit den Nazis.

Heideggers Denken wird beinahe sofort von Ressentiment überwältigt, was die französischen Übersetzungen
nicht sichtbar machen, und hier liegt das ganze Problem.
Was Finkielkraut zu lesen glaubt, ist nicht das, was er
liest, und vom Vokabular wie vom Stil her steht *Sein und
Zeit* von seinem zweiten Abschnitt an *Mein Kampf* leider
ziemlich nahe. Theodor Adorno hat dieser Frage ein
grundlegendes Buch gewidmet, *Jargon der Eigentlichkeit*. Aber darüber kann man bedauerlicherweise im
Französischen nicht urteilen.

Die Gedankenlosigkeit, die Alain Finkielkraut
erwähnt, wenn er den (übersetzten) Heidegger zitiert,
manifestierte sich im Nationalsozialismus explizit und
erkennbar, und das wußte Heidegger. Das ist auch der
Grund, weshalb er sich das Wesen des Nationalsozialismus zu eigen gemacht hat: die Verbindung von Rhetorik
und Brutalität.

»Weshalb hat sich der radikalste Kritiker des modernen
Nihilismus kompromittiert?« fragt Finkielkraut: Eben
deshalb, weil dieser Nihilismus – in seiner provinziell-
sten und mörderischsten Form – das Wesen seines Ressentiments ist (und das nicht vorübergehend, sondern
konstitutiv und permanent).

Wenn insbesondere nach 1945 Heidegger unaufhörlich
– mit denselben Begriffen – die Modernität angreift,
ohne sie jedoch jemals zu analysieren, so nur, weil diese

westlich ist und die Besetzung Deutschlands durch die Alliierten bedeutet (siehe *Gelassenheit* oder auch *Hebel, der Hausfreund*). 1966 steht Heidegger dem Nationalismus noch ziemlich nahe, da für ihn das Denken deutsch ist und das »Deutschtum« in seiner schlimmsten Form, dem Nationalsozialismus in eben seiner Radikalität – die Vernichtung vielleicht eingeschlossen, worauf seine ungebrochene Freundschaft zu Eugen Fischer, dem Organisator der »Euthanasie« an Geisteskranken, hinzuweisen scheint –, für ihn das Denken ist.

Es stimmt, wie Finkielkraut sagt, daß Heidegger den Biologismus Rosenbergs und der ersten Naziperiode verachtete, doch fordert er unermüdlich das Einführen von Zwang und »Zucht«, damit das »Deutschtum« über den Biologismus siegt.

Wenn die französischen Fassungen von Heideggers Texten die Illusion von Denken verschaffen können, sind die steifen und brutalen oder gekünstelten und affektierten deutschen Texte durch ihren Wiederholungscharakter und ihre Gedankenlosigkeit eher erschreckend. Es gibt in Frankreich ein vollständiges Verkennen des Nationalsozialismus und seines besonderen »deutschen« Charakters. Hier war die Modernität am Werk, allerdings genau jene Heideggers.

Die Bedeutung des Buchs von Victor Farias, *Heidegger et le nazisme*, besteht darin, daß die nationalsozialistische Versuchung seit Fichte im Wesen des Philosophischen selbst liegt (lesen wir Heinrich Heines prophetischen Text wieder: *Zur Geschichte der Religion und Philosophie in Deutschland*[1]), sie verwirklicht sich schließlich vollständig in Heideggers Werk, wo das Philosophische gerade zum Deutschtum kippt und letzteres zum Nationalsozialismus.

Jene Modernität der »Todesmaschinerie«, die Alain Finkielkraut so gut beschreibt, ist auch in Heideggers »Denken« vollkommen vorhanden, wofür die von Farias zitierten Texte der philosophische Niederschlag sind. Diese Maschinerie wird nämlich von der *Entschlossenheit* und *vom Einsatz bis zum letzten* gesteuert, die Hei-

irgendwo aus der tiefsten Tiefe einer Vision des Deutschtums entstanden – sind von ein und demselben Wesen, wie der Schweizer Philosoph Max Picard bereits 1946 feststellte (*L'homme du néant*, Le Seuil, 1947), dessen Analysen der Modernität unvergleichlich origineller sind als die Heideggers.

Schließlich scheint Finkielkraut bestimmte Akzente der Heideggerschen Texte nicht bemerkt zu haben (beispielsweise *Wozu Dichter?*). Heidegger spricht hier nämlich von dem »schutzlosen Markt der Wechsler«.[2] Nun ist das Wort Wechsler im Deutschen derart mit dem Begriff Wucherer und dieser wiederum (seit Luther) mit dem Begriff Jude assoziiert, daß man nur das Wort Wechsler zu benutzen braucht, damit jeder versteht, und die deutschen Leser, dessen sei man sich sicher, hatten ihrerseits genau verstanden.

---

1 Heinrich Heine, *Werke*, 2, Hoffmann und Campe, Hamburg. Anm. d. Übers.
2 Heidegger, *Wozu Dichter?* (1946), in: *Holzwege*, Frankfurt a. M. 1980, 311. Anm. d. Übers.

Ein Leben, ein Werk im Zeichen des Nationalsozialismus

Heidegger et le nazisme von Victor Farias zeigt auf über 300 Seiten, wie tief Heidegger durch seine Taten, seine Worte, seine Gedanken, seine Reden in die Intimität des Nationalsozialismus verstrickt gewesen ist. Über das »Denken« Heideggers wird der Genozid artikuliert und vorbereitet, natürlich nicht, indem er diesen anpreist oder propagiert, sondern weil sein ganzes Denken seit *Sein und Zeit* dazu hinführt. Die Weise, wie *Sein und Zeit* in die Eloge sowohl auf Schlageter, jenen von den Franzosen erschossenen »Widerstandskämpfer« und Held der Nazipartei, als auch auf den Krieg mündet, ist ein erstes Indiz. Alle in dem Buch zusammengetragenen nationalsozialistischen Reden Heideggers, seine Denunziationen von Kollegen, alles das macht aus Heidegger den Nazidenker *par excellence*.

Mit erstaunlicher Geduld und Genauigkeit hat Victor Farias Dutzende von Beweisstücken zusammengetragen, die nicht nur zeigen, wie sehr Heidegger Nazi gewesen ist, sondern auch seine Ranküne, die Heftigkeit seines Ressentiments und vor allem seinen Einfluß wie sein Wirken auf die Studenten deutlich machen. Aufschlußreich in dieser Beziehung ist das Ausbildungsprogramm der nationalsozialistischen Hochschullehrer (die »Dozentenakademie des Deutschen Reichs«).

Für Heidegger bedeutet der Nationalsozialismus den vollständigen Umsturz des Wissens: »ausgehend von den Fragen und den Kräften des Nationalsozialismus« muß die Wissenschaft neu gedacht werden. Die Universität von »morgen« muß ganz auf der nationalsozialistischen Weltanschauung gründen (Farias, S. 215 bis 229). Ständig sieht man, wie die unseren Pariser Philosophen so teure »Kehre«

Heideggers Denken dem tiefsten Kern des Nationalsozialismus zuführt.

Wenn sein ganzes Leben und sein ganzes Werk so tief in den Nationalsozialismus verstrickt waren, so deswegen, weil dieser für ihn die Eigentlichkeit und das Deutschland darstellt, wie es ihm zu Beginn und gegen Ende seiner Karriere unter den Zügen von Abraham a Sancta Clara (Johann Ulrich Megerle, 1644–1709), dem Prediger am Wiener Hof und einem der Väter des deutschen Antisemitismus, erscheint.

»Von der Kanzel aus gab er die mitterlalterlichen Legenden für wahr aus, wonach die Juden die heiligen Hostien schändeten und getaufte Kinder opferten, um sich ihrem Teufelsdienst hinzugeben«, schreibt Farias. Antisemitismus und Fremdenhaß sind der einzige Aspekt seines Werks, dem Heidegger 1910 seine erste veröffentlichte Arbeit und 1964 am Ende seines Lebens einen Vortrag in seiner Geburtsstadt Meßkirch widmet.

Bei Heidegger findet sich keine einzige explizit antisemitische Äußerung, doch seine Auffassung von Volkheit selbst, von Volk als Ethnie implizierte es ganz selbstverständlich. (Um das festzustellen, braucht man nur den Text ›Wozu Dichter‹ in *Holzwege* zu lesen.) Allerdings wird Heidegger dafür sorgen, daß »kein einziger Nicht-Arier« unter den Unterzeichnern eines »Appells an die Gebildeten in der Welt« zur Unterstützung des Nationalsozialismus erscheint (176). In dem Denunziationsbrief, den er gegen einen seiner Kollegen namens Baumgarten losschickt, beschuldigt er diesen unter anderem, sich »mit dem Juden Fraenkel eng liiert« zu haben. Der »Führer« der Hochschullehrer der betreffenden Universität (Göttingen) wird diese Denunziation als »unbrauchbar und voller Haß...« bezeichnen (235). Zuvor hatte Heidegger bereits den großen Chemiker und späteren Nobelpreisträger Hermann Staudinger wegen mangelnder Begeisterung für den Nationalsozialismus denunziert (162).

Victor Farias fügt den vor langer Zeit von Jean-Pierre Faye[1] bekanntgemachten Texten, die zu zitieren oder zu besprechen allein *La Quinzaine littéraire* und *Allemagnes d'Aujourd'hui* den Mut hatten[2], zahlreiche neue Texte hinzu. Selbst *Débat* hatte damals von ihrer Veröffentlichung Abstand genommen[3], weil sie in der Tat sowohl das Vokabular als auch das Wesentliche seines Denkens im Dienste der Nazipolitik zeigen, in die sie sich völlig integrieren. Und dieses Engagement betrifft keineswegs nur die Jahre 1933–1934, wie man es uns unermüdlich wiederholt hat[4], sondern ist bis 1945 ungebrochen vorhanden. Wie Farias zeigt, kommt Heidegger bis zum Ende der Partei seiner Beitragspflicht nach. Wenn er sich auch tatsächlich mit Rosenberg, dem »Theoretiker« des Nationalsozialismus, überworfen hatte, wurde er dennoch von der offiziellen Hierarchie geehrt. 1937 wird seine *Rektoratsrede* zum dritten Mal mit einer Auflage von 5000 Exemplaren neu verlegt.

Es ist verständlich, daß man in Paris versucht hat, diese bestürzenden Texte zu verschweigen, denn sie kompromittieren sein Denken grundlegend. Zum Wohle des »Denkens« sollte Heidegger unbedingt gerettet werden, so als wäre er nicht eben durch dieses Denken kompromittiert. Nunmehr wird man nicht mehr um die Feststellung herumkommen: Heideggers Nationalsozialismus liegt im Wesen seines Denkens, und es geht darum zu wissen, was das zu bedeuten hat.

Victor Farias wollte nur als Historiker vorgehen, gerade darum ist die philosophische Tragweite seiner Arbeit so beträchtlich. Dennoch ließ allein schon die deutsche Lektüre zahlreicher Texte Heideggers keinen Zweifel zu; ihre erbarmungslose, unerbittliche Sprache offenbarte ihr Wesen.

Es gibt noch Schwerwiegenderes: Von 1945 bis zu seinem Tod 1976 hatte Heidegger ungehindert Zeit, um über jene Manifestierung von absoluter *Seinsverborgenheit*, die Auschwitz war, nachzudenken. Dennoch bewahrt er zur Shoah, wie Lacoue-Labarthe sagt, ein »hartnäckiges Schweigen«, vermutlich als Ergebnis einer tiefen Übereinstimmung (hier stößt man auf das Dunkelste der unheilbaren Nacht des Denkens) mit dem Nazigenozid. Darauf scheint jedenfalls seine ungebrochene Freundschaft zu

Eugen Fischer hinzuweisen, der in Deutschland einer der Hauptorganisatoren der sogenannten »Euthanasie« an den Geisteskranken war und der am 20. Juni 1939 explizit die Judenvernichtung forderte.[5]

Das Buch von Victor Farias wird dazu zwingen, sich die Frage zu stellen: Warum hat dieser Nazidenker eine solche Bedeutung in Frankreich?

Es stimmt, daß unser Jahrhundert reich an solchen Verirrungen ist. Das »Denken« Heideggers ist nur der Schatten von Auschwitz, zu dessen Vorbereitung es beigetragen hat, und das es wie einen Trauerflor mit sich tragen wird bis zum Ende der Zeiten.

1 *Médiations*, Nummer 3, 1961.
2 *La Quinzaine littéraire*, Nummer 237 und 391; *Allemagnes d'Aujourd'hui*, Nummer 93, Juli 1985: *Rappel: Heidegger et le nazisme.*
3 *Bulletins*, Gallimard, August-September 1984 und November 1984. Siehe auch den weiter oben erwähnten Artikel aus *Allemagnes d'Aujourd'hui.*
4 Ein Beispiel: François Fédier, *Le rectorat 1933–1934,* in: *Le Débat*, Nummer 27, November 1983.
5 Benno Müller-Hill, *Tödliche Wissenschaft*, Reinbek 1985. (Hier wird die Rolle Eugen Fischers minutiös geschildert. Müller-Hill erinnert auch an die Freundschaft mit Heidegger. Siehe auch *Le Matin* vom 15. 10. 1987.)

JOSEPH ROVAN

Mein Zeugnis über Heidegger

Wer war in meiner Jugendzeit in den vierziger Jahren der größte Philosoph? Wie kann man antworten, ohne den Namen Martin Heidegger zu nennen? Und fügen wir dem vielleicht ein »leider« hinzu – wie Gide für Victor Hugo –, obwohl es sowohl angesichts des glänzenden Denkers als auch der tristen Banalität des politischen Mißgeschicks lächerlich wirkt.

Ich fühle mich berechtigt, in der durch das Buch des chilenischen Forschers Victor Farias neueröffneten Debatte einer nebensächlichen Erinnerung Gehör zu verschaffen. Als Flüchtling in Lyon im Frühjahr 1941 und als Kader der Résistance nach dem Sommer 1942 hatte ich viel Zeit für »unbefangene« Studien – meine »illegale« Situation verbot mir die Teilnahme an Aufnahmeprüfungen. Ich entsinne mich nicht mehr, wie ich von der Existenz von *Sein und Zeit* erfahren habe. Ich entdeckte ein Exemplar in der Bibliothek der literaturwissenschaftlichen Fakultät, das ich mir aneignete. Zur gleichen Zeit begegnete ich über gemeinsame Freunde dem germanophilen Philosophen Jean Beaufret, der am Lycée Ampère unterrichtete.

Mit diesem dicken, bei Niemeyer in Halle verlegten Buch versehen, begab ich mich allabendlich zu Beaufret. Gemeinsam beugten wir uns über die Geheimnisse des *Daseins,* der Ontik und der Ontologie. Ich hatte nur dürftige Philosophiekenntnisse, mein Deutsch war aber etwas besser als das Beaufrets. Glücklich drangen wir in die Geheimnisse eines Denkens ein, das von einer Sprache getragen wurde, deren Poetik und Strenge mich immer noch fesseln. Wir hatten von Heideggers Rektoratszeit und seinen Schwächen gehört. Die Unvollkommenheiten des Menschen brachten uns auf, das Werk jedoch hielt uns in Atem.

Als die Deutschen Ende 1942 Lyon besetzten, legten sie die Sperrstunde auf 20 Uhr fest. War das das Ende unserer

Arbeitssitzungen zu Heidegger? Keineswegs! Inzwischen war ich einer der Verantwortlichen der Résistance für die Herstellung falscher Papiere geworden. Täglich erweiterte sich meine Abteilung um neue Modelle und neue Kapazitäten. Es war nicht schwierig, sich ein von den Besetzungsbehörden ausgestelltes Exemplar eines Passierscheins zu besorgen und es zu fälschen. Nunmehr ausgestattet mit meinem gefälschten Passierschein, ging ich erhobenen Hauptes zu Beaufret, um einige Seiten jenes Denkers zu übersetzen und zu kommentieren, der uns den Sinn des Seins enthüllte, die nackte Wahrheit zeigte.

Ein gemeinsamer Freund und begüteter Industrieller, Marc Barbezat, brachte auf eigene Kosten eine aufwendige und avantgardistische Literaturzeitschrift namens *L'Arbalète* heraus. Unsere Berichte und unsere Lektüre sagten ihm zu, und er veröffentlichte einige Seiten aus meiner Übersetzung. Als ich in Paris von der Gestapo ergriffen wurde und verschwand, setzte Beaufret die Arbeit fort. *L'Arbalète* hatte Erfolg: Als ich im Juni 1945 aus Dachau zurückkam, waren meine Übersetzungen einer Anzahl von Interessierten bekannt.

Man bat mich um weitere; ich gab Max-Pol Fouchet für seine aus Algier repatriierte Zeitschrift *Fontaine* den sehr schönen Kommentar zu dem Hölderlin-Gedicht »Wie wenn am Feiertage...« und übertrug den *Brief an Jean Beaufret* ins Französische, der das Bündnis zwischen beiden Philosophen besiegelte, von denen der jüngere sich so sehr als Jünger des anderen begriff, daß er später das eigene Hauptwerk *Entretiens avec Heidegger* nannte.

Später, im Herbst 1946, beteiligte ich mich am Wiederaufbau eines demokratischen Deutschlands. In der Nähe von Freiburg betreute ich eine Ausbildungswoche für Verantwortliche der Volkshochschule. Jean Beaufret bat mich, ich möchte mich um Heidegger kümmern, von dem er wußte, daß er Repressalien ausgesetzt war. Wie ich feststellte, waren diese nicht allzu unangenehm; gewiß hatte der Professor seinen Lehrstuhl verloren, ein Teil seiner Wohnung war besetzt – was ihn jedoch am tiefsten verletzte, war die Beschlagnahmung seines für ihn kostbaren

Klaviers, das jetzt in einer französischen Unteroffiziers-
messe unedleren Zwecken diente als bei dem Philosophen.
Ich dachte, die Strafe stünde in keinem Verhältnis zum Verbrechen, und es gelang mir, das Klavier an seinen
Ursprungsort zurückzubringen. Heidegger war mir dafür
dankbar; von Beaufret wußte ich, daß ihm meine Übersetz-
zungen gefielen. Wenn er auch nicht gut Französisch
sprach, so hatte er doch gute literarische Kenntnisse unserer Sprache wie viele Gymnasiasten früher, die Latein und
Griechisch sehr gut lasen, aber kaum sprachen. Eines
Tages, ich glaube, es war 1948, besuchten Beaufret und ich
gemeinsam Heidegger in seiner Hütte in Todtnauberg. Ich
sah ihn zum ersten Mal und war von der außergewöhnli-
chen Stärke, die der kleine schnurrbärtige Mann aus-
strahlte, beeindruckt. Es ging nicht um Sympathie, noch
weniger um Freundschaft, sondern um die Gewißheit, der
Größe zu begegnen, die nicht unbedingt freundlich wirkt.

Nur zwei andere Männer haben mich dieselbe Gewißheit erleben lassen, und ihre Größe war, weiß Gott, von
anderer Natur und rief eine andere Art der Bewunderung
hervor: Es waren General de Gaulle und Kardinal de
Lubac.

Zwei Tage lang beschäftigten wir uns, Heidegger, Beaufret und ich, mit einem Heideggerschen Französisch-Lexi-
kon, einem handgeschriebenen Heftchen, in das ich die
Übersetzungen der wichtigsten Begriffe in den Heideggerschen Texten eingetragen hatte. Es waren sehr intensive
Momente. Unabhängig von dem Urteil, das die öffentliche
Person verdiente, und dem Verhältnis zwischen öffentli-
chem Handeln und Denken (Luther hat entsetzliche antisemitische Schriften verfaßt, und Marx hat Lenin und Stalin
nach sich gezogen) war es ein Denken von herausragender
Bedeutung, das sich uns mitteilte. Jean Beaufret behielt das
Heftchen, und seine Erben haben es nicht wieder gefunden.

Mein eigener Weg sollte mich später von diesen Arbeiten
entfernen, doch bleibt mir eine sehr starke, genauer gesagt,
bleiben mir zwei Überzeugungen:

Die erste betrifft die Bedeutung, die das Heideggersche
Denken für den Entwurf meiner eigenen Weltanschauung

gehabt hat. Es ermöglichte mir, die Verbindung von Rationalität und Intuition zu erfassen, mit der wir zu einem anderen Wissen des Seins gelangen. Ich glaube, ohne die Bekanntschaft mit Heidegger hätte ich mich nicht berufen gefühlt, mich der katholischen Kirche zuzuwenden.

Die zweite Überzeugung betrifft das Verhältnis von Heideggers Praxis und seinem menschlichen Verhalten einerseits und seinem philosophischen Werk andererseits. Es hieße dem Denker unrecht tun, den Menschen von seinen übernommenen Verantwortungen und begangenen Fehlern freizusprechen. Die Mächte, die der Philosoph enthüllt, sind himmlische und höllische Mächte des Lichtes, aber auch Mächte der Finsternis. Es sind die Abgründe der Existenz, die er unserem Blick offenbart, und diese Abgründe hat er selbst aufgesucht. Sein Denken und sein Werk haben substantielle Verbindungen zum Nationalsozialismus, der auch – und sogar vor allem – eine Manifestation des Diabolischen gewesen ist. Nichtsdestoweniger gehören sein Denken und sein Werk zum umfassendsten und scharfsinnigsten des modernen Abendlandes, von gleichrangiger Bedeutung wie das von Hegel, Marx und Nietzsche, die wie Heidegger Deutsche und wie er Enthüller zweideutiger Tiefen waren.

PHILIPPE LACOUE-LABARTHE

Weder Unfall noch Irrtum

Ein (...) Ereignis hat in der ersten Hälfte dieses Jahrhunderts stattgefunden, dessen zweite, zwischen Alptraum und Parodie, stets nur ihr Schatten ist. Allerdings muß das richtige Maß genommen werden; kein kleines, auf die drei, vier letzten Jahrhunderte bezogenes Maß, (...) sondern, da es um die Möglichkeit der Philosophie selbst geht, das wahre – unbestimmbare – Maß der ganzen abendländischen Geschichte. Und das ist eine ganz andere Angelegenheit.

Jene ganz andere Angelegenheit war seinerzeit bekanntlich die Angelegenheit Heideggers. (...) Seit Nietzsche gibt es kein anderes Denken, das so tief und so weitgehend die Frage des Wesens der Philosophie (und also des Wesens des Denkens) berührt hat, und auch keines, das einen Dialog von solchem Umfang und solcher Strenge mit der Tradition (mit dem Abendland) aufgenommen hat. Hierzu allerdings ein notwendiger Hinweis: Heideggers Thesen (insbesondere zur Philosophie) zu billigen, wie ich das tue, oder sogar seinem Denken diesen Platz – den ersten nämlich – einzuräumen, bedeutet keineswegs ein Bekenntnis zum sogenannten »Heideggerianismus«. (...) Die Idee eines »Heideggerianismus« ist ganz und gar sinnlos. Weder aus Koketterie noch aus Inkonsequenz hat Heidegger unaufhörlich wiederholt, daß es »keine Heideggersche Philosophie gibt«. Es bedeutete klar, daß seine Frage – kurzgefaßt, die Frage des Seins – auf keinen Fall eine neue These zum Sein und noch weniger irgendeine »Weltanschauung« ergeben konnte (...).

»Heideggerianer« zu sein oder sich so zu nennen, bedeutet demzufolge genausowenig, wie »Anti-Heideggerianer« zu sein oder sich so zu nennen. Oder besser, es bedeutet das gleiche: daß man das Wesentliche im Denken Heideggers verfehlt hat und daß man sich dazu verurteilt, taub gegenüber der Frage zu bleiben, die nach Heidegger das Zeitalter stellt.

Wohl hat es eine politische Geste Heideggers gegeben mit ihren (unvermeidlichen, hingenommenen und eingestandenen) Zugeständnissen, aber auch mit einer tiefen Übereinstimmung, die nie dementiert wurde (soweit heute bekannt, weder in den Andeutungen oder Erklärungen als Professor nach 1934 noch in irgendeiner der drei testamentarischen Schriften, die Heidegger hinterlassen hat). (...) Das Engagement von 1933 ist weder ein Unfall noch ein Irrtum. (...) Entgegen den Behauptungen, die hier und da aufgestellt wurden, steht Heideggers Engagement in absoluter Kohärenz zu seinem Denken. Und die Verflechtung von »Politischem« und »Philosophischem« war stark genug, daß nach dem »Bruch« und bis 1944 fast seine ganze Lehrtätigkeit einer »Auseinandersetzung« mit dem Nationalsozialismus gewidmet war, die tatsächlich indirekt die Wahrheit zeigt, die Heidegger (...) dort erkannt zu haben glaubte. (...)

Die Versuchung ist groß – ich selbst bin ihr erlegen –, das Engagement von 1933 einer Schwäche, einem plötzlichen Verfall der Wachsamkeit oder schlimmer gar dem Druck eines von der Metaphysik noch ungenügend gelösten Denkens zuzuschreiben. Aber das heißt zu vergessen, daß die Metaphysik, jedenfalls in ihrer von Kant und Nietzsche anerkannten Form des unauslöschlichen »Triebes«, im verborgensten Inneren des Denkens selbst ist. Das »Denken«, wenn es »Denken« gibt, kann sich nie als von der Metaphysik »gelöst« behaupten. Und daher ist es im übrigen von vornherein immer *engagiert,* wie vorsichtig es auch immer ist. (...)

Das ist der Grund, weshalb meiner Meinung nach auch nicht von einem Irrtum gesprochen werden kann. Es hätte ein Irrtum sein können, wenn der Nationalsozialismus, was auch immer seine »Wirklichkeit« sonst war, nicht Träger einer Möglichkeit gewesen wäre, die Heidegger in ihm sah. Nun war er es aber offensichtlich zumindest teilweise für das Schicksal Deutschlands und das Schicksal des Abendlandes. (...)

1933 irrt sich Heidegger nicht. Aber 1943 weiß er, daß er sich geirrt hat. Nicht in der Wahrheit des Nationalsozialismus, sondern in seiner Wirklichkeit. (...) Aber, möchte ich hinzufügen, wer ist in diesem Jahrhundert, (...) ob er »rechts« oder »links« war, nicht geprellt worden? Und in wessen Namen wäre er es nicht gewesen? Überlassen wir das Raymond Aron, das heißt dem offiziellen Denken des Kapitals (des vollendeten Nihilismus, für den in der Tat alles *Wert* ist). Aber diejenigen, die in ihrem Orden groß waren? Durcheinander: Hamsun, Benn, Pound, Drieu und Brasillach (ich nehme Céline nicht aus, obwohl er mir überschätzt zu werden scheint). Oder auf der anderen Seite: Benjamin, Brecht, Bataille, Malraux (ich nehme Sartre nicht aus, an dessen moralischer Authentizität kein Zweifel ist). Was bot ihnen die alte Welt an, um dem Einbruch der »neuen Welt« zu widerstehen? Unter diesem Gesichtspunkt besteht Heideggers *heute* kaum zu ermessendes Verdienst darin, nur zehn Monate lang dieser zweiseitigen Illusion der »neuen Zeiten« nachgegeben zu haben.

In diesem eigentlich banal *gewordenen* Sinn wird man immer von Irrtum sprechen können. Doch ich behaupte oder halte weiterhin aufrecht, daß es sich nicht um einen Irrtum handelt, sobald man die Vorstellung betrachtet, die sich Heidegger und mit ihm die ganze große deutsche Tradition (Marx zum Teil miteingeschlossen) vom historischen Geschick des Abendlandes macht (...). Es ist kein Irrtum, sondern eine Konsequenz! Und wenn diese Konsequenz zur Konsequenz hatte, den Nationalsozialismus zu *akzeptieren,* und sei es nur für zehn Monate, (...) dann muß man von Schuld reden.

Von *Schuld* zu reden, setzt eine konstituierte, jedenfalls mögliche Ethik voraus. Nun ist aber heute wahrscheinlich weder die eine noch die andere dieser Voraussetzungen erfüllt. (...) Was in diesem Jahrhundert geschehen ist – es zeigt sich täglich, daß *wir a posteriori* verantwortlich sind –, hat die Idee der Ethik selbst einem Umsturz ohnegleichen unterworfen und vielleicht ihre Begründung endgültig zerstört. Selbstverständlich sind wir gezwungen, nach ethischen Normen und Vorschriften zu leben und zu handeln,

123

das heißt solchen, die aus den früheren Ethiken abgeleitet sind, nur kann niemand mehr ignorieren, (...) daß wir hier völlig entblößt sind. Wahrscheinlich ist es noch möglich, die Frage zu beantworten: Wie urteilen? Sicher aber nicht mehr, jene Frage zu beantworten: Von woher aus urteilen? In wessen Namen und im Namen wovon? Denn was nunmehr fehlt, das sind die Namen und zuerst in der Tat die »heiligen Namen«, die auf unterschiedliche Weise den (öffentlichen oder nicht-öffentlichen) Raum, in dem sich das ethische Leben entfaltete, beherrschten und allein beherrschten. (...)

Ich wage also im Zusammenhang mit Heidegger das Wort »Schuld« von keiner ethischen Gewißheit aus. Ich wage es nur, weil es bei Heidegger das Eingeständnis des entblößten Seins gibt, und weil er in dem, was er unterzeichnet hat, wenigstens einmal eine Anerkennung von Schuld angedeutet hat – als er in dem *Spiegel*-Gespräch zu seinem Verhalten anläßlich des Todes Husserls von einem »Versagen« spricht. (...)

Ich will Heidegger nicht den Prozeß machen. Mit welchem Recht? Ich will mich auf eine Frage, und zwar eine Frage zum Denken, beschränken. Daher erscheint es mir überflüssig, auf die Fakten zurückzukommen. Abgesehen davon, daß man mangels ausreichender Dokumente riskiert, weitere zahlreiche Fehler, falsche Gerüchte oder offene Verleumdungen zu kolportieren, sehe ich nicht, was das erneute Zusammenstellen der Fakten zur Frage beitragen kann, außer fraglos als erwiesen zu betrachten, daß Nazi zu sein ein Verbrechen war. Diese Rede kann man politisch führen, und sie ist es, die ich persönlich führe. Aber die Sache bleibt zu denken, und hier sind die Anekdoten von keinerlei Hilfe, selbst wenn es Dokumente und Zeugnisse gibt, die meines Erachtens bestürzend sind.

Die »Schuld« besteht also nicht in den von Heidegger wohlweislich eingegangenen »Kompromissen«, die im übrigen 1966 klar benannt worden sind. Wenn er seine Unterschrift nur unterhalb – oder im Kopf – der *Rektoratsrede* aufrechterhält, signalisiert er selbst sehr deutlich, worauf sich sein Widerspruch zum Regime bezog. (...) Auch wenn er auf dem beharrt, was er unnachgiebig abgelehnt hat (das Anbringen des Judenplakats, die Bücherverbrennung, die Suspendierung von Hochschullehrern aus politischen oder rassischen Gründen, die »politisierte Wissenschaft«), zeigt er nicht weniger deutlich, wo sich in seinen Augen das Unannehmbare befand: Erwiesenermaßen war es, was man auch immer darüber gesagt haben mag, der Antisemitismus. Aber das Unannehmbare hat den Kompromiß nicht verhindert, und dieser Kompromiß fand mit einer »Bewegung« statt, für die der Antisemitismus ein Prinzip war und nicht ein beliebiger ideologischer Auswuchs, mit dem man übereinstimmen konnte oder auch nicht. Indem man sich dem Nationalsozialismus anschloß, für wie kurz auch immer, schloß man sich notwendig einem Rassismus an. Und sollte man es für möglich gehalten haben, den Rassismus von der Bewegung »abzutrennen«, dann täuschte man sich nicht allein im realen Wesen und der »Wahrheit« der Bewegung, sondern man dachte offensichtlich auch, daß der Sieg der Bewegung ein wenig Rassismus wert wäre: Antisemitismus wurde zur Angelegenheit einer Kosten-Nutzen-Analyse. (...)

Nicht mehr und nicht weniger als das Wesen des Abendlandes ist es, was sich in der Apokalypse von Auschwitz enthüllt hat – und sich seitdem unaufhörlich weiter enthüllt. Und bei dem Denken dieses Ereignisses hat Heidegger versagt.

PIERRE AUBENQUE

Noch einmal Heidegger und der Nationalsozialismus

*Dem unbekannten Studen-
ten, der am 21. Oktober 1987
meine Vorlesung an der Sorbonne verlassen hat, als ich
den Namen Heidegger aus-
sprach.*

Man glaubte, über den Nationalsozialismus Heideggers sei
alles gesagt, vor allem seit den Arbeiten von Otto Pöggeler
in Deutschland, François Fédier und Philippe Lacoue-
Labarthe in Frankreich. Die Tatsache, daß das vor kurzem
erschienene Buch von Victor Farias, *Heidegger et le
nazisme*, seit einigen Wochen weit über den engen Kreis
der Philosophen hinaus leidenschaftliche Diskussionen
auslöst, zeigt zumindest eines: Die Debatte ist nicht abgeschlossen. Nun liefert aber V. Farias, wir werden es sehen,
wenige wirklich neue Elemente. Warum also dieses plötzli-
che Aufflackern eines offensichtlich schlecht gelöschten
Feuers?

Dieses Buch und sein Erfolg in den Medien werfen in
Wirklichkeit mehrere Fragen auf. Es gibt natürlich jene
lange vor Farias breit debattierte Frage des Nationalsozialismus Heideggers, die Frage von dessen Realität, Sinn und
Bedeutung im Verhältnis zum Werk des Philosophen. Es
gibt aber zwei weitere, neuere Fragen, die dieses Buch aufgrund seiner Spezifizität und seines Erscheinungsdatums
unbeabsichtigt aufwirft. Welches ist, gemäß der üblichen
Beurteilung von Inquisition und Zensur, der *ethische* Status eines Buches, das sich offen als Denunziationsunter-
nehmen präsentiert – genauer als Denunziation eines Denkers –, besonders, wenn diese Denunziation zu großen Teilen auch noch verleumderisch ist? Und weshalb löst andererseits der Nationalsozialismus Heideggers, der seit 1933
bekannt war (Sartre, um nur den ersten und berühmtesten

französischen Heidegger-Anhänger zu zitieren, befand sich zu diesem Zeitpunkt in Berlin und wird wohl Zeitungen gelesen haben), ein halbes Jahrhundert später mehr Gefühle, Verlegenheit oder Empörung aus, als es bei seinen Zeitgenossen und teilweise sogar bei den Opfern des Ereignisses der Fall gewesen ist?

Das Buch von Farias ist allein durch seine Existenz schon ein Problem. Es ist kein philosophisches Buch. Die mageren Analysen, denen Farias nachgeht, sind entweder verkürzt oder falsch. Man fragt sich mit Derrida zu Recht, »ob er Heidegger länger als seit einer Stunde liest«.[1] Aber, wird man einwenden, dafür ist es vielleicht ein Geschichtsbuch. Das glaube ich ebensowenig, nicht nur weil es von Fehlern wimmelt, sondern weil sein einziges und erklärtes Ziel das einer Anklagerede ist.

Farias, der zahlreiche Archive gelesen und konsultiert hat, hatte alle Elemente zur Verfügung, um eine Heidegger-Biographie zu schreiben. Doch Zweifel an der Objektivität des Autors und sogar an seiner Redlichkeit kommen schon nach den ersten Seiten auf, die der Entwicklung Heideggers gewidmet sind. Seiner Ansicht nach soll sich alles und jedes dazu verschworen haben, den jungen Heidegger für seine Zustimmung zum Nationalsozialismus zu prädestinieren: der Katholizismus seines Elternhauses – denn dieser Katholizismus, wird uns gesagt, ist schwäbischer Prägung, das heißt reaktionär und vage antisemitisch –; aber auch der Bismarckkult einiger seiner Lehrer (während die Erinnerung an den *Kulturkampf* Heidegger eigentlich gegen jegliche Bewunderung Preußens hätte immun machen müssen und es tatsächlich auch machte); außerdem der Antiklerikalismus einiger anderer Lehrer, denn, teilt Farias gewichtig mit, »zu jener Zeit erlebte man die Verbreitung eines Antiklerikalismus, der sich später direkt mit dem Faschismus verband« (31). Wird es besser, als Heidegger eine Protestantin heiratet und um 1919 mit dem Katholizismus bricht? Nein, diesen Bruch soll nämlich der Opportunismus diktiert haben, was Heidegger nicht daran hindert, wie ihm Farias weiter vorhält, sich in den Formularen des Bildungsministeriums als Katholik einzutragen.

(Weiß denn Farias nicht, daß man noch heute in der Bundesrepublik in offiziellen Formularen seine Glaubensrichtung anzugeben hat?)

Leider ist alles von derselben Machart: Hat Heidegger als junger Professor in Marburg gute Beziehungen zu den Studenten? Auch das ist suspekt. Den Studenten von gestern und heute überlasse ich den wunderbaren Satz:

»Zu dieser Zeit begann Heidegger enge Beziehungen zur Studentenschaft zu unterhalten, was entscheidend ist, um sein späteres Engagement zugunsten des Nationalsozialismus zu begreifen« (69).

Dennoch fürchte ich, daß einige weitere »Über-Interpretationen«, deren gemeinsamer Nenner die Böswilligkeit ist, manche Leser täuschen. Das Buch beginnt und schließt mit der Figur von Abraham a Sancta Clara, womit Heideggers intellektueller Weg angeblich wiedergegeben werden soll. Dieser Name sagt den meisten französischen Lesern vermutlich nichts, was Farias erlaubt, sich auf diese Ignoranz zu stützen. Dafür weiß jeder Germanistikstudent im zweiten Jahr, daß es sich um einen Augustinermönch aus dem 17. Jahrhundert handelt, der am österreichischen Hof Prediger wurde und dessen blumiger Stil wie auch sein Talent, die Ressourcen der Volkssprache auszuschöpfen, ihn zu einer Art Rabelais der Kanzel gemacht haben. Goethe schätzte diesen Autor und ließ sich von ihm inspirieren, als er für seinen Freund Schiller die pittoreske Ansprache schrieb, die dieser im ersten Akt des *Wallenstein* einen Kapuziner in den Mund legt. Zweimal hat Heidegger über Abraham a Sancta Clara gesprochen, das erste Mal als Einundzwanzigjähriger und das zweite Mal als Fünfundsiebzigjähriger, beide Male anläßlich von Gedenkfeiern in Meßkirch. Der Grund für Heideggers episodisches Interesse für den Prediger Abraham ist natürlich, daß beide in Meßkirch geboren sind und dort dieselbe Schule besucht haben. Bestenfalls bezeugt das Heideggers Verbundenheit zu seiner Heimatstadt, zur *Heimat*. Doch Farias hat eine andere Interpretation: Abraham a Sancta Clara war ein antisemitischer Autor, was Goethe und Schiller offenbar entgangen ist, Heidegger aber nicht entgehen *konnte*. Tatsächlich findet man bei jenem Autor neben Verwünschungen der Muslime (die Türken standen damals vor den Toren Wiens) weitere, die die Juden betreffen. Für jene Epoche bestimmt nichts, was nur dem Prediger Abraham eigen ist, und es ist klar, daß das nicht der Grund ist, weshalb sich Heidegger für diesen Autor interessiert. Aber das zu glauben hieße, Farias Wachsamkeit zu unterschätzen. Er hat herausgefunden, daß der ersten Feierlichkeit 1910 der Wiener Bürgermeister beiwohnte (der deswegen anwesend war, weil die Stadt Wien zur Finanzierung des Denkmals beigetragen hatte), daß dieser Bürgermeister Lueger hieß, daß jener Lueger christlich-sozial und antisemitisch war, und zwar derart, daß der junge Adolf Hitler einige Monate später sehr bewegt an seiner Beerdigung teilnahm. Hieran zeigt sich eine Farias eigentümliche Methode, nämlich diejenige der Vermengung. Aus dem Bericht des jungen Heidegger in einer regionalen Zeitung über eine Feierlichkeit, an der eine Person teilnahm, der vom jungen Adolf Hitler zur gleichen Zeit eine gewisse Sympathie entgegengebracht wurde, wird ein bißchen schnell geschlossen: Heidegger und Hitler (die überdies gleichaltrig waren), gemeinsamer Kampf!

Seinen Höhepunkt erreicht der Interpretationswahn jedoch bei Heideggers zweitem Text zu Abraham a Sancta Clara. Dieser Text, den ich der Zuvorkommenheit des Bürgermeisters von Meßkirch verdanke (während Farias, wie häufig bei ihm der Fall, keine brauchbare Quelle angibt), schien mir eine harmlose Beschreibung zu sein. Aber Farias wachte. Er fährt auf bei einem Zitat des Predigers Abraham, das Heidegger wiedergibt:

»Bei uns treffen sich Armut, Reichtum und Tod – Gott erbarme sich unser! – an einem einzigen Tag. Unser Frieden ist vom Krieg so weit entfernt wie Sachsenhausen von Frankfurt.«

Farias ignoriert oder gibt vor zu ignorieren, daß es sich hier um eine Redewendung handelt, die auf die Nähe von

Frankfurt und seinem nur vom Main getrennten Vorort Sachsenhausen anspielt. Alle deutschen Gymnasiasten kennen oder müßten den Gebrauch kennen – wenigstens glaubt es Heidegger, der vor Gymnasiasten spricht –, den Goethe im ersten Akt des *Götz von Berlichingen* (Reclam, S. 28) von dieser Redewendung macht. Farias weiß es nicht oder kümmert sich nicht darum. Für ihn ist der Fall klar: Sachsenhausen deutet auf das gleichnamige Konzentrationslager hin (das, auf Auskunft hin, mit jenem harmlosen, für seine Wirtschaften bekannten Stadtteil, wo man Apfelwein trinkt, nichts zu tun hat). Was den Namen Frankfurt betrifft, könnte man an Goethe, an die 48er Revolution, an die Frankfurter Schule oder was weiß ich noch denken. Nein: Für Farias ist das der Sitz des Tribunals, das über die Auschwitz-Verbrechen urteilte. Daher eine »Trilogie«, ich zitiere, »Abraham a Sancta Clara/Sachsenhausen/Auschwitz« (293), deren innere Notwendigkeit und Bezug auf Heidegger wirklich nicht einleuchtet, bis Farias eine geschraubte und labyrinthartige Analyse mit folgender Hypothese abschließt, die er immerhin in der Möglichkeitsform schreibt:

»Heidegger hätte den Sinn dieser Trilogie ›mannhaft‹ für sich übernehmen wollen mit einer Haltung, die von allen Führern aus der Nazihierarchie allein Himmler zu übernehmen wagte; bekanntlich hat sich Himmler den Tod gegeben« (294).

Ich muß sagen, an dieser Stelle meiner Lektüre ist mir das Buch beinahe aus den Händen gefallen. Man kann von Heidegger denken, was man will, aber wie jeder Mensch hat er einen Anspruch auf Gerechtigkeit, selbst posthum. Zu Heideggers Lebzeiten hätten solche Anspielungen die Gerichte beschäftigt. Ich wäre gern bei diesem Punkt geblieben, doch muß ich zwei weitere Beispiele für den Betrug dieses Buches und seiner Veröffentlichung in einer vermutlich mittelmäßigen Übersetzung angeben (aber wird man jemals das spanische Original kennenlernen?)

Da wir eben bei Himmler waren, können wir gleich die Legende im Keim ersticken, die auf Seite 272 entstehen kann, wo der Leser (jedenfalls wenn er weiß, worum es geht) mit Staunen erfährt, daß das Erscheinen des Artikels »Platons Lehre der Wahrheit« 1943 allein Himmlers Intervention zu verdanken sei. *Das ist falsch*, wie der Kontext beweist. Es handelt sich anscheinend um einen Fehler des Übersetzers, der durch eine Verwechslung von Pronomen die beiden Personen, die der vorige Satz zusammenbrachte, vertauschte: Himmler und den italienischen Bildungsminister Giuseppe Bottai. In Wirklichkeit war es letzterer, der den widerwilligen Nazis die Mitwirkung Heideggers am *Deutsch-italienischen Jahrbuch* von Ernesto Grassi aufgezwungen hatte.

Noch schwerwiegender ist die Mutmaßung, der sich der Verfasser des Vorworts, Christian Jambet, hingibt. Ich zitiere:

»Mit Nachdruck unterstützt Heidegger während seiner Rektoratszeit Röhms extremistische Linie, ohne die leiseste Kritik sieht er in seiner Stadt der Zerschlagung der jüdischen Studentenvereinigungen zu, der Plünderung ihrer Räume, der Ermordung ihrer Mitglieder: als man sich vor ihm über diese Übergriffe beschwert, wischt er sie nur mit einer Handbewegung beiseite«.

Nun *ist es aber falsch* – ich wende mich an Farias selbst, der im Kapitel über diese Periode nichts Derartiges schreibt –, daß engagierte Studenten, ob Juden oder nicht, unter Heideggers Rektorat in Freiburg ermordet wurden. Daher fordere ich Jambet im Namen der Wahrheit und der Gerechtigkeit dazu auf, diesen Teilsatz in einer späteren Auflage – falls es eine geben wird – zu streichen. Wenn man jemanden der »Zustimmung zum Verbrechen« (12) anklagt und ihn denen zuordnet, die »am Verbrechen mitwirkten« (13), sollte man wenigstens seine Quellen überprüfen, ehe man schreibt.

Man könnte das fortsetzen. Jedenfalls sind das Kostproben aus dem Buch, das seit Wochen für Schlagzeilen sorgt und in Salons wie Redaktionsräumen als »bedeutend«, wenn auch teilweise etwas »überzogen« empfunden wird.

Tatsächlich ist das Buch überzogen *und* verdient nicht die Aufmerksamkeit, die man ihm schenkt. Trotz einer vordergründigen Gelehrtheit – allerdings sind die Quellen oft aus zweiter Hand oder sie fehlen völlig – ist das Buch nur glaubwürdig, wo es wiedergibt, was man schon kannte.[2] An allen anderen Punkten ist Mißtrauen angebracht, auch wenn der Autor behauptet (97) – das ist eine der wenigen »Enthüllungen« des Buches –, Heidegger habe der nationalsozialistischen Partei bis zum Schluß seinen Mitgliedsbeitrag gezahlt. Das im NSDAP-Archiv wiedergefundene Dokument beweist unanfechtbar, daß Heidegger nie aus der Partei ausgetreten ist oder ausgeschlossen wurde; allerdings ist bekannt, daß Parteien ungern ihre prominenten Mitglieder ausschließen und sich so lange wie möglich ihrer bedienen, mit oder ohne Beitragszahlung. Jedenfalls hat Heideggers Engagement *innerhalb* der Partei, vorausgesetzt, es hatte jemals eines gegeben, von 1934 an vollständig aufgehört.

Die Tatsache, daß sich Heidegger nach seinem Rektoratsrücktritt im April 1934, und auch nur bis 1935 – im übrigen vergeblich –, darum bemüht hat, innerhalb des »gleichgeschalteten« Universitätsapparates eine Rolle zu spielen, kann nicht als wirkliche politische Aktivität gelten. Wenn nicht alles trügt, hat Heidegger mit Ausnahme eines Vortrags in Rom 1936 nie sein Land verlassen, um im Ausland Deutschland zu vertreten. Er hat es abgelehnt, sich als Mitglied einer Delegation, deren Zusammensetzung er nicht bestimmen und deren Leitung er nicht übernehmen könnte, am Pariser Descartes-Kongreß 1937 zu beteiligen. Im Unterschied zu anderen, denen es nicht verübelt wurde, hat er sich während des Krieges geweigert, »das deutsche Denken« in den besetzten Ländern zu repräsentieren. Farias konnte nichts anderes behaupten und behauptet auch nichts anderes. Wenn man richtig zählt, widmet er, trotz einiger Kunstgriffe in der Darstellung, der Periode nach 1934 nur wenige Zeilen, von der weiter oben von mir erwähnten Veröffentlichung des Jahrbuchs von Grassi und den wenigen an Heidegger ergangenen Berufungen auf einen Lehrstuhl an einer anderen Universität abgesehen –

ein Verfahren, das zum Alltag deutscher Universitäten gehört.

Von diesem Plunder bleibt also das bestehen, was man ohnehin schon wußte. In der Periode, in der er Rektor der Freiburger Universität war und die mit der Konsolidierung des Naziregimes zusammenfällt (April 1933–April 1934), hat Heidegger die Anfänge der Hitlerschen Politik in ihren akademischen, sozialen und internationalen Belangen laut unterstützt, ohne jedoch jemals ein Wort zur Rassen-»Politik« zu sagen, deren Anweisungen er nichtsdestoweniger an der Freiburger Universität ohne besonderen Eifer, aber auch ohne nennenswerten Widerstand, ausführte: Pensionierung jüdischer Hochschullehrer, Verbot der jüdischen Studentenorganisationen. Ab 1934 wird sein Verhältnis zum Nationalsozialismus aus Gründen, die wir weiter unten untersuchen werden, kritischer. Er schließt sich in eine schmollende Einsamkeit ein und widmet sich bis 1944 allein seiner Lehrtätigkeit. In diesem Zeitabschnitt wird er von Februar 1934 an regelmäßig von den anerkannten Ideologen des Regimes angegriffen, allerdings ohne große Konsequenzen für seine Karriere, wenn man von den Schwierigkeiten, seine Schriften zu veröffentlichen, absieht. Kurz: Heidegger war eine Zeitlang Nazi und danach nie ein engagierter Antinazi. Das ist es, was man Farias zugestehen kann und was von allen, auch wenn gewisse Apologeten mit der Übertreibung von Heideggers »Widerstands«-Taten den Bogen überspannt hatten, bereits eingestanden war. An dieser Stelle sei mir gestattet, einen wenig bekannten Bericht zu dieser Periode zu zitieren, verfaßt von Curt Ochwaldt und zu finden in einem Buch zu Ehren Heinrichs Ochsners, ein Kommilitone und Freund Heideggers, der kritisch genug war, um über Heideggers politischen Engagement 1933 »deprimiert« und »niedergeschlagen« zu sein:

»Er (Ochsner) berichtete auch, was mir ebenfalls von anderen Seiten bestätigt wurde, wie sich im Lauf der zwölf Jahre das um sich greifende Urteil herausbildete, Heideggers Vorlesungen zu besuchen sei schon beinahe ein Akt des Widerstands, jedenfalls einer des Nonkonformismus«.[3]

Walter Biemel, der gegen Kriegsende Heidegger-Schüler in Freiburg war, sagte mir kürzlich als Antwort auf Farias' Buch, daß man sich an der Universität offene Kritik am Regime allein in Heideggers Umgebung erlauben konnte.

Es bleibt die schwerwiegende und unbezweifelbare Tatsache, daß Heidegger einer bestimmten Idee des Nationalsozialismus anhing, die ihn eine Zeitlang, sogar noch zu Beginn seiner »kritischen« Periode, an die »innere Wahrheit« und »Größe der Bewegung« glauben ließ. Was war diese Idee, die seiner Ansicht nach mit der Wirklichkeit sehr bald nicht mehr übereinstimmte? Farias gibt eine Erklärung, die mir etwas verkürzt scheint, wonach Heidegger gewissermaßen ein »Linksnazi«, ein Anhänger der »revolutionären« Strömung um Röhm und Strasser gewesen sei, die in der »Nacht der langen Messer« am 30. Juni 1934 ausgeschaltet wurde. Das halte ich für unwahrscheinlich, weil es kaum zur katholischen, kleinbürgerlichen Erziehung und zur konservativen Vergangenheit Heideggers paßt, der mir weder vor noch nach dem Nationalsozialismus dem »Sozialismus«, auch nicht einem »nationalen«, zuzuneigen schien. Die Röhm-Anhänger rekrutierten sich hauptsächlich aus den Aktivisten der alten Garde, die noch lange vor der Machtübernahme entweder der Partei oder der SA beigetreten waren. Heidegger gehörte nicht zu ihnen. Für seinen Parteieintritt hat er den Mai 1933 abgewartet, was ihm den Vorwurf des Opportunismus einbrachte. Überdies haben, unter der Feder von E. Krieck (der tatsächlich ein »alter Kämpfer« war), die Naziangriffe gegen Heidegger schon im Februar 1934 begonnen, also vor der Liquidierung Röhms, und in diesen Kritiken, von denen ich ein Beispiel geben werde, findet man nichts, was die spezifische Verurteilung von Röhms »revolutionärem Abenteurertum« vorwegnehmen würde.

Die Wahrheit ist zugleich schlimmer und beruhigender: Schlimmer, weil man die erste Zustimmung Heideggers zum Nationalsozialismus nicht auf die Illusionen eines vage sozialisierenden Idealismus zurückführen kann; beruhigender insofern, als die Nazipolemik gegen Heidegger nicht länger als Abrechnung zwischen zwei rivalisierenden

Tendenzen erscheint, sondern sich tatsächlich als Frontal-
angriff gegen das Denken selbst und ersatzweise gegen die
für nicht ausreichend »germanisch« befundene Sprache
Heideggers entpuppt. Da Farias diese Polemik erwähnt
(185), seinen Lesern aber keinerlei Illustration bietet, sei
hier als ein Beispiel zitiert, was E. Krieck 1934 in der Nazi-
zeitschrift *Volk im Werden* schrieb:

»Der weltanschauliche Grundton der Lehre Heideggers ist
bestimmt durch die Begriffe der Sorge und der Angst, die
beide auf das Nichts hinzielen. Der Sinn dieser Philosophie ist
ausgesprochener Atheismus und metaphysischer Nihilismus,
wie er sonst vornehmlich von jüdischen Literaten bei uns vertreten worden ist, also ein Ferment der Zersetzung und Auflösung für das deutsche Volk. In *Sein und Zeit* philosophiert
Heidegger bewußt und absichtlich um die »Alltäglichkeit« –
nichts darin von Volk und Staat, von Rasse und allen Werten
unseres nationalsozialistischen Weltbildes. Wenn in der Rektoratsrede *Die Selbstbehauptung der (deutschen) Universität*
plötzlich das Heroische anklingt, so liegt darin eine Anpas-
sung an das Jahr 1933, die im völligen Widerspruch zur
Grundhaltung von *Sein und Zeit* (1927) und *Was ist Metaphysik?* (1931) mit ihrer Lehre von der Sorge, der Angst und dem
Nichts steht.«[4]

Damit beantwortete Krieck auf seine Weise die Frage, die
uns beschäftigt: Gibt es, ja oder nein, ein wesentliches
Abhängigkeitsverhältnis zwischen der Philosophie Heideggers und seinem nationalsozialistischen Engagement?
E. Krieck, der sich in Sachen Nationalsozialismus aus-
kannte, verneinte dies. Ich glaube es auch nicht – sonst
könnte ich anständigerweise nicht dabei bleiben, daß Heidegger, wie Jambet scheinheilig schreibt (10), »einer der
größten Denker aller Zeiten« ist. Doch sind meine Gründe
natürlich nicht die von Krieck, und ich füge hinzu, daß die
philosophische Beziehung Heideggers zum Nationalsozialismus nur unter Hinzuziehung des späteren Werks ermessen werden kann.

Sein und Zeit ist ganz manifest ein apolitisches Werk. Es
ist sogar dieser Apolitismus, der dieses Werk *negativ* für

Heideggers politisches Engagement verantwortlich macht, in dem Sinne, daß es ihn nicht daran hat hindern können. In *Sein und Zeit* begnügte sich Heidegger mit einer formalen, gewissermaßen ahistorischen Beschreibung der menschlichen Existenz. Zur Richtschnur des Übergangs von der Uneigentlichkeit zur eigentlichen Existenz bot er kein einziges praktisch brauchbares Kriterium. Dem Bericht von Karl Löwith zufolge ließ das Pathos der »Entschlossenheit« einen Studenten beim Verlassen eines Heidegger-Seminars sagen, nunmehr fühle er sich »entschlossen« – doch wozu, wußte er nicht. Etwas Wahres ist an diesem Bonmot, und Heidegger selbst wird Opfer dieses Fehlens von Kriterium und Inhalt sein. An den Reden aus der Rektoratszeit frappiert die beinahe totale Leere (weshalb man übrigens den Kontext kennen muß, will man diesen Sätzen irgendetwas vorwerfen): Dort ist nur die Rede von »Umwälzung«, »Aufbruch«, »Erneuerung«, von »Wille zum Wesen«, von »geschichtlichem Auftrag«, von »Konzentration des Blicks auf das Notwendige« etc., ohne daß man erkennt, welche konkrete Politik sich über diesen Formeln abzeichnet. Wohl hatte Heidegger hierzu seine Meinung. Diese aber ergibt sich aus der Eigenart, der Psychologie und Soziologie und nicht aus der Philosophie.

Heideggers ursprüngliche Zustimmung zur »Bewegung« ist kein philosophischer Akt. Sie schließt sich Millionen anderer Fälle an. In dem besonderen Fall ist es die eines deutschen Kleinbürgers aus der Provinz, den man schon lange wegen seiner Herkunft demütigte oder hänselte – anläßlich der Gespräche von Davos (1929) vergleicht ihn Toni Cassirer boshaft mit »einem Bauernkind, das man durch die Tür eines Schlosses stößt«[5] – und der, als er den Gipfel des Ruhms erreicht, wo er den Anteil realen Ruhms von jenem der kümmerlichen Macht eines Universitätsrektors schlecht unterscheiden kann, die »Revolution« von 1933 dazu benutzt, einige mehr oder weniger private Rechnungen zu begleichen. Damit befriedigte er einige allgemeinere Forderungen, insbesondere gegen die Bourgeoisie, die ihn nicht aufgenommen hatte und die er, über die Person von Cassirer und einigen anderen, mit der Berliner kosmopolitischen Salonintelligenzia gleichsetzte. Er protestierte aber auch gegen die Versteinerung der Universität und deren soziale Isolierung, gegen die Industrialisierung, die seinen geliebten Schwarzwald zu entstellen begann, gegen die Technisierung des Wissens, die anfing, die Funktion eines Hochschullehrers auf die eines Rädchens in einem »Betrieb« zu reduzieren, gegen das, was er später den »Amerikanismus« nannte etc. …

Von diesen Motiven sind einige nicht völlig verachtenswert, jene etwa, die man heute als »ökologische« Forderungen bezeichnen würde, oder die Sorge um die Rehabilitierung der Handarbeit, auch wenn man nachträglich die Hoffnung, die Nazis würden sie erfüllen, als absurd beurteilen muß. Das Ganze hat aber wenig mit Philosophie zu tun, es sei denn:

1) Man leitet diese Forderungen nicht aus Gefühlen, sondern aus philosophischen Prinzipien ab;

2) Man weist nach, daß der Nationalsozialismus – bei dem, was man ansonsten von seiner Ideologie wissen konnte –, der legitime Adressat dieser Forderungen war.

Zum ersten Punkt: Die Reden von 1933 beinhalten schon einige Bemühungen Heideggers, eine Art nachträgliche Übereinstimmung zwischen bestimmten Theman aus *Sein und Zeit* (beispielsweise zur Arbeit) und seinem damaligen politischen »Programm« herzustellen. Sie werden aber nicht weiter verfolgt und erlauben keine notwendige Schlußfolgerung. Es wurde gesagt, um Heideggers Nationalsozialismus philosophisch zu beurteilen, wäre der zweite Punkt wichtiger. Wenn etwa nachgewiesen wäre, daß die ökologische Forderung oder die Notwendigkeit einer Universitätsreform sich logisch aus *Sein und Zeit* deduzieren ließe, der Rückgriff auf eine rassistische Partei zur Verwirklichung dieses Programms jedoch nicht, dann könnten Heideggers ökologische und reformistische Reden noch heute philosophisch diskutiert werden, ohne daß dem Irrtum in der Beurteilung des Wesens des Nationalsozialismus (so fatal dieser ansonsten ist) eine philosophische Bedeutung beizumessen wäre.

Eigentlich scheint mir diese leicht verzweifelte Art, den Heidegger von 1933 zu verteidigen, insbesondere dessen »Rektoratsrede«, die ich beispielsweise in den mutigen Veröffentlichungen von G. Granel zu diesem Thema zu erkennen meine, wenig überzeugend. Ich denke, es gibt tatsächlich einen Bruch – Bruch des Stils, des Niveaus, des Denkens – zwischen den philosophischen Werken Heideggers vor 1933 und den Gelegenheitsreden von 1933, die »Rektoratsrede« eingeschlossen. Derrida[6] hat das kürzlich am Beispiel der neuen Verwendung des Begriffs »Geist« in den Reden von 1933 brillant nachgewiesen – ein sonst banaler Begriff, dessen positive Anwendung aber bei Heidegger nach seiner »Dekonstruktion«, die er in den vorangegangenen Schriften eingeleitet hatte, neu und paradoxerweise besorgniserregend ist.

Der Bruch geht aber in beide Richtungen. Von 1934 an wird das philosophische Werk Heideggers seinen vorübergehend unterbrochenen Lauf wieder aufnehmen, ohne den Inhalt der politischen Reden zu integrieren – außer indirekt und diesmal auf kritische Weise. Denn wenn der Nationalsozialismus vor 1933 im philosophischen Werk Heideggers abwesend ist und wenn umgekehrt die eigentliche Heideggersche Philosophie im nationalsozialistischen Engagement des Rektors 1933 - 1934 abwesend ist, sieht man dafür deutlich, wie sich von 1935 an die Grundzüge einer philosophischen Reflexion über den Nationalsozialismus abzeichnen. Es ist offensichtlich, daß Heidegger, nachdem sich Exaltation und Tumulte des Rektorats erst einmal wieder gelegt hatten, in seine philosophische Reflexion die Erfahrung seiner Niederlage und dessen, was er vermutlich von diesem Moment an für seinen Irrtum hält, einbezieht. Das erste Zeugnis davon findet sich in der Vorlesung von 1935:

»Was heute vollends als Philosophie des Nationalsozialismus herumgeboten wird, aber mit der inneren Wahrheit und Größe des Nationalsozialismus (nämlich mit der Begegnung der planetarisch bestimmten Technik und des neuzeitlichen Menschen) nicht das geringste zu tun hat, das macht seine

Fischzüge in diesen trüben Gewässern der ›Werte‹ und der ›Ganzheiten‹.«[7]

Heidegger ist nicht allein vorgehalten worden, diesen Satz gesagt, sondern ihn auch 1953 noch in der Neuauflage der Vorlesung beibehalten zu haben, obwohl er die Distanz bezeugt, die Heidegger gegenüber der ideologischen Wirklichkeit des Nationalsozialismus eingenommen hat – eine nunmehr philosophisch begründete Distanz. Der Absatz schließt eine Kritik des Begriffs des Wertes ab, der als äußerste Konsequenz der Subjektivierung des Seienden verstanden wird, die, bei Platon angefangen und mit den modernen Zeiten vollendet, die Manifestation und Erfüllung der Seinsvergessenheit ist. Der Fehler der angeblichen Philosophie des Nationalsozialismus besteht darin, sich als Verlängerung jener Metaphysik der modernen Zeiten zu begreifen und Werte wie das »Leben« oder die »Rasse« aufzustellen, die nur willkürliche Ausschnitte aus der Totalität des Seienden sind. Nicht zufällig wird hier gerade Nietzsche als der Philosoph bezeichnet, der »durchaus in der Blickbahn der Wertvorstellung«[8] denkt und daher von den Nazis als Ausbund einer Aufwertung des Biologischen eingeklagt werden konnte. Aber noch 1935 versucht Heidegger *gegen Nietzsche* eine »innere Wahrheit des Nationalsozialismus« zu retten, die über den metaphysischen Begriff des Werts hinausgehen und sich mit dem verschmelzen sollte, was nunmehr seine, Heideggers Aufgabe sein wird: die Bestimmung des Sinns der Begegnung des neuzeitlichen Menschen und der planetarischen Technik.

In dieser Perspektive müssen die Nietzsche-Vorlesungen gesehen werden, die zwischen 1936 und 1940 gehalten wurden und eine Auseinandersetzung mit Nietzsche sind, dessen Philosophie nicht als Umsturz, sondern als Vollendung der Metaphysik dargestellt wird und somit als die letzte Stufe jener Irrnis, die den Nihilismus, die planetarische Herrschaft der Sinnlosigkeit und der Gleichförmigkeit einführt. Von diesem Moment an hört der Nationalsozialismus endgültig auf, Heidegger als historische Zuflucht gegen die Irrnis zu erscheinen. *In seiner Idee wie in seiner*

Wirklichkeit wird er selbst zur dämmerndsten Form der Irrnis als solcher. Entgegen ihrem Glauben führen die Führer nichts. Sie werden selbst von dem »schlechten Schicksal des Seins« gesteuert, das dieses in der Leere der planenden Berechnung vernutzt.

»In Wahrheit sind sie (die Führer) die notwendigen Folgen dessen, daß das Seiende in die Weise der Irrnis übergegangen ist, in der sich die Leere ausbreitet, die eine einzige Ordnung und Sicherung des Seienden verlangt.«[9]

Dieser Satz aus *Überwindung der Metaphysik* ist erst 1954 in dem Band *Vorträge und Aufsätze* erschienen, gehört aber zu einer Sammlung von Notizen aus den Jahren 1936 bis 1946. Überschneidungen mit der Nietzsche-Vorlesung zeigen deutlich, daß dieses die – zweifellos selbst für Heidegger chiffrierte – Botschaft ist, die sich allmählich aus der – jetzt sehr öffentlichen – Auseinandersetzung herausschält, die Heidegger vier Jahre lang mit jenem Meisterdenker der Nazis führte, der Nietzsche ihrer Meinung nach für sie war.

Was die existentiale Analyse von *Sein und Zeit* noch nicht erkennen ließ, enthüllt die Geschichte des Seins und wird von ihr durch das Enthüllen denunziert. Der Nationalsozialismus wollte ein Neubeginn sein; in Wirklichkeit ist er das letzte Abenteuer der Seinsvergessenheit. Der Nationalsozialismus wollte das Schicksal gestalten; er ist nur dessen Spielzeug gewesen. Um mit Ernst Jünger zu sprechen, steht er nicht jenseits, sondern diesseits der Linie.[10] Heidegger trennt sich aber von Jünger, wenn er die moderne Gestalt des Arbeiters, des »arbeitenden Tiers«, von der er einen Augenblick lang gemeinsam mit Jünger angenommen hatte, sie könnte die Welt regenerieren, insgesamt dem Ende der Metaphysik zuordnet.

Nach der anfänglichen philosophischen Leere gibt es also bei Heidegger eine Theorie des Nationalsozialismus, die diesen immer stärker verurteilt, jedenfalls wenn man einzusehen bereit ist, auch unabhängig von jedem Werturteil, daß sich Heidegger kraft des Denkens bemüht, den

Abstieg wieder wettzumachen, einen Untergang abzuwenden, und wenn nunmehr feststeht, daß der Nationalsozialismus schlechthin dieser Abstieg und dieser Untergang ist. Was aber an dieser Verurteilung sehr gestört und sie sogar für viele unhörbar gemacht hat, ist, daß sie sich nie als moralische Verurteilung ausgibt. Der Grund dafür ist ein allgemeiner: Wie man weiß, mißtraut Heidegger den »Werten«. Ein Problem, das er nie vollständig beherrscht hat, ist das der Begründung einer Ethik (wie man diese auch nennen mag), die sich Werturteilen enthält und die er, wie es heißt, gelegentlich im Alten Testament gesucht haben soll. Doch das geht über unser Thema hinaus. Es bleibt, daß die Abwesenheit einer Morallehre keineswegs Immoralismus bedeutet und daß Heidegger im Laufe der Zeit genügend Kriterien eingeführt hat, um seine Theorie, selbst wenn sich das Wort darin nicht findet, als eine kritische Theorie betrachten zu können.

Damit habe ich einen Begriff der Frankfurter Schule zitiert, der all dem, woran der Name Heidegger auch nur erinnert, diametral entgegengesetzt zu sein scheint. Was die Einschätzungen des Nationalsozialismus betrifft, glaube ich jedoch, daß die Denkweise, der Heidegger am nächsten steht, der Marxismus ist, insofern dieser im Nationalsozialismus ein Epiphänomen einer tiefergehenden historischen Bewegung sah, nämlich den Kapitalismus oder das, was H. Marcuse – ursprünglich ein Heidegger-Schüler – die fortgeschrittene Industriegesellschaft nennt. Gemeinsam ist Heidegger und der Frankfurter Schule, im Nationalsozialismus die zugleich perverse und logische Folge der »ideologischen« Herrschaft der Rationalität und im totalitären Staat allgemein die monströseste, weil vollendetste Verwirklichung der totalen Verwaltung der Gesellschaft und des Seienden zu sehen.

Es könnte sein – um eine der Nebenfragen zu beantworten, die ich anfangs stellte –, daß der schwindende Einfluß des Marxismus, die starke Rückkehr eines moralisierenden Humanismus und einer »liberalen« Philosophie heute das ermöglichen, was gestern nicht möglich war: das Auseinanderhalten von Nationalsozialismus und Faschismus, die die marxistische Polemik so gern verwechselte, daß sie den ersteren zur Spielart des letzteren machte; die parallele Reduzierung des Nationalsozialismus auf den Holocaust und demzufolge seine Stilisierung zum absoluten Bösen, zum Findling der Geschichte oder zur apokalyptischen Zäsur sind alles Darstellungen, die jeden selbst oberflächlichen Kontakt zu ihm immer abscheulicher, immer unentschuldbarer erscheinen lassen. Seit Lukács, der in *Zerstörung der Vernunft* (1954) den Irrationalismus der zeitgenössischen bürgerlichen Philosophie insgesamt als Ideologie des Imperialismus, der letzten Phase des Kapitalismus, denunzierte, ist ein weiter Weg zurückgelegt worden! Damals befand sich Heidegger, wenn ich so sagen darf, in guter Gesellschaft, an einem Platz, der nicht diffamierter als derjenige Bergsons, Husserls oder sogar... Wittgensteins war. Die Zeiten haben sich heute geändert, was weder heißt, daß die Wahrnehmung der Geschichte notwendig an Scharfsinn gewonnen hätte, noch daß die Beurteilung von Menschen gerechter geworden wäre.

Ich habe Heidegger 1948, während seiner »Wüstendurchquerung«, kennengelernt. Von den französischen Besetzungsbehörden suspendiert, mit einem Lehrverbot an der Universität versehen, empfing er in der Halblegalität seines Hauses in Zähringen wenige, vor allem französische Besucher. Aber wenn zur gleichen Zeit Max Müller, selbst Opfer des Nationalsozialismus, in seinen Vorlesungen an der Universität den Namen Heidegger aussprach, wobei er sich beinahe entschuldigte, an dessen Stelle zu sprechen, gab es im Saal jedesmal ein kleines Klopfen auf den Tischen, eine Sympathiekundgebung für den damals gedemütigten Menschen, Anerkennung für den Denker und zugleich Ungeduld gegenüber dem »Militär«, das ausführte, was wir alle für eine unerträgliche Zensur hielten. Die wenigen anwesenden Franzosen hielten sich bei derlei Kundgebungen nicht zurück. Obwohl wir alle, Franzosen wie Deutsche, wußten, daß Heidegger Nazi gewesen war. Weshalb wäre er sonst suspendiert worden? Und um noch ein Echo aus der berüchtigten Rektoratszeit zu hören, brauchte man sich nicht viel Mühe zu geben. Machte uns jugendliche Gedankenlosigkeit derart gleichgültig? Ich glaube nicht. Das außergewöhnliche Publikum von Veteranen, Kranken, Vertriebenen, Überlebenden von ungezählten Massakern, das damals die Hörsäle frequentierte, war eine globale und direkte Sicht Deutschlands, die uns davon abhielt, aus Heidegger einen besonderen und wie auch immer exemplarischen Fall zu machen. Heidegger war ein Denker Deutschlands. Das Problem, das er uns stellte, war dasselbe, das uns jene zumeist eher sympathischen und doch derart kollektiv kompromittierten Deutschen stellten, denen wir täglich begegneten. Daher haben wir angefangen, Heidegger *in absentia* zu lesen und die Frage auf später verschoben, warum ein so großer Denker nicht dem kollektiven Irrtum entgangen war.

Heute denke ich, daß die Philosophie nicht vor Fehlurteilen bewahrt. Aber sie ermöglicht es, nachträglich über sie Rechenschaft abzulegen und aus ihnen Lehren zu ziehen. Nach dem Scheitern seines unmöglichen Syrakus-Abenteuers hat Platon *Der Staat* geschrieben. Genauso hat Heidegger, dem sein »Schweigen« etwas vorschnell vorgehalten worden ist, nach dem »Fiasko des Rektorats«[11] öffentlich über seinen Fehler meditiert, auch wenn es auf seine Art war, anspruchsvoll und chiffriert. Diese Meditation ist nicht ohne Einfluß auf die »Kehre«, die ihn ab 1935–1936 von der noch beschreibenden Analyse des Daseins zu einer Dekonstruktion der Geschichte des Seins übergehen läßt, in der nunmehr der Nationalsozialismus den einzigen Platz erhalten wird, den er verdient: irgendwo am »Ende der Metaphysik«, dessen »Überwindung« von jetzt an die einzige »Aufgabe des Denkens« ist.

1 Interview in: *Le Nouvel Observateur*, 6.-12. November 1987, 170.

2 Selbst der Bericht Baumgartens (234) ist seit der Veröffentlichung von *Notizen zu Martin Heidegger* von Karl Jaspers (Hans Saner, München, 1978) bekannt. Dieser Bericht, in dem Heidegger einen seiner ehemaligen Schüler, der zugleich eine Universitätskarriere antreten wie der SA beitreten wollte, als

politisch und philosophisch unfähig bezeichnet, ist gewiß nicht zu Ehren Heideggers. Man muß aber darauf hinweisen, daß er von 1933 und nicht von 1935 datiert, wie Farias glauben machen will.

3 *Das Maß der Verborgenen. Heinrich Ochsner zum Gedächt-nis*, Hrsg. Curt Ochwaldt und Erwin Tecklenborg, Hannover, 1981, 276. Zu Ochsners Beurteilung von Heideggers national-sozialistischem Engagement siehe 274.

4 Guido Schneeberger, *Nachlese zu Heidegger. Dokumente zu seinem Leben und Denken*, Bern, 1962, 225f.

5 Zitiert in: *Nachlese zu Heidegger*, op. cit., 7. Siehe auch meine Präsentation des Cassirer-Heidegger-Gesprächs in: *Débat sur le kantisme et la philosophie*, Paris, 1972.

6 Jacques Derrida, *De l'esprit*, Paris, 1987.

7 Heidegger, *Einführung in die Metaphysik*, Tübingen, 1976, 152. Anm. d. Übers.

8 Ebd., 152. Anm. d. Übers.

9 Heidegger, *Überwindung der Metaphysik*, Pfullingen, 1954, 93. Anm. d. Übers.

10 Heidegger, *Zur Seinsfrage* in: *Wegmarken*, Frankfurt/M. 1978, 379ff. Anm. d. Übers.

11 Der Ausdruck stammt von H. Ochsner (op. cit., 117) und ist von 1934.

JEAN-PIERRE FAYE

Heidegger, der Staat und das Sein

Beginnen wir mit den Bildern. Das Heideggers war für uns, für mich, nicht zu trennen von denen, die wir liebten – Rilke und Hölderlin, Novalis, Husserl und Nietzsche, jener Nietzsche, an dem ich immer mehr entdeckte, wie sehr er »Antinazi« war, ohne jedoch den Moment seines *radikalen Bruchs* mit dem »verfluchten Antisemitismus« klar zu erkennen. Mit ihnen wurden die deutsche Sprache nah und vertraut und die Sprachen des Mords ausgelöscht.

Meine Wahl von Freiburg im Breisgau, um mich diesem vertrauten Bild der Sprache besser zu nähern, war nicht ohne Beziehung zu jenem philosophischen Umfeld. Der im Schwarzwald verbrachte Herbst war ganz mit der Lektüre von Hölderlins *Elegien* und *Hymnen* ausgefüllt. Und doch war es in dieser Stadt, die terrassenförmig an den Berg angelehnt ist, so daß sie sich dem Abendland zuwendet, wo mir die *Freiburger Studentenzeitung* die politischen Reden, die *Anrufe* des Jahres 1933 bekannt machte und mir ein deutscher Freund ein Exemplar des *Bekenntnis* anvertraute: das Bekenntnis Martin Heideggers, abgelegt am 11. November in Leipzig. Dort, wo Hitler einen Monat früher den totalen Staat ausgerufen hatte.

Dieses Vorspiel ist eine notwendige Antwort auf jemanden, der eine ausgeprägte Neigung zur vordergründigen Behauptung hat: ich meine François Fédier. Jener behauptet, eine »alte antigermanische Partei« habe gegen Heidegger ein Komplott geschmiedet. Falls diese »Partei« existiert, bin ich nicht durch sie, sondern durch Veröffentlichungen und Freunde aus Deutschland auf das getroffen, was zu verschweigen unanständig wäre.

Welchen Sinn wird also für uns die Lektüre der *Anrufe* und des *Bekenntnis* haben – und welche Konsequenz, falls es eine gibt, für die Philosophie?

Die erste Präzisierung, die nicht unterlassen werden

sollte, besteht darin, jene nicht mit der *Rektoratsrede* aus dem gleichen Jahr 1933 zu verwechseln. Die übliche Prozedur besteht in der Ankündigung, eines Tages müsse man die *Anrufe* »wirklich übersetzen« oder »neu übersetzen«, um schließlich eine übersetzte Fassung der *Rektoratsrede* zu veröffentlichen. Zwischen diesen beiden Sprachebenen besteht aber ein genauso deutlicher Unterschied wie derjenige, der in der Sprache von Marx, sagen wir, *Das Kommunistische Manifest* und *Die Deutsche Ideologie* unterscheidet, oder der in der Sprache Hugos *Châtiments* und *Contemplations*. Doch sind diese Vergleiche deplaziert, denn die *Rektoratsrede* ist auch eine Nazirede, wenn man über die Möglichkeit verfügt, sie im Licht der begleitenden oder ihr folgenden *Anrufe* zu lesen.

Die Bedeutung und der Ernst der Beziehung zwischen der Heideggerschen Philosophie und dem Dritten Reich messen sich nicht allein an den Schriften aus dem Jahr 1933. Diese Beziehung kann jedoch überhaupt nicht erfaßt werden ohne eine exakte Wahrnehmung dessen, was im Verlauf dieses Jahres für den großen Schüler von Edmund Husserl stattgefunden hat.

1970 beschrieb mir in Boston Elisabeth Husserl-Rosenberg, die Tochter des Philosophen, welchen Platz Martin Heidegger im Familienleben ihrer Jugend einnahm: Er war der geistige Sohn, er lebte innerhalb des Kreises und innerhalb der Familie, er war der, den sie liebte. Nach dem Zweiten Weltkrieg hat sie ihn zwar gehört, aber es war ihr unmöglich, ihm die Hand zu reichen.

Was ist geschehen? Zunächst das spektakuläre Fest von Heideggers Eintritt in die Nazipartei, in die NSDAP. Dann das Fest seiner Ernennung zum Rektor der Universität. Danach eine Welle von Festen: das Fest zum Gedenken an Albert Schlageter; das Sonnenwendfest vom KBDK, dem Kampfbund für deutsche Kultur; das Fest zur Mobilisierung für den Arbeitsdienst; jenes, das in Leipzig Heideggers *Bekenntnis zu Adolf Hitler und dem nationalsozialistischen Staat* hervorrief. Am 1. Mai, am 26. Mai, am 28. Mai, am 21. Juni, am 11. November – und viele andere Feste mehr, begrüßt im Fackellicht und von der Nazihymne, dem Horst-Wessel-Lied, inmitten von SA und SS und an der Seite eines privilegierten Verbündeten, des Sturmführers der SA und Führers der Studentenschaft in Freiburg, Heinrich von zur Mühlen.

Von dem Moment an, da dieser Komparse eine Gelegenheitsrolle erfüllt, beginnt die dauerhafte und dennoch paradoxe Interaktion zwischen dem Philosophischen und dem Politischen im Heideggerschen Vorgehen. Auch dafür muß Aufmerksamkeit und eine Lesefähigkeit aufgebracht werden, ohne die einem der entscheidende Punkt entgeht.

Anfang 1934 hat Heideggers Ruf seinen Höhepunkt erreicht. Im Mai 1933 war die Parallele evident:

»Wie unser Führer, so ist auch der Philosoph Martin Heidegger aus den engen Verhältnissen eines unbedeutenden Landstädtchens zu der *überragenden Position* innerhalb der wissenschaftlichen Welt emporgewachsen.«[1]

Im Januar 1934 reicht ein Satz aus: »Er ist Philosoph und Nationalsozialist. Wohlan!«[2] Doch einige Tage später, am 6. Februar, ficht er an der Seite von »Herrn von zur Mühlen«, der soeben die Vereinigung der katholischen Studenten *Ripuaria* verboten hatte: dieses Verbot hob Berlin aus reinem Opportunismus vorübergehend auf (für Hitler verhandelte damals von Papen mit Rom über ein Konkordat, um dem katholischen Zentrum den Boden unter den Füßen wegzuziehen). Heidegger pflichtet bei: »Dieser öffentliche Sieg des Katholizismus darf auf keinen Fall von Dauer sein«, denn das bedeutete »einen Schaden für die ganze Arbeit« – welche? Die der Gleichschaltung von Sturmführer von zur Mühlen. Ende Juni 1933 wird die Freiburger Jüdische Studentenverbindung von etwa hundert SA- und SS-Leuten brutal geschlossen; die SA besetzt das Gebäude, die SS verhaftet die Studenten, die Nazipresse jubelt.[3] Dieser Vorfall hält den Rektor Heidegger nicht auf, ganz im Gegenteil verlangt er, daß das Schicksal der jüdischen Studenten auf weitere ausgedehnt wird. Keinerlei Protest zugunsten der Opfer. Ganz im Gegenteil: deren Zahl soll vergrößert werden.

Wir haben gewiß nicht die »Quintessenz« des Nationalsozialismus erreicht, falls diese bizarre Redewendung von François Fédier überhaupt das Entsetzliche der Millionen in Auschwitz-Birkenau, Treblinka, Belzec, Majdanek, Sobibor ausdrücken kann. Aber die Presse, die jenen Bericht über »sechs von der SS verhaftete jüdische Studenten« veröffentlicht, ist die gleiche, die gerade die Parallele zwischen Hitler und Heidegger gezogen hat, um letzteren zu loben, »eine überragende Position in der wissenschaftlichen Welt« erreicht zu haben.

Aber auch für ihn wird der Sturm kommen – auch wenn es nur ein Papiersturm sein wird. Dennoch interessiert uns das im höchsten Maße, denn er wird einen seltsamen Prozeß einleiten, der lange auf dem philosophischen Diskurs lasten wird. Und der noch heute schwer auf ihm lastet.

Ist es wegen jener Parteinahme zugunsten des Anliegens von Sturmführer von zur Mühlen? Der Februar 1934 kennzeichnet auch den Beginn einer halben Ungnade für die Begeisterung des Freiburger Rektors, und im *totalen Staat* kann unerwünschter Eifer gewiß ebenso strafbar wie Lauheit sein.

So gelangt das seltsame Dokument nach Berlin, das Heidegger das Recht »auf die übliche Bezeichnung als Philosoph des Nationalsozialismus«[4] streitig macht und ihm die wirklichen, »kompetenten Philosophen« des Dritten Reichs, Jaensch und Krieck, entgegenstellt. Letzterer geht im April in *Volk im Werden* zum Angriff über, und diese Offensive wird ein dauerhafter Stachel im Stoff der Heideggerschen Sprache selbst sein. Das kurzfristige Bild des frenetischen Einsatzes von 1933 ist unerheblicher als dieser langfristige Prozeß, der 1934 beginnt und die Debatte bis in unsere Zeit hinein führen wird. Im Lichte dieses besonderen Prozesses nehmen in der Tat die Züge des ursprünglichen Bildes ihren Sinn und ihre Bedeutung an.

Jetzt beginnt also der zweite Akt der Auseinandersetzung zwischen Heidegger und der Mythologie des Dritten Reichs, der aufgrund seiner philosophischen Folgen noch bedeutender ist. Es ist vielleicht nicht überflüssig, daran zu erinnern, wie er sich erschließen ließ.

Nachdem ich für die Zeitschrift *Médiations* auf Bitten des Herausgebers die mit Bestürzung in den Archiven wiedergefundenen *Anrufe* und das *Bekenntnis* von 1933 übersetzt und veröffentlicht hatte – und dies ein Jahr *vor* der Veröffentlichung des Buches, in dem Guido Schneeberger eine große Anzahl wichtiger Dokumente zusammengetragen hat[5] –, las ich äußerst aufmerksam die wenigen Untersuchungen zu diesem Punkt, insbesondere die aus *Les Temps Modernes*. Dort entdeckte ich in dem Gespräch zwischen Heidegger und Frédéric de Towarnicki die Andeutung auf Angriffe eines gewissen »Krieg oder Kriegk«, die sich auf die Jahre zwischen 1934 und 1940 in der Zeitschrift *Volk im Werden* verteilten. Dieses *Volk im Werden* hielt eine kuriose Überraschung bereit.

Genau die Thematik, die den philosophischen Diskurs des »zweiten Heidegger«, des »Nachkriegs-Heidegger« ausmachen sollte, wurde hier benannt – von seinem Gegner selbst.

Der Artikel vom April 1934 ist nämlich auf dem Widerspruch zwischen dem germanischen Mythos und der Heideggerschen Philosophie aufgebaut. »Der Sinn dieser Philosophie«, versichert er, »ist (…) metaphysischer Nihilismus.« Diesem Satz wird ein noch schwerwiegenderer Kommentar hinzugefügt: »wie er sonst vornehmlich von jüdischen Literaten bei uns vertreten worden ist.« Die gefährlichste Anschuldigung überhaupt; der zweite Satz bedeutet die Kriminalisierung jenes Nihilismus, der als »Metaphysik« bezeichnet worden ist. Heideggers Parieren wird darin bestehen, ohne Wenn und Aber die Gleichsetzung von Metaphysik und Nihilismus zu akzeptieren, um sich davon freizusprechen – und die Kriminalisierung gegen *andere* als sich selbst zu wenden.

Die Anklagerede des vorgeblich kompetenten Philosophen begann mit den rein philosophischen Quellen dessen, was er den Heideggerschen Nihilismus nennen wird. Für ihn kommt dieser von »der griechischen Seinslehre des Aristoteles, von Thomas von Aquin, Dilthey, Husserl, Kierkegaard«. Halten wir fest, daß Dilthey und Kierkegaard, noch 1927 in *Sein und Zeit* stark präsent, für immer aus der Heideggerschen Problematik verschwinden werden, während Husserl, wie man weiß, aus der ursprünglichen Widmung gestrichen wird. Was wird in dieser Auseinandersetzung aus den Positionen von Aristoteles und Thomas von Aquin im Verhältnis zur Seinslehre werden? Präzise wird eine Verschiebung eingeführt: weder Aristoteles und noch weniger sein lateinischer Jünger sind tatsächlich Träger der Seinslehre, da Aristoteles nur der Philosoph des Seienden ist, des τὸ ὄv, welches das große Buch von 1927, *Sein und Zeit*, vom Sein unterschieden hatte. Der »Nihilismus der Metaphysik« wird also mit dieser ursprünglichen Verschiebung beginnen: Die griechische Metaphysik definiert sich als die Wissenschaft des »Seienden als solchen«[6], sie ist nach »außerhalb des Seins« gefallen. Für den Heidegger von 1927–1929 offenbarte die Erfahrung des Nichts in der Angst oder in der »Schärfe des Verabscheuens« »das Seiende im Ganzen«[7], und das war die Beantwortung der Frage »Was ist Metaphysik?«.[8] Diese Philosophie des Nichts, die der »kompetente Philosoph« (und Polizist) des Hitlerreichs als nihilistisch ausgemacht hatte, wird ihm sozusagen als Geisel überlassen. Indem er dem Nazi-»Philosophen« in Sachen Nihilismus und Metaphysik »Kompetenz« zuerkennt – und ihm die griechische (und lateinische) Philosophie ganz preisgibt[9] –, wird es möglich, sich wenigstens eine Art Privatrevier zu sichern: die Seinslehre.

So beginnt ein Dialog von Taubstummen, der über ein halbes Dutzend Jahre andauern wird, wie auch eine sehr eigentümliche philosophische Mythologie, die sich zusehends stärker entfalten wird. Denn das Sommerseminar von 1935 bildet eine erste Antwort auf das, was als »blinde Polemik« bezeichnet wird, und das Wort »neuerdings« weist sie als neu aus. Hier beginnt die »Überwindung des Nihilismus«, der sich von 1936 bis 1946 in einer langen Folge von Notizen die »Überwindung der Metaphysik« anschließt. Überwindung des Nihilismus und Überwindung der Metaphysik sind ein und dasselbe. Gegen seine nationalsozialistischen Verleumder, die seiner Stimme kaum Gehör schenken, macht Heidegger hier vehement sein Anliegen als Überwinder geltend. Er erhält keine Veröffentlichungserlaubnis – was nicht bedeutet, daß er verboten wäre: Hier und dort gelingt es ihm, einen Vortrag erscheinen zu lassen.

Die Gesamtheit dieses Plädoyers pro domo ist also Ende 1945 noch unveröffentlicht, als er sich an den Rektor der Freiburger Universität wendet, um diesem zu versichern, er habe unaufhörlich den Nihilismus – das heißt den Faschismus – bekämpft. Das Veröffentlichungsverbot für alle Mitglieder der Nazipartei – und dazu gehört er auch – wird erst spät auf Bitten »französischer Intellektueller« aufgehoben werden. Von nun an eröffnet das Erscheinen von *Vorträge und Aufsätze* eine scheinbar neue Debatte, die aus einem geistigen Territorium, dessen innere Reliefs gerade zusammengebrochen sind, hervortritt.

Der vielleicht interessanteste Moment ist da, wo Heidegger die Voraussetzungen seiner Lehre der Technik offenlegt: Diese entsteht auf dem Hintergrund, den Ernst Jünger beschrieb, als er 1930 jene Apologie der totalen Mobilmachung unternimmt, auf die sich alle Theoretiker des totalen Staates beziehen werden – in der deutschen rechtsextremistischen Sprache die Übersetzung von Mussolinis und Gentiles *Stato totalitario*. Das ist der von Heidegger gewählte Rahmen, um in seiner Ehrung Jüngers seinen eigenen Gedankengang als einen »Abbau« zu definieren: eine Dekonstruktion, werden seine französischsprachigen Anhänger und Übersetzer sagen. Rückeroberung der »ursprünglichen Erfahrungen des Seins«. Doch Heideggers Dekonstruktion wird sorgfältig vermeiden, sich die eigenen Voraussetzungen vorzunehmen, eben den gedanklichen Hintergrund, der sich in den Begriffen von *totaler Mobilmachung* und *totalem Staat* geäußert hat.

Muß darauf hingewiesen werden, daß es keineswegs um die Fortsetzung eines Heidegger-Prozesses geht? Es hätte sein können, daß der Autor von *Bekenntnis* in den folgenden Jahrzehnten der Vergil wird, mit dem man gemeinsam das schwarze Loch erkundet hätte, das in der Mitte dieses Jahrhunderts das Leben des Planeten verschlungen hat.

Eine kurze Unterhaltung mit Maurice Blanchot in den Jahren der *Revue Internationale* hat mich denken lassen, daß es für ihn gerade *das* war, was Heidegger zu sein versäumt hatte und was er ihm vorhielt.

Denn das Schlimmste liegt darin: Der Autor des *Bekenntnis zu Adolf Hitler* wird sich mit wachsender Autorität, gepaart mit vollkommener Argumentationslosigkeit, auf die Behauptung versteifen, der »Nihilismus der abendländischen Metaphysik«, der »europäische Nihilismus« – *von Platon bis Nietzsche*, schreibt er 1940[10] – sei das Böse, wovon Europa genesen müsse: anfangs *an der Seite der Nazis*, später dadurch, daß die (griechische, lateinische, französische) Metaphysik *für den Nazismus verantwortlich* gemacht wird. Er allein ist unversehrt, er allein ist der Therapeut...[11]

Es ist vorgekommen, daß eine individuelle Intervention den Gang eines großen Denkens modifiziert. So, als Anniceritis Platon zurückkauft, den Dionysios I. auf dem Sklavenmarkt verkauft hat. Zweifellos ist die Rolle des Sturmführers von zur Mühlen nicht ohne persönlichen und unvorhergesehenen Einfluß auf die Richtung eines Denkens gewesen, das immerhin Heideggers »Format« hatte. Durch ihn engagiert sich dieses Format an der Seite derjenigen, die den Sklavenhalterstaat mitten in Europa wieder einführten. Zweifellos hat der SS-Staat 1934 seine »Quintessenz« noch nicht offenbart, um François Fédiers so schwache Formulierung wieder aufzugreifen. Aber 1933 veröffentlicht Ernst Forsthoff, ein Schüler und Freund von Carl Schmitt und Ernst Jünger, *Der totale Staat* bei dem Verleger von jenem Buch Jüngers, das Heidegger den Hörern seiner Vorlesung empfiehlt. Dieser Essay konvergiert in einem zentralen Satz: Mit dem totalen Staat – eine Formulierung, dem der Führer im Oktober 1933 auf dem Juristenkongreß in Leipzig die folgende Formulierung weihte – »gibt es wieder Parias in Europa«.

»Was in Europa später passiert ist«, um Adorno zu zitieren, leitet sich aus diesem Satz ab.

Als vorläufigen Schlußpunkt der Auseinandersetzung würde ich sagen: Ein Denken, dem nicht nur in solchem

Ausmaß das Annehmen der eigenen Verstellung gelungen ist, sondern das auch eine solche wesentliche Verstellung zur triumphalen Affirmation verstellt hat – ein solches Vorgehen kann zwar von einnehmenden Aspekten wimmeln, doch *als solches*, als selbstverstellendes, verdient es in unseren Augen eine strenge und gelassene Aufmerksamkeit. Evident ist, daß sie nicht Grundlage des künftigen Vorgehens sein kann, das wir wenigstens nach unseren Vorstellungen bestimmen müssen.

Denn es ist der Nationalsozialismus, der die *menschliche Gattung* bedroht hat, wie Robert Antelme gezeigt hat. Er hat den Atomkrieg angekündigt, gesucht und ihn mit den tausend auf England abgeschossenen V2 vorbereitet. Nicht die »abendländische Metaphysik« – und das von Averroes eingeführte Wort genausowenig wie die Reflexion, die vom Denken des Seins im Ersten Buch des Aristoteles zum Denken der Axiome im Vierten Buch führt. Zuletzt haben die Riemannsche und Einsteinsche Axiomatik und die De-Broglie-Wellen unter dem Elektronenmikroskop die Abgründe des Virenkriegs aufgezeigt. Wo sich ihr Überleben entscheidet. Gegen das Heideggersche schwarze Loch werden wir uns für das Denken Antelmes entscheiden.

1 *Kampfblatt der Nationalsozialisten*, 3. Mai 1933, zitiert in: Guido Schneeberger, *Nachlese zu Heidegger...*, Bern, 1962, 23. Anm. d. Übers.
2 *Deutsche Bergwerks-Zeitung*, Düsseldorf, 25. Januar 1934.
3 *Kampfblatt der Nationalsozialisten*, 30. Juni 1933.
4 Brief an von Trotha vom 26. Februar 1934 (in: BDIC).
5 Dieser Hinweis ist für Lacoue-Labarthe.
6 Weit davon entfernt, eine »Seinsvergessenheit« zu sein, beginnt durch die Erwähnung des τὸ εἶναι, des »Sein«, vom Ersten und Zweiten Buch an das Aristotelische Denken – von Nikolaos von Damaskus, Hesychios von Alexandria und vor allem von Averroes von Cordoba und Marrakesch als »Metaphysik« bezeichnet. Im Vierten Buch definiert sie die Wissenschaft vom »Seienden als solchen«. Und diese offenbart sich in einem wesentlichen Moment der Geschichte des Denkens: in der Definition der Axiome.

7 Heidegger, *Was ist Metaphysik?*, Frankfurt a. M. 1955, 37 ff. Anm. d. Übers.

8 Die gleichlautende *Antrittsvorlesung* des Nachfolgers von Husserl auf dem Philosophischen Lehrstuhl der Freiburger Universität erklärte damals keineswegs die Metaphysik zum »abendländischen Verfall«.

9 »Die von Platon als ›Riesenschlacht um den Begriff des Seins‹ charakterisierte Geschichte der griechischen Philosophie hat mit der germanischen ›Götterdämmerung‹ und der germanischen Lehre von der Welterneuerung schlechthin nichts zu tun«, *Volk im Werden*, 1934, zitiert in: Guido Schneeberger, *Nachlese zu Heidegger*, Bern, 1962, 226. Anm. d. Übers.

10 *Von Plato bis zu Nietzsche*, Pfullingen 1961, Bd. 2. Kriecks entsprechende Formulierung kurz zuvor lautet: »von Parmenides bis zu Hegel«.

11 »Sehen Sie Heidegger, der beweist, daß das Nazidenken nicht nur vereinfachend, kriminell, sondern auch eine unaussprechliche Askese ist…«, Philippe Sollers, *Magazine Littéraire*, Dezember 1987, 55.

154

EIN GESPRÄCH MIT PIERRE BOURDIEU:

Zurück zur Geschichte

ROBERT MAGGIORI: *Rund um Heidegger gibt es im Moment ein »ungesundes Brodeln«, um Ihren eigenen Ausdruck zu zitieren. Befürchten Sie nicht, mit der Neuauflage Ihres Buchs weiter zu diesem Brodeln beizutragen?*

PIERRE BOURDIEU: Ich habe lange den Vorschlägen widerstanden, diesen Text von 1975* neu zu veröffentlichen. Obwohl es historisch gesehen nichts außergewöhnlich Neues bringt, obwohl es das Werk überhaupt nicht einbezieht und in diesem Sinn meiner Ansicht nach im Vergleich zu meinem Versuch einen Rückschritt bedeutet, hat das Buch von Farias das Verdienst, die Heideggerianer zu zwingen, aus jener erhabenen Reserve herauszukommen, auf die sie sich zurückgezogen hatten. Dieses einmal beiseite gelassen, hat die Auseinandersetzung genau wie 1964 sehr schlecht angefangen: Sie gehorcht beinahe ausschließlich der Logik des Prozesses. Von dem Moment an, wo es allein darum geht, zu »urteilen«, Partei zu ergreifen, kann jeder daran teilnehmen, ohne die Texte und ihren Inhalt kennen zu müssen. Und jene, die es am eiligsten haben, die »Philosophie zu verteidigen«, sind natürlich jene, die man am wenigsten für Philosophen halten würde und die keine so günstige Gelegenheit verpassen wollen, sich mit Hilfe der Behauptung, »angegriffen« zu sein, als Mitglieder der Klasse zu behaupten. Aber das ist nicht alles: Paradoxerweise hat der konstante Bezug auf den »Holocaust«, der mit dem Philosophem des »absoluten Bösen« sogleich zum *topos* gemacht wird, die *Enthistorisierung* von Denken und Denker zur Folge sowie am Fall Heidegger wieder einmal die Strategie des Übergangs zum Extremen durchzuspielen, die Heidegger selbst so oft illustriert hat. Wenn ich sagen höre, allein Heidegger ermögliche uns, den Holocaust zu denken – aber vielleicht bin ich nicht genügend postmodern –, meine ich zu träumen...

Aber läuft eine solche Debatte nicht Gefahr, die ganze Phi-
losophie zu diskreditieren? Ihr Buch wirft sehr nachdrück-
lich die Frage der Verblendung des Philosophen auf...

Es stellt nicht die Philosophie und die Philosophen allgemein in Frage – was keinerlei Sinn hat –, sondern eine
bestimmte Philosophie der Philosophie oder genauer einen
gesellschaftlichen Gebrauch der Philosophie, der seine
Grenzform bei Heidegger und den Heideggerianern
erfährt und unter den Philosophielehrern leider sehr verbreitet ist. Diese Art Berufsethos führt die Lehrer der Philosophie – »der Krönung der Wissenschaft« – dazu, aus
dem philosophischen Erbe propethische Effekte zu ziehen.
Wahrscheinlich eignen sich, ähnlich wie in der Musik,
bestimmte Werke besser für das große Virtuosenspiel als
andere. Für Heideggers Werk trifft das zu. Das ist der
Grund seines Erfolgs bei manchen. Es ermöglicht mühelos, das ganze Register jener prophetischen Effekte zu entfalten, mit denen bestimmte Philosophielehrer schon
immer die philosophische Aktivität gleichgesetzt haben:
Denunzierung des gemeinen Verstandes, der »doxa«, des
»man«, Behauptung eines initiierenden Schnitts zwischen
dem dieses Namens würdigen Denken, der Ontologie und
dem gewöhnlichen, vulgär anthropologischen Denken des
gemeinen Verstandes und der Humanwissenschaften etc.
Doch andere, ihrem Wesen nach weitaus rebellischere
Werke, wie das von Marx, haben in den sechziger Jahren,
besonders was den Schnitt zwischen Ideologie und Wissenschaft betrifft, zu ganz ähnlichen Verwendungen geführt.
So finden bestimmte Philosophielehrer daran Gefallen,
immer wieder vor vierzig Novizen ihre kleine Nummer zu
wiederholen.

Da übertreiben Sie... Das kann ich so nicht stehen lassen!

Noch einmal, es geht nicht darum, die Philosophen im
allgemeinen in Frage zu stellen, sondern bestimmte Miß-
bräuche symbolischer Macht zu benennen: unwiderrufliche
Urteile über Wissenschaften, die ihnen entgehen, Verurteilung aller Sünden gegen die philosophische Orthodoxie,
des Szientismus, Positivismus, Historizismus etc.

Ich muß sagen, wenn diese Philosophie und diese Philosophen in den Krach des Heideggerschen Denkens hineingezogen werden, wäre das in meinen Augen kein großer Verlust. Um so mehr, als es – und das bringt uns zu Heidegger zurück – die Arroganz ist, die die Verblendung erzeugt. Wenn Gadamer zur Verteidigung Heideggers Platon und Dionysos von Syrakus erwähnt, ahnt er nicht, wie wahr er spricht: Der Philosophen-König endet als Sklave des Tyrannen; der philosophische Führer macht sich zum Fürsprecher des Führers. Zum Prinzip jener immensen politischen Irrtümer und so vieler anderer, kleinerer und scheinbar entschuldbarer Irrtümer, die die »kleinen durch den Staat gedungenen Propheten« auf ihrem Weg gesät haben, gehört der Aristokratismus des Armen, der dazu führt, sich von der gewöhnlichen Erfahrung abzuschneiden, sich darüber zu mokieren, wenn man sich um reale Wohnungsprobleme kümmert, statt »das Wohnen« zu denken, der zu den Humanwissenschaften Distanz wahren muß und zugleich ständig heimliche Anleihen bei ihnen macht; da gibt es die Sorge, jede Kompromittierung mit dem Jahrhundert zu vermeiden und seine Abgrenzung, seine *Différence*, ob mit einem »e« oder einem »a« (seinen »Unterschied« oder »Unterscheid«, Anm. d. Übers.), insbesondere gegenüber Geschichts- und Gesellschaftswissenschaften, zu behaupten, was zur Folge hat, sich selbst in eine Art Ghetto einzusperren. Am Ende steht die Verblendung, die »große Dummheit«, wie Heidegger angeblich über seine Zustimmung zum Nationalsozialismus gesagt hat. Über die Tatsache, daß er nie etwas abgeschworen hat, ist viel hergezogen worden. Aber wie hätte er das tun können, wo es sich darum handelte, einzugestehen und sich selbst einzugestehen, daß der »Denker« nie das Wesentliche hatte denken können, daß »es«, wie man eben von einer »großen Dummheit« sagt, stärker als er selbst gewesen war, daß sein Es, sein Ungedachtes eines »gewöhnlichen Hochschullehrers« und das ganze Geleit an sozialen Phantasmen den kleinen Träger eines kulturellen Kapitals, dessen Anlagen gefährdet sind, ihn, den Philosophen der Entschlossenheit, an der Nase herumgeführt hatten?

Wir müssen zur Methode kommen, die Sie in Ihrer Analyse
anwenden. Sie weisen die Fragen zurück, die üblicherweise
gestellt werden: Ist Heidegger ein Nazi gewesen? Warum
hat er zum Holocaust nichts gesagt etc.? Kann man sagen,
daß es Ihre Absicht ist, die Gegenüberstellung von interner
Lektüre und externer Analyse zu überwinden (was, neben-
bei gesagt, Derrida in seinem Interview im ›Nouvel Obser-
vateur‹ forderte)?

Ich habe es tatsächlich ziemlich komisch gefunden, daß
Derrida, der meinen Text von 1975 sehr gut kannte – er
hatte ihn gelesen, und ich hatte ihn ohne den geringsten
Einwand in seinem Seminar vorgestellt –, um die soziologische Analyse zurückzuweisen, eine Form von Analyse her-
aufbeschwört, die die Gegenüberstellung von internem
Verstehen und externer Erklärung überwinden sollte, ein
Programm, das ich schon seit langem vorgeschlagen habe
und das mir verwirklicht scheint. Dazu muß man sagen,
daß ihn die Heidegger-Debatte in große Schwierigkeit versetzt hatte.

Aber um zur Methode zu kommen, die ich auf andere
Bereiche anzuwenden versucht habe, auf die Literatur
– mit Flaubert –, die Malerei – mit Manet –, das Recht etc.,
bedeutet diese zunächst, die Geschichte der Philosophie,
die zum abgetrennten Reich erklärt wurde, in das sich normale Historiker nicht hineinwagen, in die Geschichte zu
reintegrieren. Das ist ein schwieriges Unternehmen, weil
wie immer die gesellschaftlichen Spaltungen auch mentale
Spaltungen, Spaltungsprinzipien, Kategorien des professo-
ralen Verständnisses sind und weil die neue Weise, die ich
vorschlage, um die Geschichte der Philosophie zu betreiben, voraussetzt, daß man Dinge miteinander zu vereinba-
ren weiß, die unsere Vorstellung von Kultur durch eine
unüberwindbare Grenze voneinander trennt: Die Kultur-
Idee im akademischen Sinn (die heute auf mehr oder weniger regredierende Weise von dem durch den Studentenpro-
test verwundeten *homo academicus* – ich denke insbesondere an Alan Bloom – wie auch von dem Medienessayisten
verteidigt wird, der sein Geschäft mit dem Angriff auf das
Kulturgeschäft macht) hat sich gegen die Politik, die Öko-

nomie und alle trivialen Realitäten der normalen Welt konstituiert, die der normale Lehrer nicht kennen will. Eine Geschichte der Philosophie zu machen, die tatsächlich die Philosophie in die Geschichte integriert, innerhalb derer und gegen die sie sich oft entwickelt hat, heißt Wasser und Feuer zusammenbringen. Das Verdienst Heideggers, jenes »reinen« und ahistorischen Denkers par excellence, der explizit untersagte, das Denken auf den Denker und seine Biographie zu beziehen, geschweige denn auf die ökonomischen und gesellschaftlichen Verhältnisse seiner Zeit, und der immer auf vollkommen enthistorisierte Weise gelesen worden ist, besteht immerhin darin, uns aufgrund seiner »großen Dummheit« zu zwingen, die Verbindungen zwischen Philosophie und Politik neu zu denken. Das ist der Sinn des Titels, den ich meiner Analyse gegeben habe: Die Ontologie ist politisch, und die Politik wird Ontologie.

Ja, doch die Verbindung, die Sie zwischen Philosophie und Geschichte ziehen, unterscheidet sich von den marxistischen Analysen, ob von Lukács, Adorno oder Goldmann: Sie lassen intervenieren, was Sie das »philosophische Feld« nennen, jenen Mikrokosmos, wie Sie sagen, der zwar in den gesellschaftlichen Kosmos eintaucht, aber doch relativ unabhängig ist, und wo sich die Einsätze der Philosophen und ihre gesellschaftlichen wie philosophischen, im Falle Heideggers ontologischen wie politischen Strategien entscheiden.

Das ist es genau. Um Heidegger zu verstehen – aber ich kann hier nicht meine ganze Analyse zusammenfassen –, muß man nicht nur die »empfangenen Ideen« verstehen, die in der Luft lagen, in Leitartikeln, in Universitätsreden, in Vorworten zu Geschichts- oder Philologiebüchern, in den Unterhaltungen zwischen Hochschullehrern etc., und die wiederum jeder, die Essayisten Spengler, Jünger, Niekisch etc. – auf seine Weise propagierte, sondern auch die spezifische Logik des eigentlichen philosophischen Feldes, in dem sich die großen Professionellen auseinandersetzten, das heißt damals die (wiederum in unterschiedliche Tendenzen gespaltenen) Neokantianer, Phänomenologen, Neothomisten etc.

*Was man beim Lesen Ihres Buches entdeckt, ist, daß diese
Philosophie, die aus dem Nichts entstanden zu sein schien,
von dem Vorhandensein eines Feldes, dem Heidegger ange-
hört und im Rahmen dessen er philosophisch geprägt
wurde, nicht zu trennen ist.*

Ja. Die Schwierigkeit bei Heidegger ist, daß seine Philosophie eine doppelte Wurzel hat und daß man, um sie zu
lesen, zwei selten miteinander vereinte Kulturen mobilisie-
ren und auf ganz neue Weise funktionieren lassen muß, die
meistens den Motiven, die ihre Aneignung bestimmt
haben, entgegengesetzt ist. Wenn die Heideggerianer nicht
auf der Höhe des Meisters sind, so deswegen, weil sie von
einer jedenfalls vor der »Kehre« sehr technischen Philosophie (es genügt, zum Beispiel die Schrift zur Hegel-Diskus-
sion, *Identität und Differenz*, zu lesen, um sich davon zu
überzeugen) einen Gebrauch machen, den ich als mystisch-
literarischen bezeichnen würde, also einen sehr wenig professionellen Gebrauch. In der Tat mußte man sehr professionell sein, um in der Philosophie eine »konservative
Revolution« herbeizuführen: Es ging darum, eine philosophisch nicht nennbare, widerwärtige Sache oder eine in den
Augen ihrer Kantianischen Gegner wie Cassirer sogar
schlicht obszöne Sache nennbar, gesellschaftlich akzepta-
bel zu machen.

*Warum »sehr professionell«? Warum gehen Sie nicht soweit
zu sagen, man mußte ein sehr großer Philosoph sein?*

... Man mußte über eine außergewöhnliche Erfindungs-
gabe verfügen, das heißt über ein außergewöhnliches philosophisches Kapital (siehe hierzu die Virtuositätsübung, die
Heidegger in *Kant und das Problem der Metaphysik* voll-
bringt) und über eine außergewöhnliche Fähigkeit, Formen zu wahren, die eine praktische Beherrschung der
Totalität der in dem Feld vorhandenen Positionen voraus-
setzten, und einen sagenhaften Sinn für das philosophische
Spiel haben. (Nebenbei bemerkt sieht man, daß die Historisierung des Denkens nichts »Reduzierendes« hat, ganz
im Gegenteil.) Im Gegensatz zu den Essayisten wie Jünger
und Spengler, die alles vermengen, *integriert* Heidegger

philosophische Positionen, die bisher als unvereinbar galten, in eine neue Position. Diese Beherrschung des Raums des Möglichen, die den Professionellen charakterisiert, ist bei dem zweiten Heidegger nie mehr so deutlich; dieser definiert sich ständig in Beziehung zu anderem, dementiert durch seine Leugnungen vorbeugend die Vorstellungen, die man aufgrund der anderen, gegenwärtigen oder vergangenen Positionen haben könnte.

Was setzt also in Ihrer Optik das wirkliche Verstehen einer Philosophie voraus?

Entgegen dem Glauben setzt das Verstehen einer Philosophie nicht jene Enthistorisierung durch Verewigung voraus, die die zeitlose Lektüre der kanonischen Texte als »philosophia perennis« oder auch ganz schlicht der Anachronismus produziert, diese »dem Zeitgeschmack anzupassen« – »Heidegger ermöglicht uns, den Holocaust zu denken«. Im Gegenteil entsteht es aus einer wirklichen Historisierung, die bis zum Prinzip des Werks selbst zurückgeht, die die Problematik, den Raum des Möglichen, in dem es sich aufgebaut hat, rekonstruiert. Eigentlich müßte man von einer doppelten Historisierung sprechen: Die historische Rekonstruktion hat nämlich die Objektivierung der Historizität von dem aktuellen Gesichtspunkt aus zur Voraussetzung, von dem ausgehend sie stattfindet. Doch das würde uns zu weit führen...

Aber verwirklicht der Soziologe dieses Vorgehen für sich selbst? Man könnte ihn anklagen, nicht daran zu denken, vor der eigenen Haustür zu kehren...

Wenn der Soziologe dem Philosophen den Anspruch auf Extraterritorialität, auf Transhistorizität streitig macht, dann nicht, um sich selbst diese Privilegien einzuräumen und die Krone des Philosophen-Königs anzueignen. Er wendet auf sich dieselbe Behandlung an, die er auf die Philosophen anwendet: Er bemüht sich, sein spezifisches Ungedachtes auszumachen, die gesellschaftliche Philosophie, die in den verwendeten Konzepten, in den gebräuchlichsten Worten des Diskurses über die soziale Welt etc.

spukt. Die Soziologie hat das Privileg, ihre Denkinstrumente gegen sich selbst kehren zu können, das heißt gegen die eigenen Denkinstrumente. Und falls sie es vergäße, würde die Tatsache, daß sie andere Disziplinen in Frage zu stellen beabsichtigt, sie dazu verurteilen, daß ihre eigenen Fragen mit doppelter Wucht auf sie zurückschlagen.

* Pierre Bourdieu, *Die politische Ontologie Martin Heideggers*, Frankfurt a. M. 1976.

Debatte Derrida - Bourdieu

Auf das Interview in *Libération* vom 10. März 1988 reagierte Jacques Derrida mit folgendem Brief:

»Unter allen anfechtbaren (und nervösen, so nervösen!) Äußerungen von Pierre Bourdieu will ich nur diejenige aufgreifen, die die offensichtlichste Unwahrheit enthält. Ich sage *Unwahrheit* und praktiziere damit, was Bourdieu vermutlich eine *Euphemisierung* nennen würde. Ja, selbstverständlich kannte ich Bourdieus Text. Und es stimmt, er hatte ihn in meinem Seminar vorgestellt (genauer gesagt war es ein Seminar des GREPH, das ihn damals sehr interessierte; denn dort machte oder sagte man viele Dinge, von denen sich lohnen würde, sie mit dem, was in diesem Gespräch behauptet wird, zu konfrontieren). Aber wenn Bourdieu es wagt, zu sagen, diesen Text habe er ›ohne den geringsten Einwand in (meinem) Seminar vorgestellt‹, ist das *einfach falsch*, etwa dreißig Teilnehmer können es bezeugen. Ich war nicht der einzige, der Einwände formulierte. Und sie waren zahlreich.

Es ist durchaus wahr, daß ich stets Bourdieus Analysen (und die, die er inspiriert) grundlegend unzureichend gefunden habe, ob von ihrer philosophischen Axiomatik her (*beispielsweise* all das, was sich rund um den Begriff der *Objektivierung* aufbaut, also fast alles) oder von ihrer Methode her, insofern sie philosophische Texte oder vor allem Texte wie die Heideggers betreffen. Man braucht weder ›Heideggerianer‹ zu sein (wer ist das?) noch sich auf ›Heideggersche Schlußfolgerungen‹ zu beziehen, um zu merken, daß das philosophische Konzept, das Bourdieus Arbeit stützt, ein vorheideggerianisches ist. Es hat sich nie ernsthaft der Prüfung der ›Fragen‹, die Heidegger stellt, unterzogen (ohne von denjenigen zu sprechen, die andere schon lange an Heidegger stellen, ich zum Beispiel, wenn mir dieser Hinweis gestattet ist). Und ich habe Bourdieus

Text so wenig vergessen oder außer acht gelassen, daß ich (beispielsweise) auch an ihn dachte, als ich sagte, man muß über den Gegensatz von interner und externer Lektüre hinausgehen. Denn ich glaube, daß bei Bourdieu diese zwei Lektüren nebeneinander gesetzt und beide fast gleichermaßen unzureichend sind. In Wirklichkeit scheint mir seine ›interne‹ Lektüre, wenn man sie überhaupt erkennen kann, noch verkürzter als die andere. Und nicht nur im Fall Heidegger, sondern auch im Fall französischer und uns näherstehender Angelegenheiten.

Wenn ich das bis heute nie so direkt geschrieben habe, ebensowenig, wie ich auf so viele Irrtümer der *Distinction* geantwortet habe, die es wohl verdient hätten, war es nicht, um peinliche Texte zu vermeiden, sondern aus einem (vermutlich alten und überholten, wenn nicht noch zu ›vornehmen‹) Reflex von Treue oder Scham aus verletzter Freundschaft. Es stimmt, ich ziehe oft das Schweigen vor (manche meinen, es mißbrauchen zu können), und das, unter anderem, verdient eine soziologische Analyse. Dem gehe ich gelegentlich nach. Jetzt bin ich dank dieser jüngsten Aggression von meiner Reserve befreit. Ich bin sicher, daß mich Bourdieu verstehen und mir glauben wird, auch wenn er das nicht zugibt: Obwohl ich mich selten damit begnüge, ist mir die *Objektivierung* dieser Szene nicht unzugänglich. Ich hätte hierzu zahlreiche soziologische Hypothesen. Denn wenn man auch Zweifel am Konzept der Objektivierung hat, kann man dennoch denken, daß es eben nie weder genügend Objektivierung noch genügend Soziologie der Soziologie gibt. Noch ein Wort: Die Heidegger-Debatte hat mich niemals in ›große Schwierigkeit‹ versetzt, wie es Bourdieu in einer Geste behauptet, deren Rhetorik mir der Wählersoziologie anzugehören scheint; und meine Gelassenheit ist nie davon getrübt worden. Denn schließlich bin ich nicht ganz unbeteiligt – und nicht nur durch mein letztes Buch – an dem, was die genannte Debatte ausgelöst und kompliziert gemacht hat. Seit langem und wieder einmal vor kurzem. Die, die mich ein wenig lesen, wissen das gut.«

Nachdem er seinerseits den Brief von Jacques Derrida zur Kenntnis genommen hatte, gab Pierre Bourdieu die folgende Klarstellung:

»Ich bedaure, daß manche unglücklichen Worte aus meinem Interview – insbesondere der Satz über ›die große Schwierigkeit‹ – Jacques Derrida haben verletzen können. Aber ich komme nicht umhin, ebenfalls zu bedauern, daß er sich mit prophetischen Bannflüchen (Vorheideggerianer etc.) weiter bemüht, über das zu schweigen, was die tatsächliche Frage ist. Bewußt nehme ich die Gefahr in Kauf, daß alles gegen mich zu sprechen scheint, und belasse es bei dieser Antwort, aus Freundschaft und um zu vermeiden, daß die öffentliche Debatte über politische Verblendung, begünstigt durch einen gewissen Gebrauch einer gewissen Philosophie, die mein Buch auslösen wollte und die gewiß noch stattfinden wird, zu einem scheinbar persönlichen Streit verkommt.«

JEAN BAUDRILLARD
Zu spät!

Der überflüssige Streit um Heidegger hat keinen philosophischen Sinn, er ist lediglich symptomatisch für eine
Schwäche des gegenwärtigen Denkens, das sich in Ermange-
lung neuer frischer Kraft geradezu besessen immer wieder mit seinen Ursprüngen, mit der Reinheit seiner Quellen beschäftigt. Qualvoll durchlebt es während dieses *Fin
de siècle* noch einmal seine Urszene vom Beginn des Jahrhunderts.

Allgemeiner betrachtet ist der Fall Heidegger symptomatisch für das Revival, das diese Gesellschaft zum Zeitpunkt der Jahrhundertbilanz veranstaltet. Revival des
Faschismus, des Nationalsozialismus, der Judenvernichtung. Auch darin zeigt sich die Versuchung, die historische
Urszene neu darzustellen, die Kadaver weißzuwaschen,
die Konten zu bereinigen. Gleichzeitig zeigt sich in der
Rückkehr zu den Quellen der Gewalt aber auch eine perverse Faszination: eine kollektive Wahnvorstellung von der
historischen Wahrheit des Bösen. Unsere gegenwärtige
Vorstellungskraft muß schwach sein, unsere Gleichgültigkeit angesichts unserer eigenen Situation und unserer eigenen Gedanken dagegen recht groß, daß wir einen so regres-
siven Wunderglauben nötig haben.

Was Heidegger betrifft, so entdeckt man heute seine Verbrechen gegen den Geist, nachdem man sich vierzig Jahre
lang durchaus damit bequem eingerichtet hatte. Mit Marx
und Freud hat man es übrigens ähnlich gemacht: Als das
marxistische Gedankengut an triumphaler Faszination ein-
büßte, begann man in Marx' Leben herumzuschnüffeln.
Man entdeckte, daß er ganz bürgerlich war und mit seinem
Dienstmädchen schlief. Als die Psychoanalyse nach und
nach ihren früher unbestreitbaren Glanz verlor, fing man
an, im Leben und in der Psychologie Freuds zu stochern,
und bemerkte natürlich, daß er ein patriarchalischer Sexist

war. Jetzt beschuldigt man Heidegger, Nazi gewesen zu sein. Was macht es übrigens für einen Unterschied, ob man ihn anklagt oder ob man ihn reinzuwaschen versucht: Alle, auf der einen wie auf der anderen Seite, verfallen dem gleichen niedrigen Denken, einem aufgeregten Denken, das nicht einmal mehr auf seine eigenen Quellen stolz ist, das auch nicht mehr die Kraft hat, über sie hinauszuwachsen, und das schließlich in Prozessen, Anklagen, Rechtfertigungen und historischen Überprüfungen das verschwendet, was ihm an Energie noch geblieben ist. Die Philosophie verteidigt sich selber, indem sie mit scheelem Blick auf die Zweideutigkeit ihrer Meister blickt (mehr noch: indem sie sie als Vordenker mit Füßen tritt); eine ganze Gesellschaft verteidigt sich, die es nicht fertiggebracht hat, eine andere Geschichte hervorzubringen. Sie ist unentwegt damit beschäftigt, ihre Geschichte wiederzukäuen, um ihre eigene Existenz und sogar ihre Verbrechen unter Beweis zu stellen. Aber was für ein Beweis ist das? Weil wir *heute* politisch und historisch nicht vorhanden sind, wollen wir beweisen, daß wir zwischen 1940 und 1945 in Auschwitz und Hiroshima gestorben sind; immerhin, ist das eine starke und bedeutende Geschichte. In ähnlicher Weise bemühen sich die Armenier, den Beweis zu erbringen, daß man sie 1917 abgeschlachtet hat, ein unfaßbarer und überflüssiger Beweis, der aber in einer gewissen Weise unangreifbar ist. Und: Weil die Philosophie heute nicht mehr vorhanden ist (das ist ihr Problem: wie soll man im Zustand des Nichtexistierens leben?), muß sie beweisen, daß sie sich mit Heidegger endgültig kompromittiert hat oder daß sie durch Auschwitz sprachlos geworden ist.

All das ist der letzte verzweifelte Versuch, eine posthume Wahrheit, eine posthume Rechtfertigung zu finden – zu einem Zeitpunkt, an dem eben nicht mehr genügend Wahrheit vorhanden ist, um irgendeine Überprüfung zu erlauben, an dem es nicht mehr genügend Philosophie gibt, um irgendeine Verbindung zwischen der Theorie und der Praxis herzustellen, und an dem eben auch nicht mehr genügend Geschichte da ist, um irgendeinen historischen Beweis dessen, was geschehen ist, zu erbringen.

Wir vergessen allzu leicht, daß unsere Wirklichkeit, auch die tragischen Ereignisse der Vergangenheit, durch die Mühle der Medien gegangen sind. Das bedeutet, daß es zu spät ist, diese Vorgänge historisch zu überprüfen und zu begreifen. Denn *unsere* Epoche, unser *Fin de siècle* sind gerade dadurch gekennzeichnet, daß sie über die zur Erkenntnis notwendigen Werkzeuge nicht mehr verfügen. Man hätte die Geschichte begreifen müssen, solange es Geschichte gab. Und Heidegger hätte man angreifen (oder verteidigen) müssen, solange dazu Zeit war.

Es hat nur dann Sinn, einen Prozeß einzuleiten, wenn er Folgen nach sich ziehen kann. Jetzt ist es zu spät. Anderes beschäftigt uns heute, das hat man mit *Holocaust* und sogar mit *Shoah* im Fernsehen erlebt. Diese Dinge sind schon damals, als wir die Möglichkeit dazu hatten, nicht verstanden worden. Seitdem werden sie erst recht nicht mehr begriffen. Und sie können in Zukunft nicht mehr verstanden werden, weil so fundamentale Begriffe wie Verantwortlichkeit, wie objektive Ursache und Sinn (oder Nicht-Sinn) der Geschichte verschwunden sind oder eben jetzt verschwinden. Die Wirkung auf das sittliche und das kollektive Gewissen ist nichts als ein Medien-Effekt. Und man kann am therapeutischen Eifer, mit dem dieses Gewissen immer wieder wachgerufen wird, ablesen, wie wenig Atem es noch hat.

Wir werden niemals erfahren, ob der Nationalsozialismus, die Konzentrationslager, Hiroshima überhaupt zu begreifen waren oder nicht, wir sind nicht mehr in dem gleichen geistigen Universum. Austauschbarkeit von Opfer und Henker, Zerstörung und Auflösung des Verantwortungsgefühls: das sind die Tugenden unseres wunderbaren Kommunikationssystems. Wir haben nicht mehr die Kraft zu vergessen, unser Gedächtnisschwund ist der gleiche, von dem auch die Bilder befallen sind. Wer kann die Amnestie aussprechen, da doch alle schuldig sind? Und was die Autopsie betrifft, niemand glaubt heute noch an den anatomischen Wahrheitsgehalt der Tatsachen: Wir arbeiten mit Modellen. Selbst wenn die Tatsachen da wären, uns in die Augen sprängen, würden sie nicht zum Beweis oder zum

Überzeugen taugen. Je mehr wir, um analysieren zu können, den Nationalsozialismus, die Gaskammern zum Gegenstand genauester Untersuchung gemacht haben, desto weniger faßbar sind sie geworden.

Und schließlich ist dann die unglaubliche Frage gestellt worden: »*Aber hat das denn alles wirklich existiert?*« Die Frage ist vielleicht dumm oder moralisch unerträglich. Interessant jedoch, was sie logisch möglich macht: Es ist eben der von den Medien produzierte Ersatz der Ereignisse, der Gedanken, der Geschichte. Er bringt es fertig, daß diese Ereignisse zu existieren aufhören, ja sogar aufhören, existiert zu haben, und zwar in dem Maße, in dem sie untersucht und in Details zerlegt unter die Lupe genommen werden, um den Ursachen auf die Spur zu kommen. So entsteht Verwirrung über die Identität der Dinge, gerade weil man sie aufzuklären und sich ins Gedächtnis zu rufen versucht. Die Gleichgültigkeit des Gedächtnisses, eine Gleichgültigkeit gegenüber der Geschichte, entspricht genau den Anstrengungen, diese zu objektivieren. Eines Tages wird man sich fragen, ob Heidegger überhaupt existiert hat. Die widersinnige Behauptung Faurissons, die Gaskammern hätte es gar nicht gegeben, mag uns abscheulich erscheinen (und sie ist es tatsächlich), aber darüber hinaus drückt sie die Bewegung einer ganzen Kultur aus, die Ausweglosigkeit eines halluzinierenden *Fin de siècle*, das vom Horror seiner Herkunft fasziniert ist, das nicht vergessen kann und das in die Verleugnung flüchtet.

Fest steht, wenn es schon nutzlos ist, Beweise zu erbringen (da es keine historische Auseinandersetzung mehr gibt, um den Rechtsstreit einzuleiten), daß Strafe erst recht unmöglich ist. Es gibt keine Sühne für Auschwitz und die Judenvernichtung. Es gibt kein vorstellbares Äquivalent der Bestrafung, und wenn die Strafe irreal ist, werden auch die Fakten irreal. Im Augenblick erleben wir jedoch etwas anderes. Was sich jetzt als kollektives Erleben in all den Prozessen, all den Polemiken konfus abspielt, ist der Übergang aus dem historischen Stadium in ein mythisches. Das heißt, es findet eine mythische und von den Medien produzierte Rekonstruktion aller dieser Ereignisse statt. Und in einem gewissen Sinn ist diese Umwandlung ins Mythische das einzige Unternehmen, das uns zwar moralisch nicht freisprechen, uns aber das ursprüngliche Verbrechen sozusagen in der Phantasie vergeben kann. Aber um zu erreichen, daß sogar ein Verbrechen Mythos wird, muß seiner historischen Realität ein Ende gesetzt werden. Andernfalls kann es geschehen, daß alle diese Dinge – der Faschismus, die Konzentrationslager, die Judenvernichtung – weiter für uns historisch unauflösbar bleiben und wir verdammt sind, sie wie eine Urszene immer und immer wieder ablaufen zu lassen. Nicht die Nostalgie des Faschismus ist gefährlich. Wirklich gefährlich und nebenbei auch lächerlich ist jene pathologische Aktualisierung einer Vergangenheit, in der alle – und zwar sowohl diejenigen, von denen die Wahrheit der Gaskammern geleugnet, wie die, von denen sie verteidigt wird, die Angreifer Heideggers ebenso wie seine Fürsprecher – in der alle als Schauspieler und gleichzeitig und sozusagen als Mitwisser agieren. Und gefährlich ist die kollektive Sinnestäuschung, die in einer Art Zwanghaftigkeit, diese Vergangenheit wiederzuerleben, und in dem tiefen Schuldgefühl, nicht dabeigewesen zu sein, alles in jene Epoche überträgt und zurückversetzt: und zwar sowohl das, was unserer Zeit an Vorstellungskraft fehlt, als auch den heute sinnlos gewordenen Einsatz von Gewalt und Realität. All das drückt eine Art verzweifelter Abreaktion angesichts der Tatsache aus, daß diese Ereignisse uns auf der realen Ebene entgleiten. Die Heidegger-Affäre, der Barbie-Prozeß und anderes sind die peinlichen Konvulsionen dieses Realitätsverlustes, unseres heutigen Realitätsverlustes: Faurisson übersetzt ihn nur zynisch in die Vergangenheit. Der Satz: »*Das hat nicht existiert*«, heißt doch nichts anderes, als daß wir selber nicht mehr genug existieren, um Erinnerung aufrechtzuerhalten, und daß wir, um uns lebendig zu fühlen, nur noch das Mittel der Sinnestäuschung haben.

Postskriptum: Könnten wir uns nicht, im Hinblick auf diese Dinge, das Jahrhundertende einfach sparen? Ich schlage vor, eine kollektive Petition (das würde ein bißchen Abwechslung in die üblichen an den Präsidenten gerichteten humanitären Petitionen bringen) für eine Voraus-Abschaffung der neunziger Jahre einzubringen. Wir könnten dann von 1989 direkt zum Jahr 2000 übergehen. Sollen wir uns etwa mit diesem *Fin de siècle* mit seinem endlosen nekrokulturellen Pathos, mit seinen Gedenkfeiern und musealen Glorifizierungen wirklich noch zehn Jahre lang herumschlagen?

(Übersetzt von Katharina Zimmer)

»Martin Heidegger? Nazi, sicher ein Nazi!«

MARK HUNYADI: *Welche Bedeutung würden Sie dem Buch von Victor Farias zusprechen?*

JÜRGEN HABERMAS: Selbst wenn es nichts prinzipiell Neues über das nationalsozialistische Engagement Heideggers ans Licht gebracht hat, so glaube ich doch, daß das Material, das Farias in diesem Buch neu zusammengetragen hat, in einer Hinsicht das Bild, das wir bisher von dem politischen Heidegger hatten, verändert. Jetzt sieht man doch, daß der angebliche Widerstand von Heidegger eine pure Legende ist. Jetzt ist zum ersten Mal gezeigt worden, daß Heidegger nicht nur 1935 noch merkwürdig zweideutige Äußerungen zum Faschismus gemacht hat und bis zum Ende des Krieges von prominenten Stellen durchaus noch protegiert worden ist. Bis zum Ende der dreißiger Jahre hat er in dieser ganzen Welt von faschistischen Alltagsvorstellungen gelebt. Bisher hat man gleichsam stilkritisch aus der Lektüre der beiden Nietzsche-Bände herauslesen können, wie sehr er dem Vorurteilshorizont der damaligen Zeit verhaftet war.

Würden Sie auch sagen, daß dieses Buch eine Bestätigung bringt für Ihre These, die Sie schon 1953 geäußert haben, nämlich daß es trotz der Veränderungen seines Stils eine strenge Kontinuität im Heideggerschen Denken gibt?

Dies habe ich nicht genau in dieser Form behauptet. Ich habe im *Philosophischen Diskurs der Moderne* die These vertreten, daß Heidegger um 1933, vielleicht sogar etwas eher, die Grundbegriffe von *Sein und Zeit* in einer entscheidenden Hinsicht anders interpretiert hat; er hat nämlich bis dahin den Begriff »Dasein«, was für ihn der Titel für die menschliche Existenzform ist, im Sinne der Kierkegaardschen Philosophie immer als individuelles Dasein verstanden; und um 1933 herum scheint er diesen Gebrauch verändert zu haben: Das Dasein ist die Existenzform eines Kollektivs geworden und insbesondere eines Volkes, das nun in seiner nationalen Selbstbehauptung sein eigenes Schicksal entwirft. Durch diese Interpretationsveränderung taucht er doch die ganze Begrifflichkeit von *Sein und Zeit* politisch in ein neues Licht. Und dann gibt es noch einmal eine Änderung, die mit dem Übergang zur Spätphilosophie zu tun hat: nämlich was für Heidegger 1933 Agent und Motor gewesen ist für die Überwindung des Nihilismus, das wird später zum bloßen Symptom dieses nihilistischen Seinsgeschicks umgedeutet. 1933 hat er die Hoffnung darauf gesetzt, daß die nationale Revolution das Schicksal der Technik wenden könnte, und später hat er sie als Symptom dieses verhängnisvollen Schicksals gedeutet. Das ist sozusagen die zweite politische Umdeutung, die doch mit der Entwicklung seiner Philosophie innerlich verknüpft ist.

Was das angeht, sollte man doch noch einmal auf Karl Löwith hinweisen: In seinen Tagebüchern, die gerade erst veröffentlicht worden sind und die Farias meines Wissens noch nicht berücksichtigen konnte, hat er eine Begegnung mit Heidegger 1936 in Rom geschildert, wo Heidegger explizit bejaht, daß seine Philosophie mit seiner positiven Einstellung zum Faschismus innerlich zu tun hat. Ich finde, das ist die eigentlich interessante Frage: Sind die politischen Privatmeinungen eines Philosophen etwas, was seiner Theorie äußerlich bleibt oder nicht? Da kann man jetzt sehen, daß ein innerer Zusammenhang besteht.

Wie würden Sie die heutige Rezeption von Heidegger in Deutschland beschreiben?

Die große Zeit der Heidegger-Rezeption war die unmittelbare Nachkriegszeit, die bis Mitte der fünfziger Jahre gedauert hat. In dieser Zeit, da auch der französische Existentialismus eine große Rolle für uns Studenten gespielt hat, war Heidegger sehr präsent: Das war natürlich der Heidegger von *Sein und Zeit* und auch der kleinen Aufsätze aus den dreißiger Jahren, bis zum Beginn seiner Spätphilosophie, wie sie im »Humanismusbrief« zum Ausdruck kommt.

Dann hat es insbesondere über Gadamer und seine Schüler eine starke akademische Repräsentanz gegeben, ohne aber die Tiefenwirkung zu haben, die er anscheinend in Frankreich zur selben Zeit in den sechziger Jahren gehabt hat. Ein neues Interesse an Heidegger gibt es erst wieder in den achtziger Jahren, vermittelt durch Derrida und überhaupt die neueren Franzosen. Und auf diesem Wege der Poststrukturalisten ist gleichsam der späte Heidegger als Vernunftkritiker virulent geworden.

Im übrigen muß man präzisieren, daß in Deutschland die Diskussion über die politische Rolle von Heidegger in den fünfziger Jahren geführt worden ist. Schneeberger, den Farias oft zitiert, hat diese Dinge bereits sehr früh veröffentlicht; was Farias neu beleuchtet, ist die spätere Zeit. Aber was 1933 bis 1935 passiert ist, das war von Anfang an bekannt. In der Mitte der fünfziger Jahre sind viele Bücher und Artikel darüber geschrieben worden. Damals haben sich zwei Meinungen gebildet. Die eine war: »Dieser bedauerliche Unfall hat mit dem Denken nichts zu tun«, und die andere: »Es besteht ein gewisser Zusammenhang zwischen politischen Stellungnahmen und der philosophischen Entwicklung.« Aber über diese beiden Positionen ist nicht mehr sehr viel gestritten worden, die Diskussion ist in Deutschland gelaufen.

Wie erklären Sie, daß Heidegger nach dem Krieg sozusagen ein französischer Philosoph geworden ist?

Ein Gespräch, das ich mit Michel Foucault ein Jahr vor seinem Tod geführt habe, kann das vielleicht erklären: Er hat mir in lebhaften Farben geschildert, was es für ihn als intellektuelles Ereignis bedeutet hat, daß man sich endlich von der Herrschaft der Subjektphilosophie befreite, die sich durch Husserl, den frühen Sartre und Merleau-Ponty durchgesetzt hatte. Ich weiß nicht, wie repräsentativ das ist, aber Foucault hat bei mir den Eindruck erweckt, daß man sich aus der Gefangenschaft der Transzendentalphilosophie befreit hat auf dem Wege über den Strukturalismus, aber anscheinend auch, und ironisch genug, auf dem Wege über den späten Heidegger...

Der Heidegger, der in Frankreich so bedeutend ist, scheint nicht der Heidegger von *Sein und Zeit* zu sein, sondern der des »Humanismusbrief«, vielleicht einfach wegen der frühen Veröffentlichung des »Humanismusbriefes« in Frankreich. Der »Humanismusbrief« ist das klarste Zeugnis der Ratifizierung des Bruchs mit der Philosophie von *Sein und Zeit*. Im Gegensatz dazu war die Rezeption in Deutschland ganz anders: Heidegger blieb nach dem Kriege der Philosoph von *Sein und Zeit*. Das mögen einige, aber nicht hinreichende Erklärungen sein für das Echo, das Heidegger in Frankreich gehabt hat.

Sind die Vorlesungen von Heidegger, die es erlauben würden, den Zusammenhang zwischen seinem Denken und seinem Engagement näher zu beleuchten, heute zugänglich?

Die Vorlesungen aus den dreißiger Jahren sind nicht zugänglich. Sie sind vorläufig unter Verschluß; und die wenigen Personen, die diesen oder jenen Text besitzen, dürfen ihn nicht zitieren. Wenn die Vorlesungen einmal unzensiert veröffentlicht werden sollten, wird man sicher sehen, daß man dann die Behauptungen von Farias noch viel besser belegen kann.

HANS-GEORG GADAMER
»Zurück von Syrakus?«

Das Aufsehen, das Victor Farias' Buch über Heidegger und die Nazis in Frankreich erregt hat, setzt in Erstaunen. So wenig weiß man also dort über das Dritte Reich, obwohl man den großen Denker vielfach und mit Respekt liest. Die Verehrer Heideggers mögen dazu beigetragen haben, wenn sie zur Verteidigung Heideggers die Sache so herunterspielten, er habe nach einem Jahr von enttäuschenden Erfahrungen als Freiburger Nazi-Rektor mit dem Nationalsozialismus ›gebrochen‹. Was man sich dabei denken mag – öffentliche Erklärung, Protest, Austritt aus der Partei oder wie immer in einem Rechtsstaat derartiges vor sich gehen würde? Im deutschen Sprachraum ist das allermeiste, das Farias vorlegt, seit langem bekannt. Seine eifrigen Archivstudien führen einem mehr das bürokratische Procedere der Jahre nach Hitlers Machtergreifung vor Augen, als daß man irgendwelche neuen Gesichtspunkte gewönne. Hierzulande sollte niemand Überraschung heucheln, daß Heidegger nicht aus der Partei ›ausgetreten‹ sei (was nun manche Leute aufgrund des Buches von Farias wie eine Neuigkeit herumerzählen).

Auch der jungen Generation in Deutschland wird es freilich nicht leicht, sich vorzustellen, wie es damals bei uns zuging; die Welle von Konformismus, der Druck, die ideologische Indoktrination, unberechenbare Sanktionen usw. Es kann einem passieren, heute gefragt zu werden: Warum habt ihr nicht geschrien? Vor allem unterschätzt man wohl die allgemein menschliche Neigung zum Konformismus, der immer neue Mittel und Wege zum Selbstbetrug findet. Die wichtigste war: »Ob das der Führer weiß?« Damit suchte man die Dinge vor sich herunterzuspielen, um nicht ganz abseits stehen zu müssen. Noch im Frühjahr 1934 war es in den akademischen Kreisen, gerade auch bei meinen jüdischen Freunden, die allgemeine Erwartung, daß beispielsweise der Antisemitismus ein, freilich übles, Wahlkampfmittel gewesen sei, das der »Trommler« (so nannte man damals Hitler) rüde genug genutzt hatte. Als im Juni 1934 die von Jung verfaßte Papen-Rede in Marburg gehalten wurde, sah man darin die hoffnungsvolle Erwartung, das Ende der Revolution und die Rückkehr zum Rechtsstaat. Oder man erklärte aus Bewunderung für den großen Denker, seine politische Verirrung habe nichts mit seiner Philosophie zu tun. Daß man sich damit beruhigen konnte! Man merkte gar nicht, wie beleidigend eine solche Verteidigung eines so bedeutenden Denkers war. Und wie wollte man das damit vereinigen, daß derselbe Mann schon in den fünfziger Jahren über die industrielle Revolution und über die Technik Dinge gesehen und gesagt hat, die heute durch ihre Voraussicht wahrhaft erstaunen?

Jedenfalls kann man von uns, die seit fünfzig Jahren über das nachdachten, was uns damals bestürzte und jahrelang von Heidegger trennte, keine Überraschung erwarten, wenn man hört, daß er 1933 – und schon Jahre vorher und wie lange noch danach? – an Hitler »glaubte«. Er war doch kein bloßer Opportunist. Wenn man sein politisches Engagement einen politischen Standpunkt nennen will, so wäre das besser, es eine politische Illusion zu nennen, die mit der politischen Wirklichkeit zusehends weniger zu tun hatte. Wenn er später, gegen alle Realitäten, seinen damaligen Traum von einer »Volksreligion« weiterträumte, so schloß das seine tiefe Enttäuschung über den Lauf der Dinge selber ein. Aber seinen Traum hütete er weiter und beschwieg ihn. Damals, 1933 und 1934, glaubte er diesem Traum zu folgen und seinen eigensten philosophischen Auftrag zu erfüllen, wenn er die Universität von Grund auf zu revolutionieren suchte. Dafür tat er damals alles, was uns entsetzte. Für ihn galt es, den politischen Einfluß der Kirche und die Beharrung des akademischen Bonzentums zu brechen. Auch Ernst Jüngers Vision »der Arbeiter« stellte er neben seine eigenen Ideen, vom Sein her die Tradition der Metaphysik zu überwinden. Später verstieg er sich bekanntlich bis zu der radikalen Rede vom Ende der Philosophie. Das war seine Revolution.

Da er in diesen Jahren von der von keiner Staatsgesinnung zusammengehaltenen Weimarer Republik nichts erwartete und bei seinem eigenen politischen Engagement nur Enttäuschungen erlebte, hütete er sich fortan, mit dem politischen Geschehen sich irgendwie zu identifizieren. So sah er selbst nach dem Ende des ›tausendjährigen Reichs‹ seine Vision von der Seinsvergessenheit im Zeitalter der Technik genugsam bestätigt. Was sollte er widerrufen? Und ob er in der deutschen Universität mit dreißigtausend Studierenden überhaupt etwas wiedererkannte?

Nun mag man sich fragen: Fühlte er sich denn gar nicht verantwortlich für die fürchterlichen Folgen der Hitlerschen Machtergreifung, die neue Barbarei, die Nürnberger Gesetze, den Terror, die Blutopfer zweier Weltkriege für die ganze Menschheit – und zuletzt die unauslöschliche Schande der Vernichtungslager? – Die Antwort ist eindeutig: nein. Das war die verkommene Revolution und nicht die große Erneuerung aus der geistigen und sittlichen Kraft des Volkes, von der er geträumt hat und die er als die Vorbereitung zu einer neuen Menschheitsreligion ersehnte.

Nun fragt man mich, ob man nach diesen Enthüllungen (die für uns keine solche waren) »auch jetzt noch« sich mit der Philosophie dieses Mannes, wie bisher, überhaupt einlassen könne. »Auch heute noch?« Wer so fragt, hat viel nachzuholen. Was man in Deutschland und in Frankreich und überall in der Welt wie eine große geistige Erneuerung aufnahm, war Heideggers lebenslange Auseinandersetzung mit den Griechen, mit Hegel und schließlich mit Nietzsche. War das auf einmal falsch? Oder sind wir damit längst fertig? Oder meint man vielleicht, daß man überhaupt nicht mehr denken sollte, sondern ein fertiges ideologisch-politisches Rezept verfolgen oder ein sozialwissenschaftlich erarbeitetes Regelwerk anwenden sollte? Daß Heideggers Universitätsrevolution gescheitert war und seine Verwicklung in die Kulturpolitik des Dritten Reiches eine traurige Geschichte war, der wir von der Ferne mit Beklommenheit zuschauten, hat wohl manchen daran denken lassen, was Plato in Syrakus widerfuhr. Nach Heideggers Rücktritt vom Rektorat hat einer von Heideggers Freiburger Freunden, als er ihn in der Straßenbahn traf, ihn begrüßt: »Zurück von Syrakus?«

Es ist zu bedauern, daß das Buch von Farias trotz der aufgewandten Quellenstudien auch seinen Informationen nach ganz äußerlich und längst überholt ist und daß es dort, wo es Philosophisches berührt, von grotesker Oberflächlichkeit ist und von Unkenntnis geradezu strotzt.

So leicht ist am Denken nicht vorbeizukommen. Wer sich damals, durch Heideggers politisches Abenteuer irre geworden, jahrelang von ihm fernhielt und die sich immer mehr verdüsternde Zukunft des eigenen Landes bis zum Ende mit durchlebte, konnte gleichwohl nicht daran denken zu verleugnen, was er als philosophischen Anstoß von früh an und immer wieder von Heidegger empfangen hatte. Wie Heidegger damals in den zwanziger Jahren keine blinde Gefolgschaft um sich geschart hatte, mußte man nun erst recht seine eigenen Wege des Denkens suchen. Da mag manches, was man getan hat, auch bei Heidegger einige Billigung gefunden haben, so meine hermeneutische Philosophie oder mein kleines Buch über Paul Celan, *Wer bin ich und wer bist Du?*, das demnächst auf französisch erscheinen wird. Aber gewiß ist Heidegger sich selbst in solchem Grade treu geblieben, daß er in unsereinem ein wirkliches Weitergehen auf den von ihm gewiesenen Denkwegen vermißte. Möglich, daß er sich in Frankreich besser verstanden glaubte. Doch hatte Heidegger selbst in Deutschland die von ihm ausgehende Faszination in Gestalt bloßer Imitation lange genug erfahren, als daß er nicht unsereinen doch gelten ließ.

Wer jetzt glaubt, man brauche sich nicht mehr auf Heidegger einzulassen, der hat überhaupt noch nicht ermessen, wie schwer es für einen jeden war und immer geblieben ist, sich mit ihm einzulassen und sich nicht lächerlich zu machen, wenn man sich überlegen gebärdete.

JÜRGEN BUSCHE

»Also gut. Heidegger war ein Nazi!«

Es ist mir egal, ob jemand Heidegger für einen Nazi hält. Das will ich jetzt einmal sagen.

Ich habe auch schon gesagt, daß Heidegger kein Nazi war. Das ist richtig. Nachdenklich bin ich über die Frage geworden, ob man das immer wieder sagen muß.

Aus der Lust heraus, »Hering« zu sagen, wenn ich einen Hering sehe, und »kein Hering« zu sagen, wenn das, was ich sehe, kein Hering ist, habe ich bisher stets dem Reflex gehorcht, auf eine Wahrnehmung postwendend eine wahre Aussage folgen zu lassen. Aber was hat das eigentlich mit Lust zu tun? Auf jeden Fall ist jetzt Schluß damit.

Von mir aus darf wer will einen Karpfen als Hering ausgeben. Ich mag keinen Fisch.

Ich bin fasziniert vom Denken Heideggers. Es gibt von ihm Bücher, die lese ich seit 25 Jahren. Und es gibt von ihm Bücher, die verwühle ich seit einem Vierteljahrhundert periodisch wiederholend im Keller, wo sie verschimmeln sollen, was sie aber nicht tun, weil ich sie eins ums andere Mal reumütig wieder daraus hervorhole. Dann merke ich sogleich, daß sie mir unverändert so ärgerlich sind, wie sie mir früher erschienen waren: Kennen Sie den Grafen Kuki? – »Dem Grafen Kuki gehört mein bleibendes Andenken.« Es ist nicht zum Aushalten.

Sein und Zeit ist eines der zehn oder zwölf großen Werke der Philosophiegeschichte. Das Denken erreicht dort eine Weite des Entwurfs, eine Deutlichkeit der Präsenz, wie ich es sonst nur bei Parmenides und Platon, schließlich bei Nietzsche erfahren habe. Aristoteles, Plotin, Thomas, Kant, Hegel scheinen mir dagegen eher zu diskutieren – was nicht schlechter ist, aber etwas anderes.

Einzelne Aufsätze, etwa »Die Zeit des Weltbildes«, haben mir zu einer Bewußtseinsschärfe verholfen, ohne die ich mir mein Leben heute nicht mehr vorstellen könnte.

Wenn ich es seither immer vermieden habe, mein Interesse für Philosophie, Geschichte, Literatur irgendwie zum Inhalt meines Lebens zu machen, wenn ich statt dessen immer darauf geachtet habe, auf dem Platz zu spielen, auf dem es um Politik geht, so ist dies ein Ergebnis empfänglicher Lektüre Heideggers. Ich kannte seine Bücher schon gut, lange bevor ich mit Verstand sagen konnte, was kritisches Lesen ist. Darum ziehe ich es auch heute vor, einzuräumen, daß ich mir nicht sicher bin, ob ich Heidegger kritisch lesen kann.

Gleichviel, ich habe mich oft apologetisch geäußert, wenn irgend jemand Heidegger einen Nazi nannte. Jetzt höre ich damit auf. Es ist egal, ob Heidegger ein Nazi genannt wird. Das bedeutet nichts. Ich gebe zu, daß ich mich geärgert habe, wenn in abfälliger Weise über Heidegger geredet wurde, über seine Nazi-Vergangenheit. Aber ich habe längst angefangen, mich mehr darüber zu ärgern, daß ich durch solches Reden dahin gebracht werden kann, in Eifer zu erglühen und in einen hitzigen Streit über Fakten einzutreten, die da herangezogen werden, zuverlässig überliefert, historisch interpretiert oder nicht.

Diesen Ärger zumindest kann ich mir vom Halse schaffen. Es ist egal, ob Heidegger Nazi genannt wird.

Halt! – höre ich in der Entlegenheit meines Wirtshaustisches (»Goldbeker«, Hamburg/Winterhude) die alten Freunde und Streithammel ungezählter Biernächte rufen: Jetzt weißt du nicht mehr ein noch aus, wo dieser Farias, beschissen zwar, aber dokumentarisch lästig genug, alles in ein neues Licht gerückt hat. Jetzt wirst du ironisch und weise und versuchst dich an einer Mischung aus Überdruß und Überwölbung. Sag wenigstens noch was zu Farias.

Und wenn es nur für Wolfram Schütte wäre: Dann noch einmal das leidige Thema bei Gelegenheit von Victor Farias, dessen Buch bald bei Fischer auf deutsch erscheint, mit einem Vorwort von Jürgen Habermas.

Ich sage: Mit Farias ist das Thema endgültig erledigt. Es ist endgültig Folklore geworden. Da wird eine ganze Menge behauptet, zumeist im Vortrag kühner Assoziationen, einiges wird auch belegt. Der einzige Beleg, den die

Farias-Jubler bisher zitiert haben – auch in ellenlangen Rezensionen der einzige Beleg –, ist, daß Heidegger bis 1945 seinen Mitgliedsbeitrag als NS-Parteimitglied bezahlt hat. Also das war's.

Man will Heidegger als Nazi? Warum nicht. Man kann den Ersten Weltkrieg aus einer Analyse der Schriften Max Webers oder aus der Lektüre des Schweijk heraus verstehen wollen. Ich kann das letztere so falsch nicht finden. Warum also den Farias verachten, auch wenn er, um Heidegger zu überführen, das KZ Sachsenhausen auf die falsche Mainseite verlegt.

Keine Verachtung, wenn's auch schwerfällt. Aber auch keine tiefsinnige, bissige oder sonstige Kritik. Ich lese den Farias wie Schweijk. Die Franzosen kennen offenbar den Schweijk nicht. Es ist die Welt im »Kelch«, in der nach Kriegen das Leben weitergeht. So kann ich fast dahin kommen, den Farias zu mögen.

Aber das will niemand von mir wissen! Sag zu Farias: War Heidegger ein Nazi oder nicht? Oder gib einfach zu, daß er's war und nimm das gefälligst wichtig.

Ich will mich nicht nach einem Musil umschauen, der das angemessene Gegenbild zu Haseks Panorama entwirft, sondern sage jetzt zum letzten Mal, warum Heidegger ein Nazi war und warum Heidegger kein Nazi war.

Ich fürchte allerdings, die Nazi-Vorwürfe werden allmählich selbst zur Folklore, einschließlich dann der Nazis selbst.

Heidegger wurde ein Nazi, weil er im ungeeigneten Moment glaubte, es müsse sich mit seinem Denken auch politisch etwas anfangen lassen. Weil er zu Recht eine hohe Meinung vom Rang seines Denkens hatte, orientierte er das Ziel seines Engagements an den höchsten Wirkungsmöglichkeiten in der Politik (»den Führer führen«). Weil er es versäumt hatte, bei Tucholsky zu lernen, daß das Volk nicht tümlich ist, gerieten seine Basiskontakte, besonders in der Zeit seines Rektorats 33/34, zu einer Kette von Peinlichkeiten.

Der staatsanwaltliche Blick hat indes kein Talent für die Wahrnehmung von Peinlichkeiten – ihm ist alles ein Tun.

So können die Rechtschaffenen von Schneeberger (*Nachlese zu Heidegger*) bis Farias Texte zitieren, Handlungen nachweisen, Zusammenhänge ausfindig machen, und siehe da, es stimmt: Heidegger war ein Nazi.

Jetzt wittert nicht nur Wolfram Schütte Hohn. Also genauer. Heidegger war ein ehrgeiziger Hund. Das Kind kleiner Leute aus Meßkirch wollte Karriere machen. Er machte sie zunächst als Exzentriker. Aber wenn man aus Meßkirch kommt, möchte man nicht Exzentriker bleiben. Um ein Groß-Professor zu werden, intrigierte er wie ein Teufel. Und als es besser ging, nach 1933, um so lieber.

Heidegger wollte, als er es zu können schien, Hochschulpolitik im großen Stil machen. Er hat dabei Instrumente der Denunziation gebraucht, wie es in Deutschland von Hermann dem Cherusker bis Habermas dem Frankfurter üblich ist. Daß er dabei einigen schadete, ist das eine, daß er dabei für sich nichts erreichte, das andere. Heideggers Gefallen an Denunziation gehört ursprünglich nicht der Nazi-Diktatur, sondern der Tradition der deutschen Universität an. Daß er nicht merkte – oder nicht merken wollte –, wie sich in den Jahren nach 1933 beides überlappte, muß der schon von Jaspers (*Notizen zu Heidegger*) diagnostizierten Unfähigkeit zugerechnet werden, das eigene Handeln unter einen ethischen Anspruch zu stellen, empfindlich für das Unanständige im eigenen Verhalten zu sein. Das ist übel, hat jedoch nichts mit dem Nazi-Unwesen zu tun. Gleichwohl: Es gehört zum ermöglichenden Bestand der deutschen Nazi-Vergangenheit.

Du weichst aus, sagen Freunde, die mir etwas bedeuten. Du suhlst dich in allgemeinen – und fragwürdigen – Bezichtigungen. Was ist mit dem von Farias und anderen behaupteten Nazitum im Denken Heideggers?

Er wäre der Nazi überhaupt geworden, wenn die Nazis es gewollt hätten. Dummerweise wollten die Nazis nicht. Dummerweise war Heidegger in seiner Eitelkeit (das Kleine-Leute-Kind aus Meßkirch, das nicht gelernt hatte, großzügig zu sein und sich bei Gelegenheit klein zu machen) nicht bereit, aus der Mißachtung der Nazis ihm gegenüber etwas zu machen. Er war deshalb auch noch nach 1945 beleidigt.

Schließlich war Heidegger *für* die Heimat *gegen* Fremdes; für Gewachsenes gegen Modernes; für Deutsches (und Griechisches) gegen Westliches (mit Ausnahme des Französischen). Er liebte die Sprache der Expressionisten gerade in den Formulierungen (»Führertum«), die später von den Nazis bis zum Exzeß pervertiert wurden. Er vertraute – bei anderen – der Inbrunst mehr als dem Intellekt. Er war so deutsch wie eine Lederhose und wollte der berühmteste Philosoph seines Jahrhunderts werden. Das hat er geschafft.

Nun – zum letzten Mal –, warum Heidegger kein Nazi war.

Heidegger hat keinen einzigen namhaften Schüler gehabt, der Nazi geworden wäre (winzige Ausnahme: Oskar Becker). Die Namen des europäischen Denkens, die direkt oder indirekt Heideggers Einflußsphäre zugerechnet werden können, bezeugen mit Leidenschaft das Gegenteil von Nazitum. Intensive Schüler waren: Hannah Arendt, Günter Anders, Herbert Marcuse. Stark von ihm geprägt waren Sartre und Hans Jonas. Diese Reihe ließe sich erweitern. Zehn Zeilen der Dissertation von Jacob Taubes – 1945 in Zürich – zeigen das eindrucksvoll. Sogar die Opportunisten unter seinen Schülern – hier nur Gadamer zu nennen – wurden keine Nazis. Sie paßten sich in den 30er Jahren ebenso an wie später in den 70ern. Mit dem Alter kommt die Würde.

Farias will noch Lukács übertrumpfen. Lukács hatte Heidegger vorgeworfen, sein Denken mache die studentische Jugend hilflos gegen die faschistische Verführung. Darauf bezogen meinte Farias, Heidegger habe das faschistische Denken seit Ende der 20er Jahre (Schüler damals: Arendt, Anders, Marcuse) in die Köpfe der jungen Universitätsblüte eingepflanzt. Das ist Unsinn. Lachhaft ist, daß etwa Jaspers, der Freund, erst die brutalen Tatsachen des Jahres 1933 gebraucht hätte, um zu entdecken, daß sein Weggenosse bei den Faschisten marschierte. Junge Leute im Umkreis des Heidegger von damals: Max Müller, Joachim Ritter, Edith Stein – sie wurden nicht einmal Mitläufer. Beim Reden über Geschichte macht man oft den Fehler, zu viel aus einer einzigen Ursache erklären zu wollen. Beim Urteilen über Heidegger macht man den Fehler, zu viele Motive als Motor einer und derselben Entwicklung zu sehen, die von Anfang an allein auf ein Ziel hinsteuerte. Auch das ist unhistorisch.

Heideggers Anti-Modernismus hängt zusammen mit dem Anti-Modernismus, für den so unterschiedliche Denker wie Jacob Burckhardt und Graf York von Wartemburg stehen, dessen Antisemitismus ein anderer ist als der von Wilhelm Busch, wieder ein anderer als der von dem (von Karl Kraus bewunderten) Wiener Bürgermeister der Jahrhundertwende, Lueger, den Heidegger als Student in einem Zeitungsartikel nennt, weshalb er für Farias ein Antisemit ist. André Glucksman pointierte es schon vor Jahren als ironisches Faktum, daß man in der deutschen Philosophie auf Heidegger warten mußte, bis man mal einen großen Denker hatte, der kein Antisemit war.

Heideggers Heimat- und Naturverrücktheit gehört, wie Farias richtig sieht, in den langwirkenden Kontext jener Spätromantik, die zu seiner Zeit in der bündischen Jugend wirksam war und heute in der Basis der Grünen. Heideggers Demokratiefeindlichkeit folgt jener unheilvollen wilhelminischen, aber in ihren Ursprüngen älteren Mesalliance zwischen klassischer Bildung und antiwestlichem Ressentiment, wie sie von den Nazis ausgebeutet wurde. Bedeutende jüdische Altertumsforscher in Deutschland haben 1933 – ohne Illusion hinsichtlich der Konsequenzen für sich – diesen Zug der Nazi-Bewegung emphatisch begrüßt.

Bisher konnten wir hier und da einen Blick auf das werfen, was Farias dazu sagt. Das muß genügen. Man kann nicht in die Diskussionen Schweijks mit seinem Leutnant eingreifen. Man kann nicht kritisch eingreifen, wenn Farias den Judenhasser Abraham a Sancta Clara als Thema Heideggers ins Spiel bringt. Man übersieht ja gar nicht, für welche Torheit des Zeitgeistes man – nicht so unschuldig wie Schweijk – den Handlanger abgibt, wenn man mit Farias etwa die Frage, ob der 1934 zurückgetretene Rektor Heidegger ein Opfer der Röhm-Putsch-Affäre war, diskussionswürdig macht.

Dieser Gefahr sind sich bisherige Rezensenten offenbar durchaus bewußt gewesen. Umfangreiche Besprechungen etwa in der *Zeit* oder in *Konkret* sprechen über alles mögliche, geben aber nur wenig aus dem Buch weiter. Schnöde könnte man fragen, ob sie das Buch überhaupt gelesen haben; zutreffender indes dürfte die Vermutung sein, daß sie sich um so lieber von der um es herum entstandenen Stimmung anstecken ließen, als es wie bei Schunkelliedern auf den Text nicht ankommt. Wo die Folklore kräftig Urständ feiert, fallen ja auch in den guten Mittelstädten Honoratioren in Strophen ein, die sie zu Hause nicht zu kennen vorgeben.

Zum Beispiel diese: Farias hat mit der Schwierigkeit zu tun, daß es beim Rektor Heidegger, dem SA-Wüstling und Röhm-Knecht, keine Bücherverbrennung gegeben hat. Schön wär's, wenn sowieso niemand wüßte, was das war. Nun weiß es aber dank unermüdlicher Aufklärungsarbeit jeder, und Farias muß sehen, wie er damit fertig wird.

Er wird damit fertig. Er berichtet einfach von einer Bücherverbrennung in Berlin und informiert seine Leser, daß dieselbe Studentenschaft, die in Berlin dazu gejubelt hatte, zuvor der Tatsache zugejubelt hatte, daß Heidegger in Freiburg Rektor wurde. Trallalla.

Trotzdem bekommt an dieser Stelle Heidegger unrecht – wirklich unrecht. In Heideggers Denken ist kein Platz für individuelle Schuld. Die Theorie der Geworfenheit in eine Zeit, auf die der einzelne mit Entschlossenheit reagiert, für die er offen zu sein hat, eine solche Theorie kennt letztlich keinen Schuldbegriff. Warum sollte sie einen Unschuldsbegriff kennen? Sartre muß eine heidegger-fremde Historik entwerfen, um für seine Theorie des Engagements Grund zu gewinnen.

Was pathetisch aus den Verirrungen des 19. Jahrhunderts in Pflichten zusammengefaßt wurde, die es ermöglichten, Schuld abzuweisen, bekommt zum Ende des 20. Jahrhunderts wieder ein anderes Schuldbewußtsein, zusammengefaßt in einer Moral, die es ermöglicht, Unschuld abzuweisen. Die Tragödie Europas im Ersten Weltkrieg spiegelte Hasek in einer Farce. Diese Farce hat sich in Farias (aber nicht nur in ihm) verselbständigt, sie spiegelt mit schweijk-schen Mitteln das Pandämonium des Nazi-Terrors im bür-gerlichen Trauerspiel des deutschen Professors Heidegger, der hernach zum Seher und Waldschrat wurde.

RUDOLF AUGSTEIN

»Aber bitte nicht philosophieren!«

> »Wie können Sie denken, daß
> ein so unkultivierter Mann
> wie Hitler Deutschland regie-
> ren kann?«
> »Auf die Kultur kommt es
> nicht an. Betrachten Sie seine
> wundervollen Hände!«
>
> Gespräch zwischen
> Karl Jaspers und Martin
> Heidegger im Juni 1933

»Dieses Buch ist eine Bombe«, schrieb Le Monde und
meinte damit eine Untersuchung aus der Feder des Heideg-
ger-Schülers Victor Farias, 47, über die Beziehungen zwischen dem Philosophen Martin Heidegger und den Nationalsozialisten. »Heil Heidegger!« lautete die Überschrift in
»Libération« mit viereinhalb Zentimeter hohen Lettern.

Farias ist Chilene und Privatdozent an der Freien Universität Berlin. Sein Buch wurde spanisch und deutsch geschrieben, es mußte ins Französische übersetzt werden: Heidegger
et le nazisme. Demnächst erscheint es (bei S. Fischer in Frankfurt) auch in Deutschland, wo Heideggers Werke nie so sehr
geschätzt wurden wie gerade in Frankreich.

Heidegger, wohl der berühmteste deutsche Philosoph
dieses Jahrhunderts, hat französisches Denken beeinflußt
wie kein anderer, ein Mystagoge des Wortes, ein Begriffe-
Klöppeler ersten Ranges. Manchen Franzosen gilt er noch
heute als »größter Denker aller Zeiten«, als »der am meisten französische aller deutschen Philosophen«, kurz, als
»philosophische Kultfigur«, so das Fernseh-Magazin »Titel,
Thesen, Temperamente«.

»Was wäre denn Sartre ohne Heidegger?« fragte der Exi-
stentialist und Historiker Michel Mourre. Aber auch
Lacan, Foucault, Derrida – sie alle glaubten entscheidende
Anregungen von Heidegger empfangen zu haben. Nun

müßten sie sich fragen, ob sie einem gigantischen Mißverständnis, einer Fehleinschätzung sondergleichen oder gar falschen Übersetzungen zum Opfer gefallen sind. Man schmückt sich mit Heidegger, aber sein Hauptwerk *Sein und Zeit* ist in Frankreich erstmals 1984 in einem Raubdruck erschienen.

Jener französische Universitäts-Offizier Jacques Lacant, heute Emeritus der Universität Paris-Nanterre, brauchte angesichts der Nazi-Vergangenheit Heideggers über ein Jahr, bis er ihn (»mein schwierigster Fall«) 1947 in den vorgezogenen Ruhestand versetzte und ihm Lehrverbot erteilte. Das hinderte viele französische Intellektuelle nicht, später mit Heidegger als einem Freund zu verkehren und geistig von ihm zu profitieren, obwohl der Philosoph sein »kalkuliertes Schweigen« (George Steiner) über die Gaskammern niemals brach. Anerkannte Widerstandskämpfer taten desgleichen.

In seinem denkwürdigen Gespräch mit dem *Spiegel* 1966 (geführt von Georg Wolff und mir), im Jahr darauf autorisiert, veröffentlicht in der Woche nach seinem Tode 1976, sagt Heidegger explizit über die Franzosen: »Wenn sie zu denken anfangen, sprechen sie deutsch; sie versichern, sie kämen mit ihrer Sprache nicht durch.«

Diesem Coup sind die Franzosen, anders als die des Deutschen mächtigen Deutschen, aufgesessen. Heidegger zum *Spiegel*: »So wenig, wie man Gedichte übersetzen kann, kann man ein Denken übersetzen.« Die deutsche Sprache, die Sprache Hölderlins, Nietzsches und, zu ergänzen, Heideggers, hat »eine besondere innere Verwandtschaft mit der Sprache der Griechen und deren Denken« – das ist weder Hegel noch Schopenhauer, aber bester Hegel und bester Schopenhauer.

Heidegger verweist auf die – bestreitbare – »folgenreiche Verwandlung, die das griechische Denken durch die Übersetzung ins Römisch-Lateinische erfahren hat«. Das zureichende Nachdenken der Grundworte des griechischen Denkens werde so unmöglich. Was hier wem »zu-reicht« – eben das ist umstritten. Und wenn unmöglich, woher hat *er* sein Wissen?

Auf die Frage, wie er sich seine so starke Wirkung in den romanischen Ländern erkläre, antwortete der Philosoph 1966:

»Weil sie sehen, daß sie mit ihrer ganzen großen Rationalität nicht mehr durchkommen in der heutigen Welt, wenn es sich darum handelt, diese in der Herkunft ihres Wesens zu verstehen.«

Auch der Student Victor Farias, der ihn 1967 besuchte, wurde ob dieser Problematik stutzig. Von Heidegger aufgefordert, *Sein und Zeit* ins Spanische zu übersetzen, antwortete Farias diplomatisch: Wenn er Platon lesen wolle, lerne er Griechisch; wolle er Heidegger lesen, lerne er Deutsch. Heidegger lobte ihn ob der »Tiefe« dieser Antwort. Die romanischen Sprachen hätten nicht die Kraft, in das Wesen der Dinge einzudringen.

Er habe sich wie auf einem Vulkan gefühlt, sagt Farias heute. Dieses Zwei-Klassen-System sei ihm zuwider gewesen. Er beschloß, Heideggers politische Vergangenheit zu untersuchen. Viel Peinliches, viel Unbekanntes, aber nichts entscheidend Neues ist zutage gekommen.

Wie immer, wenn es um die Entlastung eines ehemaligen Nationalsozialisten geht, darf der bekannte Faschismus-Theoretiker Ernst Nolte nicht fehlen. Er schreibt (in einem im nächsten Monat bei Suhrkamp erscheinenden Sammelband *Heidegger und die praktische Philosophie*):

»Ich glaube, daß Heideggers Engagement von 1933 und die Einsicht von 1934 in seinen Irrtum philosophischer waren als die Richtigkeit der unverändert distanzierten und überaus achtenswerten Haltung Nicolai Hartmanns.«

Wieder ein echter Nolte. Mit diesem Historiker hat Farias leichtes Spiel. Er weist nach, daß Heideggers Wesensverwandtschaften zum Nationalsozialismus vor 1933 beginnen und nach 1934 nicht enden:

Antisemit ist er als junger Mann, der den wütigen Judenbeschimpfer und Kanzelverbrecher Abraham a Sancta Clara (1664 bis 1709) preist, und ist es im Alter, wo er ihm

190

seinen geistigen Standort im schwäbischen Meßkirch zuweist, seinem eigenen und dem des Abraham benachbarten Geburtsort.

Ein Nazi-Rassist war er wohl nicht. Aber wer einen »sich selbst wissenden Rassegedanken« für metaphysisch notwendig hält, macht sich verdächtig.

Seine politischen Aktivitäten, die in dem Aufsatz »Über den Führer als Existenzprinzip« gipfeln, hat er auch noch nach seinem trotzigen Rücktritt vom Rektorat – er amtierte nur zehn Monate – bis in den Krieg hinein fortgesetzt. Er war noch 1941 bereit, in Spanien, Italien und Portugal Vorträge zu halten. 1936 in Rom von Karl Löwith freundschaftlich befragt, bestätigte Heidegger, es bestehe dem Wesen nach eine Verwandtschaft zwischen seinem Denken und seinem Einsatz für die Hitler-Bewegung. Der Jude Karl Löwith war in Marburg von Heidegger habilitiert worden, der Habilitierer trug auch in Tusculum und Frascati sein Parteiabzeichen, 1936.

Heidegger zu Löwith: Sein, Heideggers, Begriff von »Geschichtlichkeit« sei die Grundlage für seinen politischen »Einsatz«. Löwith: »Er ließ auch keinen Zweifel über seinen Glauben an Hitler.« Der habe nur zwei Dinge unterschätzt, »die Lebenskraft der christlichen Kirchen und die Hindernisse für den Anschluß von Österreich« (Stammtisch-Unfug, Hitler hat beides richtig eingeschätzt). Jetzt, so Heidegger, müsse man den vorgezeichneten Weg »durchhalten«.

Die vom »Führer« 1934 verkündete Evolution ging ihm nicht weit genug. Er wollte sie stufenweise in eine ganzheitliche Revolution einmünden lassen. Farias, ohne Belege, ordnet ihn den SA-Leuten um Ernst Röhm zu. Daß Heidegger den Führer führen wollte, vermutete neben anderen Karl Jaspers. Naiv war der Mann auch noch.

Soweit eine vielfach belegte trübe Sache, aber noch keine Sensation. Hingegen:

Man wußte bislang nicht allgemein, daß der Freiburger Professor Heidegger seinen Schüler und jüngeren Freund Eduard Baumgarten, der in Göttingen Professor werden wollte (er wurde es mit Verzögerung), in seiner Beurteilung nahezu denunziert hat: Liberal-Demokrat; hat sich »dem Juden Fränkel« angeschlossen (einem aus Göttingen vertriebenen Professor); kein SA-Freund; amerikanisiert (er philosophierte pragmatisch à la Dewey und Popper); kein politischer Instinkt; kein Urteil.

Der Göttinger Rektor Vogel versah diese Beurteilung mit der Bemerkung »unbrauchbar, voller Haß« und legte sie ab. Der Vorgang, um im Vokabular von *Le Monde* zu bleiben, ist »niederschmetternd«. Ähnliche Denunziationen sind nachweisbar. Allerdings wollte er auch keinen Mann befördert wissen, der wissenschaftlich eine Null und nur ein guter Nazi war.

Vom Mord an den Juden hat er sich, obwohl nach dem Krieg von Karl Jaspers, Rudolf Bultmann, Herbert Marcuse und anderen bedrängt, nie distanziert. Warum sollte er? *Er* hatte Auschwitz nicht veranlaßt. Farias hingegen ruft in Erinnerung, daß er nicht nur geschwiegen, sondern die Endlösung auf eine Stufe gestellt hat mit der Behandlung der Ostdeutschen seitens der Alliierten, vermutlich im Sinne seines Schülers Ernst Nolte. Diese Erkenntnis, erstmals 1985 vom Marcuse-Archiv im *Pflasterstrand* dokumentiert, ist »niederschmetternd«, fürwahr.

Also wäre das Urteil des Meister- und Schnelldenkers André Glucksmann über Heidegger berechtigt? Bis 1946 ein bedeutender nationalsozialistischer Philosoph, seit 1946 überhaupt kein Philosoph? Solch ein Verdikt, wie oft bei diesen Schnelläufern auf zu dünnem Eis, wäre unsinnig, wäre grund-los. Man konnte in Hitlers System kein bedeutender NS-Philosoph sein, das ist ein Widerspruch in sich. Und wer vor Auschwitz Philosoph war, der ist auch nach Auschwitz einer. Wer so viele bedeutende Geister befruchtet hat, nicht nur Franzosen – er traf sich regelmäßig mit dem Physiker und Philosophen Carl Friedrich von Weizsäcker in Todtnauberg –, der kann mit dem Gütesiegel »Nazi« nicht abgetan werden.

Auch ich, ein bescheidener Marschierer, habe an seinen beiden Nietzsche-Bänden bewundert, wie sorgfältig er näht. Jaspers, ihm längst nicht mehr wohlgesonnen, sagte dennoch nach dem Krieg:

»Im Strom seiner Sprachlichkeit vermag er gelegentlich den Nerv des Philosophierens auf eine verborgene und großartige Weise zu treffen. Hier ist er unter den zeitgenössischen Philosophen in Deutschland, soweit ich sehe, vielleicht der einzige.«

Apropos »Nazi«: Außer Hitler selbst gab es ja keinen authentischen Nationalsozialisten. Auch Heidegger hatte in diesem System seine, keineswegs gefahrvollen, Schwierigkeiten. Er hatte Freunde und Feinde, sein schlimmster war der Nicht-Philosoph Alfred Rosenberg.

Da konnte es schon passieren, daß Rosenberg einen Text ablehnte, ausgerechnet Goebbels ihn aber genehmigte, weil der Duce seinen Berliner Botschafter Alfieri hatte intervenieren lassen. Kompromiß: Der Text durfte gedruckt, aber nicht rezensiert werden.

Warum klagt Heidegger dann? In seinem Gespräch mit dem *Spiegel* 1966, einem ausdrücklichen Beitrag Heideggers zur »Aufklärung meines Falles«, schönt er, färbt er und vergißt er, er verdrängt. Aber vieles stellt er doch klar.

Rektor in Freiburg ist er Ende April 1933 beinahe durch Zufall und durch den Zwang der Umstände geworden, am 1. Mai 1933 Parteigenosse. Die Darstellung spricht für sich, oder besser, gegen ihn. Sein sozialdemokratischer Vorgänger hatte nur vierzehn Tage amtiert. Rektor wurde er aber auch, »weil die Verwurzelung der Wissenschaften in ihrem Wesensgrund abgestorben war«. Also wieder den Führer führen?

Nein, er hat sich, wie sein abgesetzter Vorgänger, geweigert, das sogenannte Judenplakat aufzuhängen, erfolgreich. Ja, er war 1933 von der »Größe und Herrlichkeit dieses Aufbruchs« überzeugt. Ja, der »Wissensdienst« steht in seiner Rektoratsrede erst an dritter Stelle, hinter dem »Arbeitsdienst« und dem »Wehrdienst«. Hat das etwas zu bedeuten? Nein, denn dem Sinne nach ist der »Wissensdienst« an die erste Stelle gesetzt.

»Nicht Lehrsätze und Ideen seien die Regeln eures Seins. Der Führer selbst und allein *ist* die heutige und künftige deutsche Wirklichkeit und ihr Gesetz.«

Hat er das im Herbst 1933 gesagt? – Ja, aber das stand nur in der Freiburger Studentenzeitung. 1934 hat er dergleichen nicht mehr gesagt. Heute, 1966, würde er das auch nicht mehr schreiben. Chapeau!

Bücherverbrennung? Nein, war geplant, hat er verboten. Und die Bücher jüdischer Autoren? Er verfügte nur über die Bibliothek als Direktor seines Seminars. Dort wurden keine Bücher jüdischer Autoren entfernt, jüdische Autoren wurden zitiert.

Sein Verhältnis zu seinen ihm ergebenen jüdischen Studenten? Nach 1933 unverändert. Eine Widmung und mehrere Besuche einer Doktorandin kann er vorweisen. Andere erinnern sich anders.

Sein Vorgänger Edmund Husserl sah einen immer stärker zum Ausdruck kommenden Antisemitismus – »auch gegenüber seiner Gruppe begeisterter jüdischer Schüler und in der Fakultät«. Der Jude Husserl, gewiß, er ist »Partei«.

Sein Verhältnis zu Jaspers getrübt? Vielleicht wegen dessen jüdischer Frau? Jaspers hat ihm seine Veröffentlichungen zwischen 1934 und 1938 alle mit herzlichen Grüßen zugeschickt. Nur, Jaspers bekam von 1937 an keine Antwort mehr von Heidegger.

Sein Verhältnis zu Edmund Husserl, dessen Schüler er war und der ihn der Fakultät zum Nachfolger empfohlen hatte?

Nun, er hat ihm 1926 sein Buch *Sein und Zeit* in Verehrung und Freundschaft zugeeignet. Es gab aber, so Heidegger im *Spiegel*, sachliche Differenzen. Warum hat man diese Widmung 1941 bei Veröffentlichung der 5. Auflage fortgelassen? Der Verleger sah den Druck gefährdet. Aber Heidegger bestand auf Veröffentlichung jener Anmerkung auf Seite 38 (». . . so dankt das der Verfasser in erster Linie E. Husserl . . .«), mit der die Widmung begründet worden war. Nicht er, sagt er, Husserl hat die Beziehung abgebrochen. Das ist nicht zu klären. Aber beim Krankenlager und Tod von Husserl 1938 hat er sich nicht blicken lassen, nicht kondoliert? Hat er nicht »menschliches Versagen«. Er hat Frau Husserl in einem Brief um Entschuldigung gebeten. Bei Heidegger ein enormes, fast einmaliges Zugeständnis.

Warum er schon nach zehn Monaten als Rektor zurückgetreten sei? Er konnte sich gegen die Widerstände innerhalb der Kollegenschaft und innerhalb der Partei nicht durchsetzen. Er wollte Dekane ohne Rücksicht auf ihre Stellung zur Partei ernannt wissen, unter ihnen seinen abgesetzten Vorgänger im Rektorat, den Mediziner von Möllendorf. Man hat von ihm verlangt, die Dekane der Juristischen und Medizinischen Fakultät durch andere Kollegen zu ersetzen. Das lehnte er ab und trat zurück. An der Rektoratsübergabe hat er nicht teilgenommen. Enttäuscht?

Anschließend Beschränkung auf seine Lehraufgabe (was mit Sicherheit nicht stimmt). Er wurde ständig überwacht (was wohl so auch nicht stimmt). Die Partei hatte ein Auge auf ihn, mußte sie auch. Manche seiner Schriften durften nicht besprochen werden (aber eine Sonderzuteilung Papier bekam sein Verlag für ihn noch 1944). An Philosophen-Kongressen nahm er nicht teil (weil er sich vom Ministerium in Berlin schlecht behandelt fühlte). Die »Rektoratsrede« wurde nach 1934 alsbald aus dem Handel gezogen (aber 1937 neu aufgelegt).

Im Sommer 1944 gehörte er nicht zu den fünfhundert bedeutendsten Wissenschaftlern und Künstlern, die von jeder Art Kriegsdienst freigestellt blieben. Er wurde zu Schanzarbeiten »drüben am Rhein« beordert. Es habe drei Gruppen gegeben, die Ganz-Entbehrlichen, die Halb-Entbehrlichen, die Unentbehrlichen. An erster Stelle der Ganz-Entbehrlichen: Martin Heidegger.

Wie kam er von den Schanzarbeiten wieder weg? Man weiß es nicht, er spricht nur von »Beendigung der Schanzarbeiten«. Im Wintersemester 1944 auf 1945 doziert er wieder, setzt in gewissem Sinne die Nietzsche-Vorlesung fort, die er als *seine* Auseinandersetzung mit dem Nationalsozialismus begreift. Nach der zweiten Vorlesung Ende November wird er zum Volkssturm eingezogen, der älteste Mann unter den einberufenen Dozenten.

Volkssturmmann blieb er nicht lange. Professor Eugen Fischer, Anthropologe und Direktor am Kaiser-Wilhelm-Institut in Berlin, schrieb dem ihm bekannten Reichsstudentenführer Gustav Adolf Scheel: »Wir haben wahrhaft nicht viele große Philosophen, und nationalsozialistisch eingestellte noch weniger.«

Jedenfalls kann sich Heidegger nach dem schweren Bombenangriff auf Freiburg (am 27. November 1944) mit der Bergung seiner Manuskripte befassen.

Eine Vorlesung von 1935 hat er 1953 veröffentlicht. Vom *Spiegel* gefragt, ob er einen erklärenden, in Klammern stehenden Halbsatz auch 1935 so vorgelesen habe, antwortet er: »Das stand in meinem Manuskript drin und entsprach genau meiner damaligen Auffassung.« Vorgetragen hat er die Stelle nicht, das verstanden seine Hörer ohnehin richtig und die Lauscher ohnehin falsch. Es ging da um die »innere Wahrheit und Größe dieser Bewegung«, der nationalsozialistischen.

Die erklärende Klammer liest sich so: (»nämlich mit der Begegnung der planetarisch bestimmten Technik und des neuzeitlichen Menschen«). Dies wurde ein Thema, das er zwischen 1953 und 1966 ausweitet, einengt und immer wieder erklärt. Er ist hier seiner Zeit voraus, nur er weiß nicht, welches politische System der allumfassenden Technik zugeordnet werden kann, wenn überhaupt eines. Er ist nicht überzeugt, daß das die Demokratie ist.

Dann wirft er einen vorauseilenden Blick in die Zukunft und sagt den prophetischen Satz, die Technik in ihrem Wesen sei nicht etwas, was der Mensch in der Hand hat. Die Technik in ihrem Wesen sei etwas, was der Mensch von sich aus nicht bewältigt. Seine Adepten in Frankreich waren konsterniert, als man ihnen diese *Spiegel*-Ausgabe ins Haus trug.

Man sollte meinen, spätestens 1976, als dieses einzige Interview Heideggers über seine nationalsozialistische Vergangenheit gedruckt worden war, hätten die einschlägig bewanderten Franzosen über ihn genug gewußt oder wissen können. Der enorme Wirbel, den die Fleißarbeit von Farias unter den französischen Intellektuellen derzeit anrichtet, ist wohl nur so zu erklären, daß Heideggers Nazi-Verflechtungen leicht dingfest zu machen sind, nicht hingegen seine Sprache, seine Begriffswelt, seine Attitüden und seine philosophischen Intentionen. Nur ungern gesteht man sich ein, daß man vor lauter Wald die einzelnen Bäume nicht gesehen hat.

So hat man in Frankreich die wahrhaft brillante und grundlegende Studie des Soziologen Pierre Bourdieu schlichtweg nicht zur Kenntnis genommen, Titel *Die politische Ontologie Martin Heideggers,* erschienen 1975, ein halbes Jahr vor Heideggers Tod, ein halbes Jahr auch vor der Veröffentlichung des biographischen *Spiegel*-Gesprächs.

Spätestens aufgrund dieser Studie und des Gesprächs hätten die französischen Heidegger-Kultivateure merken können, daß sie einem deutschtümelnden Priesterpropheten aufgesessen waren, der mit Hilfe ebenso mühseliger wie risikoloser verbaler Spielereien seinen legitimen Schwindel betreibt, nicht um Verstehen bemüht, sondern um Glauben; einem Übersetzungsvergewaltiger gerade der von ihm monopolisierten griechischen Philosophen; einem Dichter und Denker, der auch Hölderlin, gleichsam als germanischen Widerpart zu dem korrumpierenden französischen Großstädter Baudelaire, ungebeten in seinen Dienst genommen hat, kurz, einem Wort-Schamanen.

Was Farias nicht leistet, hat Bourdieu 1975 vorweggenommen. Man könne nicht, sagt er, Heidegger ausschließlich in den politischen Raum versetzen (wo er, laut *Le Monde,* als der böse Mr. Hyde agiert), und man könne ihm ebensowenig einen »eigentlich« philosophischen Raum reservieren (wo er als der gute Dr. Jekyll paradieren darf).

Als Hitler zur Macht kam und Heidegger in sein Rektorat, bewies die berühmt-berüchtigte Antrittsrede nicht nur seine Zugehörigkeit zum Nazi-Regime, nein, sie ließ sich ohne Umstand in der damaligen Geschichte des Heideggerschen Denkens unterbringen.

Der Zuhörer wisse zum Schluß nicht mehr, meinte Karl Löwith 1946, ob er ein Buch über die Vorsokratiker aufschlagen oder sich den Reihen der SA anschließen solle. Das stimmt. Aber der gemeine Verstand empört sich doch über den Mischmasch aus kruden Nazi-Parolen und elitärem Geschwätz.

Bourdieu hat beschrieben, wie Heideggers Ausgrenzungs- und Definierungsmanie, von Dementi zu Dementi, von Verneinung zu Wieder-Verneinung, von der Distanzierung (gegenüber Husserl, Jaspers, Sartre) bis zur Überwindung aller Bestimmungen und Benennungen den Martin Heidegger von der *positiven* politischen zur *negativen* politischen *Theologie* führt. Ja, Theologie, nicht Philosophie, und zur Hitlerzeit noch positiv.

Konsequent langt der Philosoph bei einer Überwindung an, »die sich noch gegen sich selbst kehrt«, bei einer »Überwindung der Metaphysik«, jener Metaphysik, die doch ehedem als »Lehre vom Sein des Seienden« absolut gesetzt worden war. So stellt seine Philosophie am Schluß und im ganzen nur noch das System von alldem dar, was sie ausgrenzt. Bravo, Pierre Bourdieu, Sie haben den Katheder-Führer dingfest gemacht.

War Heidegger nun ein »Nazi«, wie Farias behauptet? Auch Bourdieu will die Frage so nicht gestellt wissen. Er habe eine philosophisch akzeptierbare Variante des »revolutionären Konservatismus« verkörpert, dessen andere Möglichkeit eben der Nazismus war, keinem Philosophieren zugänglich. Ich denke, mit diesem Ergebnis kann man leben. Und das Farias-Buch bietet viel Einblick in den NS-Wissenschaftsbetrieb.

Spiegelbildlich findet sich das Resümee Bourdieus auch in dem politisch angelegten *Spiegel*-Gespräch aus dem Jahre 1966 wieder. »Aber bitte nicht philosophieren!« hatte Heidegger befohlen. Philosophieren wäre auch unmöglich gewesen. Es gibt höchstens hundert Leute, die mit Heideggers skurrilem Sprach- und Denksystem umgehen können und wollen.

Das Gespräch ist wichtig durch das, was es nicht enthält. Heidegger war gezwungen«, sich verständlich, für einen gemeinen Verstand verständlich, zu artikulieren. »Nur noch ein Gott kann uns retten«, ist seine Auskunft, nicht die Philosophie, nicht menschliches Sinnen und Trachten.

Was kann der einzelne tun? Sich vorbereiten auf die Bereitschaft des Sichoffenhaltens für die Ankunft *oder* das Ausbleiben eines Gottes. Dazu gehört auch: »Daß wir im Angesicht des abwesenden Gottes untergehen.« Welch priesterliche Prophezeiung! Und welches Schamanentum!

Heidegger wäre nicht Heidegger, wenn er es bei diesem schönen Schluß beließe. Denn auch die Erfahrung des Ausbleibens des unbekannten Gottes ist nicht nichts, sondern eine Befreiung des Menschen von dem, was der Mann aus Meßkirch in *Sein und Zeit* die Verfallenheit an das Seiende genannt hat. Wir sind wieder ganz am Anfang. Welch ein Glasperlenspiel!

Heidegger, dies sein versöhnlicher Schlußsatz im *Spiegel*: »Für uns Heutige ist das Große des zu Denkenden zu groß. Wir können uns vielleicht daran abmühen, an schmalen und wenig weitreichenden Stegen eines Überganges zu bauen.«

Da bleibt denn doch die Frage: Womit, wozu, wohin?

Michael Haller

Der Philosophen-Streit zwischen Nazi-Rechtfertigung und postmoderner Öko-Philosophie

Szenen im Januar 1988: An der Philosophischen Fakultät der Universität Amsterdam wird ein Heidegger-Seminar abgesagt, aus Angst, den Antisemitismus zu schüren. Im Philosophie-Kolleg an der Sorbonne in Paris skandieren Studenten »Hei-deg-gärr« und verlangen Aufklärung über diesen »heimlichen Nazi«. In Rom wird eine Vorlesung über Metaphysik umfunktioniert in ein Heidegger-Kolloquium, Thema: »Heideggers Seinsphilosophie und der Faschismus«.

Hier wie dort lautet die quälende Frage, ob Martin Heidegger, dieser genialisch querköpfige, manchmal unverständlich unergründliche, stets selbstgerechte und provinzielle, gleichwohl folgenreichste Philosoph unseres Jahrhunderts, ob dieser Heidegger im tiefsten Innern nationalsozialistisch war. Quälend ist sie, weil wir es hier nicht mit einem schrecklichen Juristen, nicht mit einem jener heuchlerischen Politiker oder mit diesen schlüpfrigen Endsieg-Journalisten zu tun haben, sondern mit einem Philosophen, dessen Hauptwerke über »Sein und Zeit« und vom »Wesen der Wahrheit« handeln.

Mit einem deutschen Denker. Doch was eigentlich dachte er, was wollte, wie handelte er? Hielt er die Juden wirklich für minderwertig und die Deutschen für auserkoren? Wollte er sich 1933 tatsächlich zu Deutschlands geistigem Führer aufschwingen, flunkerte, schaukelte und denunzierte er – um sich nach dem Krieg als argloser Geisteswissenschaftler erneut in Szene zu setzen? War Heidegger ein abgefeimter Opportunist, verlogen gar?

Seit Sokrates, jenem weisen Rhetoriker im antiken Athen, wird erwartet, daß ein Philosoph stets wahrhaftig sei. Sein Denken, Wollen und Handeln haben stimmig zu sein – oder er gilt nicht als ernsthafter Philosoph. Heidegger, so sagen darum seine Verehrer, könne ein Nazi schon deshalb nicht gewesen sein, weil er ein Philosoph war. Würde man dieses philosophische »Jahrtausendereignis« wegen seiner Auftritte als Nazi ächten, dann wäre dies so, »als wolle sich einer den Kopf abschneiden, bloß weil ihm eine Laus über die Haare läuft«, urteilte vor zwei Wochen ein Kolumnist in der *Welt*. Die Kopflosigkeit solcher Argumentation ist beklemmend: Soll auch noch Heidegger heiliggesprochen werden?

Altbekannt ist die Tatsache, daß der Mann aus Meßkirch ab Mai 1933 bis zum bitteren Ende 1945 als zahlendes Parteimitglied dem Nationalsozialismus verbunden geblieben ist. Aber hat er auch wie ein Nazi gedacht, als Nazi gehandelt, die Sache der Nazis philosophierend gerechtfertigt? Das Nachkriegsdeutschland stellte, wie wir wissen, schon nach kurzer Zeit keine tiefschürfenden Fragen mehr an seine jüngste Vergangenheit, sondern suchte das Arrangement. Auch mit Heidegger, dem die 1945 von den französischen Alliierten entzogene Lehrerlaubnis 1951 zurückgegeben wurde. Heideggers Wiederaufnahme in den hochgeachteten Kreis der deutschen Denker gelang auch deshalb so rasch und widerstandslos, weil die Rehabilitierung vom Ausland kam.

Ausgerechnet französische Besatzungsoffiziere entdeckten Heidegger als Vor-Denker einer nachmodernen Zukunft und unterschlugen seine NS-Verstrickungen. Sie transferierten Bruchstücke seiner Philosophie nach Frankreich, wo außer Jean-Paul Sartre der Philosoph Jean Beaufret und der Dichter René Char – beide Mitglieder der *Résistance* – zu Heidegger-Verehrern wurden. Die erste große Diskussion um Heidegger eröffnete Sartre 1945 in seinen *Les Temps Modernes*. Und Heideggers Briefwechsel mit Beaufret über den Humanismus beschäftigte Frankreichs antifaschistische Intellektuelle, obwohl es gar keine Werkübersetzungen gab: Der Freiburger Professor wurde gleichsam in den Adelsstand des geistigen Widerstands aufgenommen; Fragen nach seiner wahren NS-Vergangenheit galten als töricht. Auch in den USA, Japan und in Italien wurde Heidegger früher als in Deutschland (wieder-)entdeckt, von Epigonen beschrieben und gefeiert. Zu Beginn der 60er Jahre endlich wollten auch die Deutschen ihren großen alten Mann aus dem Schwarzwald ganz ohne schlechtes Gewissen wieder annehmen und wertschätzen: Die Fürsorge der Alliierten hatte ihn zweifelsfrei entnazifiziert.

Die seither in den philosophischen Handbüchern und Monographien nachzulesende Lebensgeschichte Heideggers bietet für die dunkle Zeit von 1933 bis 1945 entweder peinliches Verschweigen (so Walter Biemel in seiner Rowohlt-Monographie) oder (wie Karl A. Moehling, François Fédier oder Heinrich Wiegand Petzet) eine Alibi-Version folgenden Zuschnitts:

Unmittelbar nach der Machtübernahme der NSDAP wurde Heidegger zum Schutz des deutschen Geistes Rektor der Universität Freiburg; zwar ließ er sich dann für die Interessen der Nazis einspannen; doch schon zehn Monate nach seiner Wahl durchschaute er die NS-Machenschaften und trat vom Posten des Rektors zurück; bald distanzierte er sich in den Vorlesungen von der NS-Ideologie; später ging er sozusagen in die innere Emigration; gegen Ende des Krieges wurde er von den Nazis als unzuverlässige, aber einflußreiche Person überwacht; Ende 1944 sogar in den Landsturm zum Bau von Schützengräben geschickt; Parteimitglied blieb er nur pro forma aus Gründen des Selbstschutzes. Fazit: Als Individuum war Heidegger eher ängstlich, also kein Held; macht aber nichts, denn als Philosoph hat sein übergreifendes Denken epochale Bedeutung und ist von der nur zwölf Jahre dauernden Episode des Nationalsozialismus gänzlich unberührt.

Eben diese Formel sei verlogen, behauptet nun plötzlich der in Berlin dozierende Sprachwissenschaftler und Nebenbei-Philosoph Victor Farias, ein den Schergen des Pinochet-Regimes entronnener Chilene: Heidegger sei nicht nur NSDAP-Mitglied, sondern auch Vor-Denker des Nationalsozialismus gewesen. Der Philosoph, schreibt Farias in seinem 336 Seiten starken Enthüllungsbuch *Heidegger et le nazisme*, habe bis an sein Lebensende 1976 im Grunde faschistisch gedacht.

In Frankreich brachte Farias' Darstellung den Philosophenhimmel jäh zum Einsturz. »Heil Heidegger!« raffte die linksalternative Zeitung *Libération* die neue Sicht zur fetten Schlagzeile.

Inzwischen hat die Diskussion über Heideggers Nazizeit und »die Tragik seines Denkens« (*El Pais*) die philosophischen Fakultäten in Spanien und Holland, in Italien und in der Schweiz erreicht. Überall macht sich Ratlosigkeit breit: Soll man jetzt die Philosophie Heideggers ächten, wie linke Wissenschaftler in Spanien verlangen – oder den Denker aufspalten in den bösen Nazi »Mr. Hyde« und den guten Philosophen »Dr. Jekyll«, wie *Le Monde* vorschlägt? »Mit Heidegger wird die Apokalypse denkbar«, orakelt der einstige Heidegger-Student Maurice Blanchot im neuesten *Nouvel Observateur*.

Unter den westdeutschen Intellektuellen und Publizisten begann die Debatte typisch deutsch, nämlich mit viel Verspätung und einer Belehrung der angeblich ignoranten Franzosen: Vieles von dem, was Farias aufzeigt, sei in Westdeutschland schon seit langem bekannt und darum nichts Neues. Das stimmt. Nur: Warum blieb dieses Wissen bis zum Spätherbst des Jahres 1987 folgenlos, und warum führt es jetzt plötzlich im Nachklapp der internationalen Debatte zur Fahnenflucht so vieler Heidegger-Verehrer? Plötzlich soll der große alte Mann aus dem Schwarzwald, den besucht zu haben sich etwa Rudolf Augstein stets rühmte, nur ein Schaumschläger gewesen sein, der mit »verbalen Spielereien seinen legitimen Schwindel« trieb, wie es jetzt im *Spiegel* heißt. Motto: Rette sich, wer kann.

Manche Heideggerianer stapeln jetzt tief, wie etwa Jürgen Busche, der Don Quichotte unter den Verehrern, tief unten im *Pflasterstrand*. Seine Formel: »Man will Heidegger als Nazi? Warum nicht.« Andere verharren in der Position des Vogel Strauß: Wenn Farias' Darlegungen nichts Neues bieten, dann sei doch auch die alte Formel vom »inneren Emigranten Heidegger« gültig und seine Philosophie bleibe unbeschadet. Dies ist im übrigen auch die Argumentationslinie des Postmodernisten Jacques Derrida im *Nouvel Observateur* und von Giani Vattimo in *La Stampa*.

Umgekehrt sehen sich die zu Heidegger schon immer skeptisch eingestellten Theoretiker bestätigt und sind erst recht überzeugt, daß jetzt Heideggers Denken im Zusammenhang mit seinem politischen Handeln neu gedeutet werden müsse. Es bilden sich Gruppen und Lager. »Farias' Buch ist philosophisch ignorant, dokumentarisch lücken- und fehlerhaft«, ja es diffamiere Heideggers aufrichtige Philosophie, empört sich zum Beispiel der Gelehrte Hartmut Tietjen vom Vorstand der Heidegger-Gesellschaft. Im Gegenteil, Farias habe völlig recht, wenn er Heideggers »rassistisches Konzept« aufdecke, denn seine Philosophie huldige einem »›wahren‹ Faschismus«, kontert etwa der Freiburger Philosophieprofessor Rainer Marten. Alles sei »Lüge und Verleumdung«, klagt wiederum Heidegger junior in einem Leserbrief an die *Badische Zeitung*.

Vordergründig geht es den deutschen Gelehrten um die Frage, ob Farias mit dem Beweismaterial etwas Neues beigebracht und ob er mit seinen Faschismus-Thesen recht hat. Hinter dieser Rechthaberei steht jedoch die wesentlich bedeutendere Frage, wie wir mit einer Jahrhundert-Philosophie umzugehen haben, die zweifelsfrei das nachmoderne Denken und so das Bewußtsein des 21. Jahrhunderts vorbereitet – und die den Faschismus deutscher Prägung legitimiert haben soll.

Mit dem neuen Jahr hat Westdeutschland seinen Philosophen-Streit. Doch im Unterschied zum sogenannten Historikerstreit von vor zwei Jahren steht jetzt nicht der Versuch der verharmlosenden Relativierung des Holocaust zur Diskussion. Es geht heute vielmehr um die fundamentale Erwägung, ob der Nationalsozialismus philosophisch begründbar war, ob er »seinem Wesen nach« geistig zu rechtfertigen – und damit als reale Möglichkeit auch heute (wieder) gegenwärtig ist. Daß diese Frage endlich aufgedeckt und zu diskutieren ist, haben wir Farias und seinem Bestseller zu verdanken.

Der deutsche Philosophen-Streit ist freilich vom Mythos des Ersten Philosophen, des erwähnten Sokrates, überschattet, der seit 2500 Jahren jedem Philosophen die Rolle des überlebensgroßen Tugendhelden abverlangt. »Ich glaube, daß ein Philosoph sich solchen Irrtum nicht leisten kann, ohne seine eigene und eigentliche Philosophie zu desavouieren«, wetterte Herbert Marcuse vor dreißig Jahren gegen Heidegger. Manches spricht indessen dafür, daß auch deutsche Philosophen ganz normale und mitunter fehlbare Menschen sind, die nur gelegentlich so handeln, wie sie denken, und nur gelegentlich so denken, wie sie handeln. Vielleicht auch Heidegger, der ein sokratischer Tugendheld unbedingt sein wollte und darum Irrungen und Wirrungen niemals zugeben konnte, aus Angst, vom Philosophenpodest verstoßen zu werden, von dem aus er in die »Lichtung des Seins« zu blicken wähnte.

Es kann also sein, daß die Hirngespinste dieses kleinwüchsigen, von Größenphantasien geplagten und vom Führerprinzip besessenen Universitätsprofessors zu Freiburg doch nicht deckungsgleich waren mit den ahnungsvollen Perspektiven seiner fundamentalen Seinsphilosophie und ihrem Aufruf zur Kehre. Es lohnt sich jedenfalls, zuerst das Biographische und dann das Philosophische näher zu beleuchten.

»Durch das Drängen vieler Kollegen der Universität, insbesondere des abgesetzten Rektors von Möllendorff... (habe ich mich schließlich) entschlossen, das Amt zu übernehmen«,

erinnerte sich Heidegger wenige Monate nach Kriegsende in seinem »Rechenschaftsbericht« über sein Rektoratsjahr 1933.

»Auf diese Weise hoffte ich, dem Vordringen ungeeigneter Personen und der drohenden Vormacht des Parteiapparats und der Parteidoktrin begegnen zu können.«

Insgesamt stellte Heidegger rückblickend sein NS-Engagement als Opfergang zum Schutze des »Wesens der Wissenschaft« dar.

Diese Darstellung blieb weithin unwidersprochen und wurde zum akademischen *common sense*: Heidegger, ein Mann des geistigen Widerstands.

Nur wenige Zeitgenossen waren damals über soviel Verdrängungs- und Entstellungsarbeit empört. Einer von ihnen war der mit Karl Jaspers in Basel bekannte Schweizer Guido Schneeberger. Mit akribischem Fleiß sammelte er während mehrerer Jahre Dokumente von und über Heidegger aus der Nazizeit. Obwohl ihm viele Archive verschlossen blieben, hatte er 1961 ein Kompendium mit 217 Texten beisammen. Die Dokumente enthüllten zum Beispiel eindeutige Pro-Nazi-Ansprachen des Rektors Heidegger, etwa daß die Hochschule »einen scharfen Kampf« zu führen habe »im nationalsozialistischen Geist, der nicht erstikken darf durch humanisierende, christliche Vorstellungen«.

Zu den erschreckendsten Dokumenten gehörte auch der Wortlaut einer Rede Heideggers vom 1. November 1933 in Freiburg:

»Die nationalsozialistische Revolution bringt die völlige Umwälzung unseres deutschen Daseins«,

verkündete er damals,

»verwahrt das Wissen als den notwendigen Urbesitz des führerischen Menschen in den völkischen Berufen des Staates... Unaufhörlich wachse Euch der Mut zum Opfer für die Rettung des Wesens und für die Erhöhung der innersten Kraft unseres Volkes in seinem Staat. Der Führer selbst und allein *ist* die heutige und künftige deutsche Wirklichkeit und ihr Gesetz. Lernet immer tiefer zu wissen: Von nun an fordert jedwedes Ding Entscheidung und alles Tun Verantwortung. Heil Hitler.«

Acht Tage später, so belegte Schneeberger, telegraphierte Seine Magnifizenz Heidegger eine »Treuebekundung« an den Führer nach Berlin,

»dem Retter unseres Volkes aus seiner Not, Spaltung und Verlorenheit zur Einheit, Entschlossenheit und Ehre, dem Lehrmeister und Vorkämpfer eines neuen Geistes«.

Und die gleiche Hymne nochmals am 11. November 1933 auf einer Kundgebung in Leipzig:

»Die nationalsozialistische Revolution bringt die völlige Umwälzung unseres deutschen Daseins... Unser Wille zur völkischen Selbstverantwortung will, daß jedes Volk die Größe und Wahrheit seiner Bestimmung finde und bewahre.«

Schneebergers zwar einseitig ausgewählte, doch präzise edierte Dokumentation lieferte Mosaiksteine zum Bild eines offenkundig tief überzeugten Nationalisten, der an den großen Aufbruch des deutschen Volkes unter seinem Führer nicht nur glaubte, sondern auch für ihn kämpfte; der im »Völkischen« eine revolutionäre Kraft zur Erneuerung des »deutschen Geistes« erblickte; der sich gegen das dekadente System der Weimarer Republik erhob und gegen alle Demokratie die diktatorische Einheit von Volk und Staat verlangte. Und noch etwas wurde in Umrissen sichtbar: Heidegger mißtraute dem Parteiapparat, der Technik- und Fortschrittsgläubigkeit der NSDAP-Kader; offenbar hoffte er auf die urwüchsige Kraft der NS-Bewegung von unten, die für die Gleichschaltung von Volk, Bildung und Staat als deutsche Wesensbestimmung urwüchsig sorgen werde.

1961, im christdemokratischen Wirtschaftswunderland mit seinen Globkes und Lübkes, fand sich kein deutscher Verleger, der Schneebergers Dokumentation publizieren wollte. So entschloß Schneeberger sich, das Buch im Selbstverlag zu vertreiben: Zum Preis von zehn Mark mußte es direkt beim Editor zu Bern in der Hochfeldstraße bezogen werden.

Viele deutsche Universitätsbibliotheken beschafften sich zwar das Buch, doch merkwürdigerweise gelangte es nicht in die Regale. In Freiburg, München und Marburg, erinnern sich einstige Studenten, ließen Assistenten und Professoren das Kompendium verschwinden: Die Nazi-Verstrickungen des inzwischen weit über 70jährigen waren tabu; der Meister galt, wie es der stets kommodierende Heidegger-Schüler Hans-Georg Gadamer formulierte, als »ein Sehender: Ein Denkender, der sieht«. Schneebergers erstaunliche Dokumentation geriet rasch wieder in Vergessenheit.

Im Juni 1983, fünfzig Jahre nach dem Machtantritt der Nazis und sieben Jahre nach Heideggers Tod, gab der Sohn Hermann Heidegger den Wortlaut der Rektoratsrede zusammen mit der 1945 geschriebenen Rechtfertigung in Buchform heraus. Im Vorwort schrieb der Sohn, sein Vater sei »wie viele spätere Widerstandskämpfer« zunächst von der »nationalen Aufbruchstimmung erfaßt« worden, sei aber stets »in deutlicher Distanz zur Parteileitung« gestanden; man könne ihn »weder als kritiklosen Mitläufer noch als tätiges Parteimitglied« einstufen, ein Nazi war er erst recht nicht.

Eigentlich habe er diese Publikation nur rezensieren wollen, erinnert sich der Freiburger Hugo Ott, Professor für Wirtschafts- und Sozialgeschichte. Zur Einarbeitung griff er auf Schneebergers Dokumentation zurück – und entdeckte in der Selbstdarstellung Heideggers Unstimmiges, gar Unrichtigkeiten – die Nachforschungs-Neugier des Historikers war geweckt. Inzwischen hat Hugo Ott systematisch Archive und Quellen, vor allem das ergiebige Tagebuch des früheren Freiburger Rektors Prälat Josef Sauer, ausgewertet und die Ergebnisse in mehreren Fachaufsätzen nach und nach publiziert. Seine Darlegungen gelten – im Unterschied zu den Spekulationen des Nicht-Historikers Victor Farias – als seriöse Beweisführung. Otts Erkenntnisse:

Erstens: Heidegger wurde »nach genauem Plan eines kleinen Kaders nationalsozialistischer Professoren« (Ott) gegen von Möllendorff, einen »überzeugten Demokraten und Republikaner«, als Rektor durchgeboxt. Heidegger übernahm das Amt fünfzehn Tage nach Bekanntgabe der (nur in Baden erlassenen) Verfügung, daß per sofort alle Juden aus dem Hochschuldienst zu beurlauben seien, wie auch vierzehn Tage nach dem Erlaß, daß infolge der Gleichschaltung der Hochschulen die Universitätssenate neu zu bilden seien. Diese Entwicklung war es, die von Möllendorff zum Rücktritt veranlaßte. So wurde Heidegger am 21. April 1933 vom »judenfreien« Rumpf-Senat zum Rektor gewählt.

Zweitens: Nach seiner Wahl betrieb Heidegger die Gleichschaltung der Universität äußerst zielstrebig. Die auf Betreiben von ihm am 21. August 1933 durchgesetzte Verfassungsänderung richtete – wiederum zuerst in Baden – die Universitäten auf das Führerprinzip aus: Es wurden sämtliche Selbstverwaltungsgremien abgeschafft und die Dekane dem Rektor als neuem Universitätsführer unterstellt, der nun seinerseits von oben, dem Kultusminister, ernannt werden sollte. Dies war das Ende der inneruniversitären Demokratie und der Anfang vom Ende ihrer Selbstbestimmung. »Der Wille zum Wesen der deutschen Universität«, verkündete Heidegger am 27. Mai 1933 in seiner Rektoratsrede, »ist der Wille zur Wissenschaft als Wille zum geschichtlichen geistigen Auftrag des deutschen Volkes.« Im Rückblick wird dieser »Wille« als Führerwille kenntlich.

Drittens: Heidegger wollte nicht nur Freiburger Universitätsführer, sondern

»auch der eindeutige und unbestrittene Führer der deutschen Rektoren werden – also der Führer der Führer des geistigen Deutschlands« (Ott).

Aufgrund verschiedener Ansprachen in mehreren Universitätsstädten hatte Heidegger schnell den Ruf eines besonders radikalen Vertreters der Bewegung. Und tatsächlich sah der Führer-Rektor Heidegger ab Ende September 1933 die Chance,

»von Freiburg aus die totale Erneuerung der deutschen Universität nach den Maßstäben seiner Rektoratsrede zu gestalten« (Ott).

Damals wollte ihn das Reichsministerium zum Leiter einer neuen, dem »Wesen des deutschen Geistes« verpflichteten Reichsakademie küren, was allerdings den erbitterten Widerstand des Ideologen Alfred Rosenberg nach sich zog, der Heidegger als Konkurrenten fürchtete. Der Rektor blieb in Freiburg, im Glauben, von dort aus »den einheitlichen Aufbau der künftigen gesamtdeutschen Hochschulverfassung vorzubereiten«, wie Heidegger am 2. Oktober 1933 notierte. Am 11. November 1933, dem Vorabend des berüchtigten Plebiszits zur Außenpolitik Hitlers, verkündete Heidegger öffentlich:

»Wir haben uns losgesagt von der Vergötzung eines boden- und machtlosen Denkens. Wir sehen das Ende der ihm dienstbaren Philosophie... Die nationalsozialistische Revolution ist nicht bloß die Übernahme einer vorhandenen Macht..., sondern diese Revolution bringt die völlige Umwälzung unseres deutschen Daseins.«

Viertens: Die in Schriften und Reden unternommene Selbstanpreisung Heideggers als Deutschlands geistiger Führer war vergebens. Der Parteispitze in Berlin erschienen die Thesen des Freiburgers als viel zu abgehoben und mehr an der »Bewegung« als an der zentralen Organisation interessiert. Ohne Heidegger zu konsultieren, formierte sie im November 1933 die Universitäten zum straff organisierten »Reichsverband der Deutschen Hochschulen« und setzte den rauhbeinigen Würzburger Psychiatrieprofessor Herbert Fischer an die Spitze. Der Freiburger Erneuerer »war gescheitert in seinem Anspruch... Er war jäh und jetzt endgültig verwiesen – nur – auf seine Universität« (Ott). Er empfand dies, darf man hinzufügen, als abgrundtiefe Kränkung und war darum ab sofort gegen »Berlin« eingenommen.

Fünftens: Heidegger hielt an seiner Idee einer auf das »Völkische« gerichteten Wissenschaft im Geiste der »nationalsozialistischen Revolution« fest und wollte sie wenigstens für die Freiburger Universität verwirklichen – von Anfang an gegen den Widerstand zahlreicher Professoren. Er hatte zu diesem Zweck den jungen und damals noch sehr nationalsozialistisch gestimmten Strafrechtslehrer Erik Wolf zum Dekan berufen. Ihm schrieb Heidegger am 20. Dezember 1933 zur Ermunterung:

»Seit dem ersten Tag meiner Amtsübernahme (ist das nur schrittweise zu erreichende Ziel) der grundsätzliche Wandel der wissenschaftlichen Erziehung aus den Kräften und Forderungen des nationalsozialistischen Staates... Der einzelne, wo er auch stehe, gilt nichts. Das Schicksal unseres Volkes in seinem Staat gilt alles.«

Doch so deutlich Heidegger seinen Führerwillen proklamierte, so vage blieben seine Reformideen; sie waren nicht Programm, sondern Pose und Parole – und darum wertlos. Mehrere Willkür-Entscheidungen des Dekans Wolf verärgerten nicht nur Kollegen, sondern auch das Badische Kultusministerium. Am 12. April 1934 empfahl es dem Rektor, seinen Dekan Wolf abzusetzen. Jetzt erst durchschaute er seine Abhängigkeit von den Partei- und Regierungsstellen, die ihm je länger um so weniger freie Hand ließen. Dort wurde nicht an seiner Gesinnung gezweifelt, sondern an seiner Führungsfähigkeit. Ohne hierzu gedrängt worden zu sein (wie Heidegger 1945 behauptete), teilte er am 23. April 1934 seinen Rücktritt mit; der Traum von der geistigen Führerschaft war ausgeträumt.

Der Historiker Gerhard Ritter, 1945 Mitglied der für die Beurteilung Heideggers zuständigen »Bereinigungskommission«, berichtete übrigens »aus sehr genauer und beständiger Kenntnis«, Heidegger sei nach dem Röhm-Putsch am 30. Juni 1934 »heimlich« zum erbitterten Gegner der Nationalsozialisten geworden und habe den »Glauben an Hitler« vollständig verloren – nur zum Gegner der Partei und ihres Apparats, möchte man heute präzisierend hinzufügen. Karl Löwith zum Beispiel erzählte, er habe Heidegger 1936 auf einer Tagung in Rom gesehen, wie er am Revers auffällig das Parteiabzeichen trug. Selbst während des Kriegs war Heidegger als NS-Vortragsreisender für die Sache des deutschen Geistes wiederholt im Gespräch.

Auch das Volkssturmaufgebot, dem Heidegger am 23. November 1944 nach Breisach folgte, diente keineswegs dem Zweck, den angeblich unliebsam gewordenen Denker verschwinden zu lassen, wie die Heideggerianer (zum Beispiel Petzet) behaupten. Vielmehr: Am Einrückungstag telegraphierte der mit Heidegger bekannte Mediziner Eugen Fischer, Mitglied des Führungskreises beim Reichsdozentenbundführer, an seinen Bundführer Scheel, daß die Einberufung Heideggers wohl auf einem Mißverständnis beruhen müsse: »Wir haben wahrhaft nicht viele große Philosophen, und nationalsozialistisch eingestellte noch weni-

ger.« Der Bitte um Befreiung wurde zehn Tage später statt-
gegeben.

Hugo Otts präzise Aufarbeitung (eine Buchfassung ist
für Ende dieses Jahres geplant) entlarvt nun Heideggers
Selbstdarstellung von 1945 in wesentlichen Teilen als Lug
und Trug. Zu fragen ist aber auch nach Heideggers Auffassung zu Volk und Rasse. Dies ist wichtig, weil Victor Farias
nachweisen möchte, daß Heidegger seit seiner Jugend ein
überzeugter Antisemit gewesen und es auch stets geblieben
sei (gerade dies hat in Frankreich Bestürzung ausgelöst).

Kein Zweifel: Heideggers völkischer Nationalismus entsprang dem Wunsch nach Verwurzelung, nach Boden und
Heimat. Die Provinz war für ihn das Synonym für Seßhaf-
tigkeit, die Erdgebundenheit der Standort, von dem aus
sich Sprache und Denken entfalten: Die geistige Welt eines
Volkes gründe in der »Bewahrung« seiner erd- und bluthaften Kräfte. Dieser Provinz-Chauvinismus verleitete Heidegger zur Überzeugung, daß nur die Deutschen hinreichend verwurzelt und hinreichend tiefe Denker seien, um
den »Wesensgrund des Daseins« denkend zu erschließen.

Victor Farias hat völlig recht, wenn er in dieser Haltung
eine empörende Form der Diskriminierung alles Fremd-
sprachigen erblickt. Er, und auch Maurice Blanchot, weist
darauf hin, daß diese Diskriminierung vor allem jene Völker trifft, deren Geschichte weniger verwurzelt und weniger erdgebunden verlief – so zum Beispiel diejenige der
Juden. Doch Diskriminierung und Antisemitismus sind
nicht notwendig dasselbe. Den Antisemitismus kennzeichnet die biologisch begründete Ideologie, zu ihm gehört die
kategorische Diffamierung eines Volkes als rassisch minderwertig. Solch ein »existenzphilosophischer Rassismus«,
den Rainer Marten im Nachgang zu Farias bei Heidegger
entdeckt haben will, läßt sich nicht nachweisen.

Der junge Doktor Heidegger war nach 1916 von seinem
jüdischen Lehrer Edmund Husserl tief beeindruckt. Sein
erstes philosophisches Werk – *Sein und Zeit* – (1927) war
ihm gewidmet. Zu den engsten Studenten des Dozenten
Heidegger in Marburg gehörten die Juden Herbert Marcuse, Hans Jonas, Günter Anders, Hannah Arendt, Karl

Löwith, Werner Brock und viele andere. Sie kannten ihn privat, und mehrere von ihnen besuchten den Lehrer häufig in seinem Refugium, der Hütte in Todtnauberg.

Im Frühjahr 1933, als die SA in den Hochschulen Juden-Schand-Plakate aufhängen wollte, untersagte der Rektor Heidegger dies. Er versuchte die Entlassung seines jüdischen Assistenten Werner Brock, den er nach Freiburg geholt hatte, zu verhindern; als dies nicht gelang, verhalf er ihm nach England. Er setzte sich auch dafür ein, daß den beiden jüdischen Professoren Georg von Hafesy und Eduard Fränkl per Ausnahme die Lehrerlaubnis nicht entzogen werde, mit der Begründung, daß beide großes internationales Ansehen besäßen. Für die vielen anderen jüdischen Professoren und Assistenten unternahm Heidegger allerdings nichts.

Andererseits scheint er in einem Gutachten den Kollegen Eduard Baumgarten im Dezember 1933 verketzert zu haben, dieser sei gegen die SA und »verkehre mit dem nunmehr hier entlassenen Juden Fränkl«. Heidegger wurde auch als Denunziant gegen den Kollegen Hermann Staudinger aktiv, den weltbekannten Chemiker und späteren Nobelpreisträger. Staudinger hatte sich während des Ersten Weltkriegs als Pazifist zu erkennen gegeben. Am 29. September 1933 denunzierte ihn Heidegger wegen »undeutschen Verhaltens« beim Karlsruher Ministerium, das in der Folge die Gestapo einschaltete. Die Untersuchungen liefen unter dem Code »Aktion Sternheim«, in deren Verlauf auch Heidegger offiziell um Stellungnahme ersucht wurde. Weil Staudinger angeblich »sein Vaterland niemals mit der Waffe oder sonstiger Dienstleistung unterstützen werde«, verlangte der Rektor hartes Einschreiten, »zumal sich Staudinger heute als einhundertzehnprozentiger Freund der nationalen Erhebung ausgibt. Es dürfte eher Entlassung als Pensionierung in Frage kommen. Heil Hitler.« Das Kultusministerium verfuhr gnädiger, als es der Rektor wünschte, und zog schließlich den Antrag auf Entlassung zurück.

»Als Historiker kann ich bemerken, daß Heidegger nach 1945 ohne jegliche Chance einer Rehabilitierung geblieben wäre, wenn die Aktion Sternheim bekannt gewesen wäre«,

urteilt Hugo Ott, der 1984 auf den bis dahin unbekannten Fall gestoßen war.

Heidegger war kein Antisemit, sondern als Provinz-Chauvinist dem deutschnationalen Wahn hingegeben. Und, vor allem, er agierte als feiger Opportunist, der ab 1933 die Familie Husserl plötzlich nicht mehr kannte und 1937 bei der Neuauflage von *Sein und Zeit* die Husserl-Widmung verschwinden ließ. »Heidegger ist kein starker Charakter. Vielleicht ist er nicht unbedingt aufrichtig, jedenfalls irgendwie hintersinnig im Sinn der Schwarzwälder Schlitzohren«, schrieb Gerhard Ritter im Januar 1946 an Karl Jaspers, der gerade ein Gutachten über seinen einstigen Freund Heidegger zu Händen der Bereinigungskommission verfaßt hatte. Jaspers' Urteil fiel – bei allem Respekt vor den ungeheuren Denkleistungen des Philosophen – vernichtend aus: »Ihm fehlt das Wahrheitsbewußtsein zugunsten eines beschwörenden Zaubers«, soll heißen: Heidegger ist vordergründig klar, aber fundamental unklar. Ist damit auch schon seine Philosophie erledigt?

Der Schriftsteller Milan Kundera erinnert in einem Aufsatz über den Kafka-Verfilmer Fellini daran, Franz Kafka habe in seinem Roman *Amerika* auf geniale Weise das »Wesen der Technik« getroffen:

»Die Welt im Schloß ist archaisch, und dennoch regiert in ihr die Technik: in dieser Welt wird der Mensch von Kräften beherrscht, denen er nicht mehr gewachsen ist.«

Kafka habe damit genau das vorweggenommen, was später Martin Heidegger philosophisch faßte. Kundera:

»Die Kritik Heideggers erhellt den Sinn einer großen Strömung der modernen Kunst, die von Kafka bis zu Fellini reicht und die, statt die moderne Welt zu verherrlichen, ihr illusionsloses Bild darstellt.«

Diese Illusionslosigkeit nannte man früher: Nihilismus. Sie führte Heidegger 1953 zu folgender Überlegung: Nicht ein Atomkrieg, auch wenn er das denkbar Schlimmste ist, stellt die größte Bedrohung dar; noch bedrohlicher ist die »friedliche« Fortentwicklung der Technik, weil sie das denkende Wesen Mensch um sein Wesen, nämlich die Fähigkeit zu denken, beraubt. Und das Schlimmste daran sei, sagt nun Kundera, daß diese Überlegung Heideggers niemanden mehr schockiere. Ist sie in Erfüllung gegangen? Ist das Nicht-mehr-Denken der Vorbote des Untergangs? Es geht hier nicht um die apokalyptische Perspektive dieses Gedankens, sondern um den Ursprung der Technik als jener »Macht«, die den Menschen abkehrt vom eigentlichen Sinn seines Lebens. 1927 nannte Heidegger diesen Zustand »Seinsvergessenheit«: Die Menschen hätten im Verlauf ihrer abendländischen Kulturgeschichte das »Eigentliche« menschlichen Lebens vergessen; heute seien sie dem »Man« verfallen und lebten zumeist »uneigentlich« und suchten »Zerstreuung« auf der Flucht vor ihrer Todes-Angst.

Das für die etablierte Philosophie so Skandalöse war Heideggers Behauptung der *Zweideutigkeit* als fundamentaler Tatbestand der Existenz: Zum äußeren Leben als Vordergrund, dem Dasein, gäbe es den stets verborgenen Hintergrund des eigentlichen Seins. Nur durch ihn bestimme sich das Wesen der menschlichen Existenz. Skandalös daran war die Errichtung eines Fundamentalismus, der behauptete, zwischen »wahren« und »falschem« Sein unterscheiden zu können – genau das, was die Aufklärung nach jahrhundertelangen Denkanstrengungen für definitiv unmöglich erklärt hatte.

War Immanuel Kant mit seinem Appell an die Kritikfähigkeit der Vernunft erledigt? Heidegger hatte ihn nicht überwunden, sondern einfach übergangen: Der unaufhaltsam gewordene Selbstzerstörungsprozeß des Abendlandes reiße nun auch die Vernunft der Aufklärung mit sich fort; jetzt müsse die Existenz des Menschen ganz neu erfaßt werden – nicht als Erkenntnistheorie, sondern konkret im Alltäglichen, dem gewöhnlichen Leben. Ungewöhnlich elaboriert, raunend und »mystagogisch« (Jaspers) freilich tönt die Sprache, in der Heidegger dies versucht.

Zu denen, die Heideggers Sprache verstanden und in sich aufgenommen haben, gehört Peter Sloterdijk. In Heideggers Denken, schreibt er,

»verbirgt sich eine logische Eulenspiegelei großen Stils – der Versuch, mystisch einfaches Wissen vom einfachen Leben, wie es ist, in die fortgeschrittenste europäische Denktradition zu übersetzen«.

Zu solch einfachem Wissen gehört die Unterscheidbarkeit zwischen dem Echten und Unechten, dem Eigentlichen und Uneigentlichen.

»Mit dürrer Ironie bemerkt Heidegger, daß das Man sich in der Meinung wiegt, es führe das echte, volle Leben, wenn es sich vorbehaltlos in den Welt-Betrieb stürzt«,

deutet Sloterdijk.

»Er hingegen erkennt gerade darin die Verfallenheit.«

Die »Eigentlichkeit« des wahren Lebens, befand Heidegger, erschließe sich in der banalen Grunderfahrung des »Geworfenseins«: Daß der Mensch ursprünglich keineswegs das selbstbewußte (selbstgerechte) Subjekt sei, das sich die Welt zum Objekt mache, vielmehr: daß der Mensch schon immer *in* der Welt ist, daß er zu ihr gehört und in Sorge mit ihr zu existieren habe.

Diese Kulturkritik ist weit radikaler als etwa diejenige des New-Age-Propheten Fritjof Capra, der den zwei Gelehrten Descartes und Newton die ganze Schuld an der Technik-Misere anlasten möchte: Das eigentliche Fundamentalwissen des Seins, so Heidegger, besaßen einst die alten Griechen bis zur Zeit des Sokrates. Heideggers Losung: Zurück zu den Griechen, zum Ursprung des Abendlands, um die Weichen der geistigen Entwicklung neu zu stellen. 1932 und 1933 sprach er von »Verheißung« und vom »Advent«. Es ist kennzeichnend für die Tragik

Heideggers, daß ausgerechnet er die Blut-und-Boden-Bewegung der Nazis für jenen Aufbruch hielt: nicht nur 1933, sondern auch 1935 und, als vertane Chance, im Rückblick des Jahres 1945. Bedenklich, wenn auch nicht verwunderlich, daß er das wahre vom falschen Sein nicht zu trennen vermochte und das Uneigentliche für das Eigentliche hielt.

Doch diese Sicht ist nicht deshalb falsch, weil ihr Meisterdenker die falschen Schlüsse zog. Vielmehr: Jede, ein »wahres Sein« in Anspruch nehmende Fundamentalphilosophie, und sei sie noch so ökologisch ausgerichtet, verzichtet leichtfertig auf die Selbstbeschränkung der Vernunft. Damit fehlt ihr jene Moralität, die zwischen mitmenschlichem und naturbezogenem Verhalten unterscheidet. Ethik wendet sich nicht an die Natur, sondern an das Humanum, an das, was den Menschen zum Menschen macht. »Das Denken handelt, indem es denkt«, ontologisierte demgegenüber Heidegger 1946, »dieses Handeln ist vermutlich das Einfachste und zugleich Höchste, weil es den Bezug des Seins zum Menschen angeht« – und eben nicht die Beziehung der Menschen zueinander. So entstand die Merkwürdigkeit, daß dieser Fundamentalphilosophie wohl die Ethik, nicht aber die politische Praxis fehlte.

Vor zwei Wochen erschien – sozusagen als erste Diskussionsbasis für diesen Philosophen-Streit – der von Annemarie Gethmann-Siefert und Otto Pöggeler herausgegebene Band *Heidegger und die praktische Philosophie*. Der in Bochum lehrende Pöggeler, der viele Jahre bei Heidegger studiert hat, hält der antidemokratischen Position seines Lehrers das Bild einer Gesellschaft entgegen, die zwar darauf verzichte, »Fragen nach dem Tod und der Seligkeit« zu stellen, die aber »statt dessen den Kompromiß über Erreichbares und die Verständigung im Minimalen sucht«.

Es wäre gleichwohl unsinnig, Heideggers Philosophie nun einfach für gescheitert zu erklären. Die Fülle der Antworten, die Heidegger über die Existenz des heutigen Menschen gibt, war für viele Mit-Denker der entscheidende Anstoß zum Weiterfragen: für Hans Jonas' große, das ökologische Bewußtsein prägende Ethik des »Prinzip Verant-

217

wortung«, das unser Handeln eingrenzen soll auf die Überschaubarkeit seiner Folgen; für Günter Anders' Einsichten in die »Antiquiertheit des Menschen«, die an Heideggers Modernitätskritik anknüpfen.

Vom Existentialismus des Schwarzwälders deutlich geprägt ist auch der jüngste Neubegründungs-Versuch des Erlanger Philosophen Manfred Riedel:

»Zu Ende gegangen ist heute, im Zeitalter der Wissenschaft, die erste Philosophie, die nach dem Grund und nach der Begründung von Wissenschaft fragt, jener Denktypus, den wir von Aristoteles bis hin zu Hegel und Husserl kennen. Aber mit Nietzsche und der Wendung zu Heidegger ist ein Durchbruch zu einer anderen Art von Philosophie erfolgt, indem nun die Zeitfragen mit der Seinsfrage und beide mit der Frage nach dem Sinn für das Tunliche zusammengenommen werden. Das ist der Weg zu einer zweiten Philosophie.«

So dreht sich der Philosophen-Streit, je länger, je deutlicher, nicht um Heideggers Nazi-Vergangenheit, sondern um die wichtigere Frage, ob über die Epoche der Moderne sinnvoll – nämlich: sich um die Menschheit sorgend – hinauszudenken sei.

Dafür eigne sich Heideggers Werk besonders gut, sagt der in seiner Heidegger-Kritik sonst schonungslose Rainer Marten, man müsse sich seiner »als eines Steinbruchs bedienen«. Dann werde es auch »überflüssig, sich mit seinen grundlegenden Fehlern herumzuschlagen«.

Die gewichtigsten Brocken aus diesem Steinbruch gelten der Angst des einzelnen vor seinem Tod am Ende eines »uneigentlich« gelebten Lebens: das Grundthema der Existenzphilosophie.

»Ich glaube, daß Heidegger uns mit seiner Lehre ... den Schlüssel zum ontologischen Verständnis des Wahns, der Seinsauffassung des wahnhaften In-der-Welt-seins nämlich, in die Hand gegeben hat«,

bemerkte der Psychiater Ludwig Binswanger bereits 1965. Vieles spricht dafür, daß Heidegger zumeist seine eigene

Befremdung wie auch seine Verführbarkeit durch den Willen zur Macht – und darin die existentielle Not des Menschen im 20. Jahrhundert zur Sprache brachte.

Deshalb ist die Aktualität Heideggers vielleicht weniger in der Philosophie als in der Psychotherapie zu suchen: in der – in Westdeutschland weithin unbekannten – »Daseinsanalyse«, die von den zwei Schweizer Ärzten Ludwig Binswanger und Medard Boss entwickelt wurde. Heidegger hat beide – auch in therapeutischer Absicht – häufig besucht.

Anders als die klassische Psychoanalyse sieht die »Daseinsanalyse« den Patienten »phänomenologisch« im Zusammenhang seines Daseins; sie deutet nicht an ihm herum, sondern sucht den Spielraum seiner Lebensmöglichkeiten gegen die Enge des »uneigentlichen« Lebens zu erweitern. Sie verheißt nicht Heilung, sondern öffnet Perspektiven.

Der Daseinsanalytiker Hanspeter Padrutt verbindet in seinem Buch *Der epochale Winter* diese individuelle Perspektive mit der allgemein zu leistenden »fundamentalen Umkehr«, weg von der Verfügungsgewalt über die Welt, hin zu einer ökologischen Ethik, die Hans Jonas' »Prinzip Verantwortung« folgt: Die Welt unseren Nachgeborenen lebenswert zu hinterlassen, dies habe unsere Sorge schon seit Heideggers *Sein und Zeit* zu sein.

Bruder Heidegger

Nach dem Historiker-Streit ein Philosophen-Streit? Die
Versuchung scheint groß. Die Wochenzeitung *Die Zeit* veröffentlichte dieser Tage einen langen Beitrag zur derzeitigen Heidegger-Debatte unter der Überschrift »Der Philosophen-Streit«. Die Unterzeile des Titels deutet kryptisch
an, worum es bei Michael Hallers Versuch, den Historiker-
Streit mit anderen Mitteln fortzusetzen, nun gehen soll:
»Im Widerspruch zwischen Nazi-Rechtfertigung und postmoderner Öko-Philosophie«.

Wer nicht weiß, was postmoderne Öko-Philosophie ist,
wird hier nicht belehrt. Der Autor möchte – und tut so, als
fürchte er dies – Heidegger als einen »Vor-Denker einer
nach-modernen Zukunft«. Er hat entdeckt, was jetzt an
der Zeit ist:

»Im Unterschied zum sogenannten Historiker-Streit von vor
zwei Jahren steht jetzt nicht der Versuch der verharmlosenden
Relativierung des Holocaust zur Diskussion.«

Wenn es darum ginge, so gäbe in der Tat ein Philosophen-
Streit wenig dafür her.

»Es geht heute vielmehr um die fundamentale Erwägung, ob
der Nationalsozialismus philosophisch begründbar war, ob er
›seinem Wesen nach‹ geistig zu rechtfertigen – und damit als
reale Möglichkeit auch heute (wieder) gegenwärtig ist.«

Ungeheuerlich ist die Philosophie-Gläubigkeit, die sich
hier naiv ausspricht – jener heruntergekommene, ent-
täuschte Idealismus, dessen Rolle für die Heraufkunft des
Nationalsozialismus Fritz Stern in seinem Buch über den
Kulturpessimismus als politische Gefahr schon vor Jahrzehnten untersuchte: Nur das, was geistig »gerechtfertigt«
ist, wird als reale Möglichkeit erst gegenwärtig. Die Nähe

zu dem, was den Nationalsozialismus ermöglichte, ist in solcher »fundamentalen Erwägung« größer als in allem, woran der Autor und andere, als Moralisten vom Dienst, heute herumtasten, um ihm die Hänsel-Probe der richtigen Gesinnung abzunehmen. Die, die heute die Fragen stellen und die Tribunale über Menschen eröffnen, die nicht mehr aussagen können, die Experten für das, was an der Zeit ist, und für die kommenden Dinge, die ihre Interessen als Erkenntnisse drapieren – sie müssen selbst befragt werden. Welche Einsichten, welche Kenntnisse und Erkenntnisse autorisieren sie, über die anderer zu befinden?

»Der Bursche ist eine Katastrophe; das ist kein Grund, ihn als Charakter und Schicksal nicht interessant zu finden.« Das hat Thomas Mann 1939 unter den Selbstkasteiungs-Titel *Bruder Hitler* geschrieben. Es war der als qualvoll erlebte großherzige Versuch, für Hitler Worte zu finden. Gegenwärtig sind wir Zeuge des ganz und gar nicht großherzigen Versuchs, über den Philosophen Heidegger so zu sprechen, wie Thomas Mann über Hitler sprach – in einem Augenblick, als die Welt von ihm bedroht war. Die heutige Motivlage wird in dem *Zeit*-Artikel unübertrefflich als kleinbürgerliche Ranküne enthüllt. Der Philosoph soll herunter von seinem – unserem für ihn gezimmerten – Podest. Und Sokrates, den der Autor einen »weisen Rhetoriker« im antiken Athen nennt (manches, gar eine Chimäre mag er gewesen sein, ein »weiser Rhetoriker« war er jedenfalls nicht), gleich mit ihm. Denn er lehrte, »daß ein Philosoph stets wahrhaftig sei«. Nun kann geschlossen werden: Heidegger war ein Philosoph; Heidegger hat gelogen; also war Sokrates kein Philosoph! Also herab auch mit ihm in die Gewöhnlichkeit, in die Nachbarschaft von Opportunismus, Eitelkeit und Lüge.

Die Versuchung ist groß, Namen in eine Nachbarschaft zu bringen, die verletzend wirken muß für die Freunde des einen wie des anderen. Es ist die Versuchung des vergleichenden Aburteilens, dem die gegenwärtige Zeitstimmung erliegt. Schwer, sich von ihr freizuhalten. Klugheit wäre, sich in solchen Urteilen Askese aufzuerlegen. In der derzeitigen Vergleichsspirale mag die Unsicherheit des alternden

Provisoriums Bundesrepublik zum Ausdruck kommen, eines Staates, der sich als vorläufiger fester verankerte als die neueren Versuche deutscher Staatsgründungen vor ihm. Daß über diesen Staat wider Erwarten viel Gutes zu sagen ist – Schlechtes jedenfalls zu sagen politisch nicht klug –, weckt das Bedürfnis, an seine schmutzige, dunkle Herkunft zu erinnern. Da drängt sich das Vergleichen auf als der Hebel, mit dem das gute Gewissen, die unverdiente Selbstgerechtigkeit, aus den Angeln gehoben werden kann.

»Das Motiv der Verhunzung und der Heruntergekommenheit«, schrieb Thomas Mann 1939, »spielt eine große Rolle im gegenwärtigen europäischen Leben.« Das scheint auch heute zu gelten. Nur verhunzt man heute nicht sich selbst, sondern bedient sich dafür derer, die sich nicht mehr wehren können. Es verbreitet sich ein Klima der Denunziation – einer *historischen* Denunziation. Denn es meldet sich auf der anderen Seite der Wunsch, die Vergangenheit endlich als etwas Gutes an sich zu ziehen, nicht nur den Zipfel der Geschichte zu ergreifen, sondern sie sich als Mantel überzuwerfen, weil einem sonst kalt werden könnte.

Warum aber Heidegger, der nicht zu den Philosophen gehört, die von allen gelesen oder gar verstanden werden? Jürgen Busche, den der *Zeit*-Autor den Don Quichote unter den Heidegger-Verehrern nennt, hat in einem kürzlich im *Pflasterstrand* erschienenen Artikel geschildert, was denjenigen, der Heidegger zu lesen nicht unterlassen kann, mehr drückt als die Nazi-Vergangenheit des Philosophen: die Schriften, die er in regelmäßigen Abständen erbost in den Keller schafft, die er aber dann doch wieder hervorkramt, um es noch einmal mit ihnen zu versuchen. Verglichen mit diesen Nöten des Heidegger-Lesers sind die öffentlichen Debatten über den Philosophen in der Tat »Folklore«. Und wer kein Gefühl für die Qual hat, die es für einen Emmanuel Lévinas bedeutet, den Autor der Philosophie auch als Mit-Autor an dem deutschen Verbrechen sehen zu müssen, der sollte in dieser Sache nicht sprechen.

Wer die Nachkriegsgeschichte des Umgangs mit Heidegger schreiben wollte – bisher hat dies noch niemand versucht –, der wird anders urteilen als Michael Haller. Denn es ist nicht richtig, daß »zu Beginn der sechziger Jahre endlich auch die Deutschen ihren großen alten Mann aus dem Schwarzwald ganz ohne schlechtes Gewissen wieder annehmen und wertschätzen« wollten, nachdem »die Fürsorge (!) der Alliierten« ihn »zweifelsfrei entnazifiziert« hatte. So kann nur denken, wer damals das Feuilleton der *Zeit* las (oder heute aus dem Archiv holt), in dem Paul Hühnerfeld Heidegger rupfte und dafür der Suggestion bedurfte, allüberall dränge man sich zu unbefangener Heidegger-Lektüre. Von solcher Suggestion war Adornos *Jargon der Eigentlichkeit* frei; was er an Heidegger, Jaspers, Bollnow abfertigte, war für ihn ein deutsches Phänomen von zu großen Dimensionen, um es allein an Heidegger oder gar nur an der Rektoratsrede von 1933 und den in diese Zeit gehörenden Schriften zu analysieren. Es ehrt Adorno auch, daß er die eigenen Schriften von dem sprachkritisch prüfenden Blick nicht ausnahm und sogar fündig wurde: »Auch wer den Jargon verabscheut«, schrieb er damals, »ist nicht sicher vor der Ansteckung; desto mehr Grund zur Angst vor ihm.«

So nicht die damals modische Sprachkritik an Heidegger, die sich davor gesichert fühlte und im hackenden Gestus des Pedanten urteilte. Zu den aufregenden Enthüllungen der jüngsten Heidegger-Nachforschungen gehört, daß die Sprachkritik an Heidegger ihre Vorgänger im Nazi-Deutschland hatte. Ernst Krieck, der berüchtigte Erzieher, schrieb 1934, Heidegger könne nicht deutsch schreiben, weil er nicht deutsch denke. Der französische Philosoph Pierre Aubenque hat jetzt in der Zeitschrift *Le Débat* in einem Aufsatz (der wie weniges, was zu diesen Fragen bisher geschrieben wurde, zum Nachdenken zwingt) über die nationalsozialistische Sprachkritik an Heidegger berichtet. Sie fand in den fünfziger und sechziger Jahren, besonders im *Zeit*-Feuilleton, ihre Fortsetzung, eine Distanzierungstechnik, die freilich schon in den späten zwanziger Jahren und im Kreis der Studenten um Heidegger vorgebildet gewesen sein dürfte. Was man heute leicht übersieht, ist aber für das Urteil über die Wirkung Heideggers entscheidend. Seine Sprache wirkte in den zwanziger Jahren, wie

Hans-Georg Gadamer eindrucksvoll berichtet hat, wie die Sprache eines Modernen, eines Ingenieurs eher als eines Hinterwäldlers, als den Heidegger sich erst später umdrapierte. Zu lernen wäre daraus, daß ein Sprachgestus ohne auffallende Umbesetzung im Sprachgebrauch seine Funktion radikal verändern kann.

Wer heute die Philosophie des von seinen Nazi-Sympathien belasteten Heidegger zum Steinbruch für eine zeitgemäße postmoderne Öko-Philosophie umfunktionieren möchte, sollte sich vor sich selbst in acht nehmen. Schäbig jedenfalls ist es, den Menschen Heidegger rücksichtslos herabzusetzen und den Philosophen um so ungescheuter zu beerben. Nach allem, was Heidegger in alten und neuen Enthüllungswerken angelastet wurde, scheint man nun einlenken zu wollen. Michael Haller bescheinigt seiner Kulturkritik, daß sie »weit radikaler« sei als die des New-Age-Propheten Fritjof Capra. Jetzt plötzlich wird Heideggers Verstrickung in den Nationalsozialismus zur »Tragik« stilisiert. Und unversehens sind wir bei dem Schlußsatz, einem zustimmend wiedergegebenen Zitat: Die Welt unseren Nachgeborenen lebenswert zu hinterlassen, dies habe unsere Sorge schon seit Heideggers *Sein und Zeit* zu sein. Lebenswert kann man diese Welt den Nachgeborenen aber nur überlassen, wenn die Nachgeborenen Heideggers und anderer sich einer anderen Technik des Erbens bedienen als jener moralischen Diskriminierung, die den Griff in fremde Taschen als Wohltat erscheinen läßt.

»Wir müssen uns mit dem historischen Lose abfinden, das Genie auf dieser Stufe seiner Offenbarungsmöglichkeit zu erleben.« Wieviel leichter sollte dies fallen, wenn das »Genie« dieser Sätze Thomas Manns nicht Hitler heißt, sondern Heidegger – Bruder Heidegger! Was Thomas Mann einem Würdelosen zugestand, ein Furioso verzweifelt-ironischer Verständnisversuche, wie sollte man dies einem vorenthalten, den viele von denen, die seine Werke gelesen haben, für den größten Philosophen des Jahrhunderts, manche sogar für mehr halten. Herabwürdigung ist leicht, Verständnis schwer, Rechtfertigung nicht an der Zeit.

Heideggers Geist

Die Hütte in Todtnauberg, die talwärts stets etwas vom
Blick des Philosophen selbst hatte, zeigt seit der Lektüre
von Victor Farias' *Heidegger et le nazisme* ein anderes
Gesicht. Das geschnitzte Hakenkreuz, das den Brunnen
vor dem Philosophenfenster bis Kriegsende zierte – davon
hatte ich längst gewußt. Doch damals war ich von dem
blanken Tisch gefesselt, auf dem die Arbeit lag, von der
Blitzabspaltung eines in der Nähe getroffenen Baumes, die
über dem Fenster an der Wand befestigt war mit dem Hera-
klit-Wort von Hand darauf: ta de panta oiakizei Keraunos
(»Das alles jedoch [des Anwesenden] steuert [ins Anwesen]
der Blitz«), bis es eines Tages mit seinem morschgeworde-
nen Untergrund dem Versehen einer »thrakischen Magd«
zum Opfer gefallen war. In jenen Zeiten saß ich mit Heidegger an dem Tisch gleich links im Wohnraum, wenn er
aus Besuchern die neueste Lektüre herausfragte, mit ihnen
seine Fleischportion teilte und ihnen Johann Peter Hebel
vorlas: »Der Ätti seit:...« Jetzt sehe ich nur mehr die Stie-
fel, zu denen sich mir die SA-Schulungskurse da oben verdichtet haben: in der Senkrechte, Waagrechte und Schräge
strecken sie sich in jedes Eck hinein, zur Tür und zu allen
Fenstern hinaus. Von Hitchcocks *Vögeln* mußte ich nie
träumen, von diesen Stiefeln ja. Zugleich weiß ich Heideggers anteilnehmende, fordernde und ermunternde Art nach
Farias' Buch nicht länger als makellos zu erinnern. Die
Gestalt des Philosophen, der dem Besucher lang ins Tal
nachwinkt, dem von weither zum Vortrag angeradelten
Studenten Schokolade zusteckt, dem Verunglückten am
Krankenbett Mut macht – sie hat einen Zug ins Häßliche
bekommen. Nachdem ich ihm bei Farias einmal begegnet
bin, werde ich den »Dr. K.« nicht mehr los, den Heidegger
1937 beim Herausgeber von *Wille und Macht* anschwärzt:
Er habe sich 1933 in Marburg noch als Sozialdemokrat her-

vorgetan, was er von einem SS-Führer wisse. Jener nämlich hatte in der genannten Zeitschrift behauptet, die deutsche Jugend verstehe Hölderlin besser als Professor Heidegger. In der Selbstrechtfertigungsschrift, mit deren Niederschrift Heidegger 1945 beginnt, dient ihm das als Kränkung empfundene Wort der Dr. K. gar auch noch als Beleg dafür, daß er Zielscheibe von Angriffen der Nazis gewesen sei.

Doch das Schmerzliche und Abstoßende (Henning Ritter spricht in der F.A.Z. euphemistisch von »kleinen Schäbigkeiten«), das einem die Recherchen von Farias da zuspielen mögen, ist eher zufällig, hätte auch aus anderen Quellen den Weg ins eigene Bewußtsein finden können. Nein, das wirklich Bedeutsame seines Buches ist das Glück, das es bei seinem Erscheinen gehabt hat: zu einer Stunde den Fall Heidegger ins Gedächtnis zurückzurufen, in der – überraschenderweise – die Ohren wieder dafür offen sind.

An Heideggers Philosophie hatten sich die Geister eigentlich nie geschieden. Er war zu keiner Stunde ein »Fall Wagner«. Schon früh entwickelt sich, insbesondere an den Orten der Lehre, ein bedingungsloses und heißes Dafür, ohne entsprechendes Dagegen. Wer sich nicht mit seinen Ideen von nichtiger, sich ängstender und geworfener Existenz anfreunden konnte und Widerspruch anmeldete, beherrschte nicht die philosophische Diskussion. So beklagte sich Heidegger auch weniger über Gegnerschaft als vielmehr über Ignoranz: Die Vergessenheit gegenüber dem Anliegen von *Sein und Zeit* freilich sei geschickhafte Seinsvergessenheit. Das könnte jetzt post mortem anders werden. Diejenigen, die bislang Heidegger gefolgt sind, ihm nachgeredet, von ihm Gebrauch gemacht, ihn ausgebeutet und auf ihm aufgebaut haben, werden das nicht länger in aller Ruhe tun können. Der wiedererinnerte Fall Heidegger läßt sich nicht mehr durch das Hin und Her redlicher Erhellungen und unredlicher Verdunklungen des »Menschen Heidegger« behandeln, sondern setzt ein Fragezeichen hinter seine Philosophie. Endlich scheiden sich an Heidegger die Geister. Sie scheiden sich, wenn sie es richtig treffen, nicht an seiner Person und Lebensgeschichte, sondern an seinem Geist. Die sprachliche und gedankliche Esoterik des »Seins selbst« wird öffentlich. Die Auseinandersetzung mit ihr verläßt den Ort gelehrter Anmerkungen. Heideggers Philosophie weiß noch nicht so recht, wie ihr da wird, die neue Öffentlichkeit nicht, wie ihr mit ihm.

Richtet sich das öffentliche Interesse an Heidegger, wenn es gut beraten ist, auf den Philosophen, dann hat es nicht ebensogut auf den Alemannen und Deutschen zu zielen, auf den deutschen Kleinbürger und Abendländer, den deutschen Ehemann einer Deutschen und deutschen Vater deutscher Kinder, nicht auf den badischen Beamten und Professor, den rector electus und rector ›resignatus‹, nicht auf den deutschen Katholiken und nicht einmal auf den Nationalsozialisten. Eigenheiten dieser Art haben jetzt allein insofern öffentliche Bedeutung, als in ihnen der *Geist* des Philosophen lebendig ist. Der aber hat bei all seiner durch die Person garantierten Stärke und Geschlossenheit mehr als nur *ein* Gesicht.

Heideggers philosophischer Geist ist, wie er ihn selber deutet, anfänglich der griechische. Der sei der einzigartig große gewesen: groß durch seine Verwurzelung in einer höchst vermögenden Sprache und einem höchst vermögenden Volkstum, groß in der dichterischen und philosophischen Erfüllung seiner geschichtlichen Bestimmung, groß und geradezu überwältigend in seinem geschichtlichen Auftrag an die Deutschen: an ihre Sprache und an ihr Volkstum – beides von deutschen Dichtern und Denkern verwahrt. Ein ganzes Volk wird demnach beerbt – und dies auf rein geistige Weise: Volkstum dem Volkstum, Sprache der Sprache, Wesen dem Wesen. Das ist der abwegige Gedanke der Einheit von Volksgeschichte und Geistesgeschichte in seinem Ursprung, der den Keim des Rassismus in sich trägt, freilich den eines aberwitzig gedachten: Die Reinerhaltung des rassischen Erbgutes des großen griechischen Wesens werde vom deutschen Wesen veranstaltet. Anders als Griechen und Römer, Griechen und Angelsachsen, werden Griechen und Deutsche *einer* geistigen Rasse zugerechnet: Sie träfen sich im völkisch und sprachlich

gegründeten geschichtlichen Wesen. In Heideggers geschicht-
licher Sicht und Stunde ist der griechische Geist einzig und
allein im deutschen Blut und auf der deutschen Erde
daheim.

Um in dieser universell gemeinten und doch faktisch
beschränkten philosophischen Art das Erbe der Griechen
antreten zu können, muß freilich der griechische Geist
gehörig gestutzt, vieles an ihm klein und zum Ungeist werden. Der hinterhältige Geist griechischer Olympioniken
(Pelops), der Machterhaltungsgeist der Athenischen Arché
(Strafexpedition nach Melos), der naturausbeuterische
Geist der Griechen (die thrakischen Erzgruben des Miltia-
des), der Geist griechischer Aufklärung (angefangen mit
Kritias: Gott ist die Erfindung eines klugen Mannes), der
griechische Händlergeist (ohne den manches von der politischen und kulturellen ›Größe‹ des 5. und 4. Jahrhunderts
fehlte), der Geist der Geometrie (das Wort über dem Ein-
gang zur Platonischen Akademie: »Off limits für den, der
sich nicht auf Geometrie versteht«), der psychologisie-
rende Geist eines Euripides (für den sich Goethe interessierte), der Geist der Alten und Neuen Komödie, der Geist
wider das Leben (von Theognis über Bacchylides und
Sophokles bis Alkimenes) – nein, das ist alles der Geist
nicht, den Heidegger als den zu beerbenden im Sinn hat.
Zu dem gehört nur ein gut Teil Sophokles, Parmenides und
Heraklit, Platon und vor allem Aristoteles. Mochte er auch
Homer, Pindar, Sappho, Aischylos und weitere schätzen,
einen Auftrag an die Deutschen hat er ihnen nicht eigens
entnommen. Andernfalls hätte ihn Sappho am Ende geistig
dazu verführt, über menschliches Lieben ein Wort mehr zu
sagen als dies, daß es ein Mögen sei, und Aischylos, dem
Hassen der Fremden eine dem Lieben der Eigenen korre-
spondierende, machtstabilisierende Funktion zuzutrauen:
»Und auch hassen eines Sinns! / Das ist's, was viel Leid den
Menschen heilt.« (»Eumeniden«, Vers 986 f.)

Die Reinheit der Rasse, so lehrt Adolf Hitler in *Mein
Kampf*, erlaubt keinen Fehler, verzeiht keinen: In jedem
einzelnen Fall hat sich die Rasse rein fortzuzeugen. Was
aber sollen wir von Heideggers geistigem Rassismus hal-

ten, wenn er voller Fehler ist? Heideggers ›Übersetzung‹ des griechischen Geistes in Auswahl ist wissenschaftlich höchst problematisch. Gemeint sind nicht die kleinen Abweichungen vom Vorgegebenen: Ungenauigkeiten, Versehen und sinnentstellende Auslassungen. Es geht um Großes und Grobes: um die zentralen Begriffe und Positionen griechischer Seinslehre. Doch das ist ja das Erstaunliche: Heidegger ist gegen jeden philosophisch-wissenschaftlichen Irrtum gefeit. In ihren maßgeblichen Setzungen will seine Philosophie überhaupt nicht wissenschaftlich sein. Wie für seine Hermeneutik gilt: zuerst wird gedacht und danach der Text befragt, so auch für seine Etymologie: zuerst wird gedacht und danach erst im Wörterbuch geblättert. Heideggers Deuten und Übersetzen griechischer Philosophie versteht sich seinsgeschichtlich. Das aber besagt für uns: Die Umsichtigkeit und Behutsamkeit seiner Auslegungen ist voll und ganz die seiner philosophischen Selbstinszenierung. Nur so wird verständlich, wie Heidegger eine seiner wissenschaftlichen Fehlleistungen bei der Reinerhaltung griechischen Geistes durch deutschen Geist in den Lichtkegel eines »Zeichens der Zeit« rücken kann. Ein solches nämlich möchte er in der Tatsache sehen, daß *Was heißt Denken?* die am wenigsten gelesene seiner Publikationen ist. Es handelt sich um die Vorlesung des Wintersemesters 1951/52 und des Sommersemesters 1952, die der Refrain durchzieht: »Das Bedenklichste in unserer bedenklichen Zeit ist, daß wir noch nicht denken.« Die in ihr hauptsächlich behandelten Parmenidesstellen werden schon syntaktisch in einer Weise mißverstanden, daß aller semantische Tiefsinn, wissenschaftlich geurteilt, nur mehr ins Leere laufen kann. Doch was wissenschaftlich gilt, gelte eben nicht seinsgeschichtlich. Die von Heidegger ausgedachte Identität von Denken und Sein bei Parmenides etwa ist eben ein Seinswort, ein Seinsgedanke, genauer: ein Moment Heideggerischer Selbstdarstellung. Zeitgenössische Philosophen wie Jacques Derrida haben die wissenschaftlich unnachahmliche Fähigkeit erlangt, voll auf Heideggers Selbstinszenierung aufzuspringen.

Wie Heidegger den griechischen Geist nimmt, ist es der

deutsche, genauer: sein eigener. Doch das ist gerade nicht im gewöhnlichen Sinne ›persönlich‹ zu verstehen. Sofern er seine Person ›ganz‹ in seine Philosophie einbringt, ist die eigene Position – samt den in sie eingebrachten Vorurteilen – eine philosophische. Selbsterhellend schreibt er im Jahre 1921 an Karl Löwith:

»Ich mache lediglich, was ich muß und was ich für nötig halte, und mache es so, wie ich es kann – ich frisiere meine philosophische Arbeit nicht auf Kulturaufgaben für ein allgemeines Heute. Ich habe auch nicht die Tendenz Kierkegaards. Ich arbeite aus meinem ›ich bin‹ und meiner geistigen, überhaupt faktischen Herkunft. Mit dieser Faktizität wütet das Existieren.«

Das läßt es vielleicht verständlicher erscheinen, warum ihm am Zweiten Weltkrieg und seinen Folgen fast ausschließlich das deutsche »Schicksal« betroffen macht: die *deutschen* Soldaten, die mit Hölderlin im Tornister verständnisvoller in den Opfertod gegangen seien (*Humanismusbrief,* Frankfurt 1949, Seite 26 f.), die *deutschen* Gebiete, die verlorengegangen sind (»das schlesischeLand«, »das Böhmerland«, in: *Gelassenheit*, Pfullingen 1959, Seite 16), die *deutschen* Kriegsgefangenen (1945 verfaßt er *Abendgespräche in einem Kriegsgefangenenlager in Rußland…*, im Juni 1952 fordert er dazu auf, in Freiburg die Ausstellung *Kriegsgefangene reden* zu besuchen, »um diese lautlose Stimme zu hören« – von *Deutschen*, versteht sich), die Kriegsfolgen für *Deutschland*: »Was hat der Zweite Weltkrieg eigentlich entschieden, um von seinen furchtbaren Folgen für unser Vaterland, im besonderen vom Riß durch seine Mitte, zu schweigen?« (*Was heißt Denken?*, Tübingen 1954, Seite 65.) Doch ein solcherweise ›verständlicher‹ Heidegger klärte uns nicht eindeutig über seine Philosophie auf, da er dabei immer auch persönlich verstanden werden könnte. Das Deutsche, das ihn unmißverständlich philosophisch betrifft, ist die »Größe« des deutschen Dichtens und Denkens, die geschichtlich dem folge, was im griechischen Volk und in der griechischen Sprache seinen Anfang genommen habe.

Der griechisch gewesene Geist, den Heidegger – seinem Selbstverständnis nach – als führender Geist selber zu verantworten sucht, ist ab 1933 unbezweifelbar auch der nationalsozialistische. Für Philosophen ist das vor allem anderen als philosophischer Vorgang bemerkenswert. Insofern sollen hier auch nicht historische Fragen nach dem Nazi und Antisemiten Heidegger gestellt werden. Wenn zeitgenössische geistige Öffentlichkeit (vor allem in Frankreich und bei uns) erst mit Lebensdaten von Heidegger konfrontiert werden muß, um entweder Probleme mit seiner Philosophie zu bekommen oder trotzig solche Probleme zurückzuweisen (man habe die politisch-lebensgeschichtlichen Fakten längst gekannt, sehe aber die Größe der Philosophie durch sie nicht gefährdet), dann macht sie philosophisch in keinem Falle eine gute Figur. Es kommt vorrangig auf ein genaues Studium der Heideggerschen Philosophie an und auf die Offenheit, gerade in ihr eine tief verankerte und weitreichende Solidarität mit der Ideologie des Nationalsozialismus zu entdecken. *Diese* Solidarität könnte niemals durch lebensgeschichtliche Daten belegt oder widerlegt werden. Mit Bezug auf die historische Person Heideggers läßt sich überhaupt nicht begründet entscheiden, ob linientreue Bewahrung und bedenkenlose Ausschlachtung seiner Philosophie noch an der Zeit sind, falls sie es denn je waren.

Für Heideggers Philosophie ist es unerheblich, ob er als eingeschriebener Nationalsozialist einen Antisemitismus praktizierte, der damaligem deutschen Standard entsprach oder etwas von ihm abwich – sei es nach oben, sei es nach unten. Wir haben hier nicht Hannah Arendts öffentlichen Handschlag mit Heidegger nach dem Krieg (dessen Zeuge ich war) festzuhalten, um ihn etwa mit Handlungen zu verrechnen, die in eine andere Richtung weisen. Ein Hörer und Verehrer Heideggers, der ihn damals zwanzig Jahre kannte, bat mich, als in seinem Haus im Juni 1950 Heidegger einen Vortrag halten sollte, einen von mir eingeladenen jüdischen Studenten der Universität München wieder auszuladen, da Heidegger keine Juden leiden könne. Jener Verehrer mag Gründe dafür gehabt haben, kann aber auch aus falscher Besorgnis um den Meister gehandelt haben. Meine Erfahrung ist es nicht gewesen. Jüdische Studenten waren zu meiner Zeit geschätzte Seminarteilnehmer und Hausgäste. Daß Heidegger die antisemitischen Machenschaften des *Stürmer* dem Juden Löwith gegenüber für »Pornographie« erklärt, paßt in das Bild. Wenn Heidegger jedoch einen jungen Wissenschaftler bei einem Kollegen schlechtzumachen sucht mit dem Hinweis, der habe sich mit dem »Juden Fraenkel« liiert und sei »amerikanisiert« (bei Farias nachzulesen), wenn er meiner Frau und mir gegenüber Ende der 50er Jahre besorgt an den Fingern aufzählt, welche deutschen philosophischen Lehrstühle bereits wieder von Juden besetzt seien, dann haben wir seinen geistigen Antisemitismus und Rassismus vor uns: seine tiefe Sorge um die Verwurzelung des großen abendländischen Geistes (sc. im Deutschen) und seinen beredten Verdacht gegenüber jedem weltbürgerlichen und »bodenlosen« Geist. Hier liegt Heidegger eindeutig auf der Linie der nationalsozialistischen Ideologie.

Adolf Hitler kennt nur eine Kultur, die »Griechen- und Germanentum gemeinsam umschließt« und die ein Daseinsrecht hat: die im deutschen Volk gegründete Kultur (*Mein Kampf*, 820. Aufl., München 1943, Scite 470). Wie er »Rasse« und »Volk«, »arisch« und »deutsch« abwechselnd gebraucht und als gleichbedeutend versteht, so ist ihm das deutsche Volk die Rasse, die durch ihre »geistige Kraft« dazu bestimmt ist, den Menschen auf Erden zu repräsentieren. Das deutsche Volk – im Blute wie im Geiste – verkörpert für ihn die Menschheit. Die »edelsten Bestandteile unseres Volkstums« gelten ihm selbstverständlich als die »der ganzen Menschheit«. Kraft, Blut, Rasse, Volk scheinen zwar auf den ersten Blick biologische Kriterien bürgerlicher Selbstwertschätzung zu sein, sind aber ihrer ideologischen Wahrheit nach Kategorien des Geistes: In ihnen wird das neue allgemein Menschheitsfähige angesprochen, das vordem – aufklärerisch – in der Vernunft gesehen wurde. Kraft und Rasse als je eigene deutsche sind jetzt das wahrhaft Universelle, aus dem all das, was anderen ›eigen‹ ist, wesenhaft ausgeschlossen bleibt.

Mit diesem ideologischen Selbstverständnis des Nationalsozialismus geht Heidegger konform. In der Vorlesung des Sommersemesters 1933 führt er aus (erstmals bei Farias nachzulesen), daß die nationalsozialistische deutsche Revolution nicht zu vergeistigen sei, weil der Geist bereits mit ihr da sei. Es gelte nur, aus der noch beschränkten Geltung dieses Geistes – in Ablösung der »sogenannten universellen Vernunft« – diesem deutschen Geist zu der ihm geschichtlich bestimmten Universalität zu verhelfen. Sobald die bürgerliche Selbstwertschätzung von Rasse und Volk als Ideologie des edelsten Geistes mit universellem Anspruch auftritt, werden Rasse und Volk primär geistig und nicht mehr bloß biologisch verstanden. Freilich lebt der Deutsche, dem da die Gedanken von Volk und Blut, Erde und Sprache, Bodenständigkeit und Verwurzelung zwecks Demonstration seiner Auserwähltheit zugeeignet werden, nicht vom Geist allein. Heidegger in seiner Rektoratsrede (1933) wörtlich: »Die *geistige Welt* eines Volkes ist nicht der Überbau einer Kultur..., sondern sie ist die Macht der tiefsten Bewahrung seiner erd- und bluthaften Kräfte.« Der Geist, obwohl universell, gehört dem deutschen Blut, der deutschen Heimat selbst an.

Was Heidegger dem wahren, auf den Geist setzenden Nationalsozialismus in seiner philosophischen Bejahung zutraut, ist gut in seinen von Uneinsichtigkeit gekennzeichneten Aufzeichnungen nachzulesen, die er nach 1945 verfaßt und später einem Sohn übergeben hat, damit er sie zu gegebener Zeit als Selbstrechtfertigung seines nationalsozialistischen Engagements an die Öffentlichkeit bringe. Da ist zum Beispiel zu lesen:

»Aber die Frage darf doch gestellt werden: Was wäre geschehen und was wäre verhütet worden, wenn um 1933 alle vermögenden Kräfte sich aufgemacht hätten, um langsam in geheimem Zusammenhalt die an die Macht gekommene ›Bewegung‹ zu läutern und zu mäßigen?«

Was ihm aus der Sicht von 1945 und später seinen »Einsatz« für das Regime 1933 allein bedenklich macht, sind, wie wir an anderer Stelle dieser Aufzeichnungen lesen, die »Unzulänglichkeiten und Grobheiten« der »Bewegung«. Was ihn am Nationalsozialismus stört, ist wirklich nichts anderes als die betrübliche Tatsache (betrüblich für das »Licht des Seyns«), daß er sich in seinem wahren Geist (der Heidegger allem zuvor in Hitlers *Mein Kampf* begegnet sein muß) nicht selbst treu geblieben ist. Er habe sich der neuzeitlichen Technik verschrieben. Ganz konsequent wirft Heidegger dem Nationalsozialismus nicht etwa den Holocaust, sondern einfach Gedankenlosigkeit vor. Heidegger im *Spiegel*-Gespräch September 1966 wörtlich:

»Der Nationalsozialismus ist zwar in die Richtung gegangen; diese Leute waren aber viel zu unbedarft im Denken, um ein wirklich explizites Verhältnis zu dem zu gewinnen, was heute geschieht…«

Sein

»Versuch, in der zur Macht gelangten ›Bewegung‹… das Weithinausreichende zu sehen, das vielleicht eine Sammlung auf das abendländische geschichtliche Wesen des Deutschen eines Tages bringen könnte« (Selbstrechtfertigungsschrift),

war an der geistigen Unbedarftheit der führenden Handlanger des Nationalsozialismus zuschanden geworden. In den Augen Heideggers hat der Nationalsozialismus seine durch Hitler visionär entworfene geistige Mission selber verraten.

Dennoch darf man Heidegger wegen dieses rückwärtsschauenden Bedauerns nicht zum Spiritualisten erklären. Daß er auch ganz handfest dem Geist des Nationalsozialismus zustimmte, sehen wir deutlich, wenn er sich nicht nur mit Adolf Hitler, sondern auch mit Hermann Göring konform zeigt, der seinen ideologisch begründeten Polizeiterror ja schon vor 1933 in aller Öffentlichkeit praktizierte. Mir liegt ein 76-Seiten-Buch vor: Martin H. Sommerfeldt, *Hermann Göring. Ein Lebensbild*, 1932 in 3. erweiterter Auflage bei E.S. Mittler & Sohn, Berlin, erschienen, wo auch Ernst Jünger verlegte. Es handelt sich um ein selbst für damalige Zeiten ziemlich schlimmes Pamphlet. Sein Angriffsziel sind Marxismus, Kommunismus, Bolschewismus. Darin erblickt der Autor mit Göring die maßgebliche Gefährdung und Verführung des »deutschen Menschen«. Der Tenor der Hetze gegen die vermeinten Gegner deutschen Wesens liegt auf »Untermenschentum«, »Unterwertigkeit«, »Entartung« – Vernichtungsparolen bleiben nicht aus. Es war der Familie eines befreundeten, allgemein geschätzten Wissenschaftlers übergeben worden und enthält die handschriftliche Widmung:

Der lb. Familie...
zur Erinnerung an den 3. März 1933
In Frankfurt a/Main.
Martin Heidegger.

Wer Heideggers Gepflogenheiten kennt, darf vermuten, daß er dies Buch genau gelesen hat und seine Ansichten teilte.

Bei seinem Antimarxismus hat Heidegger sich nie vollends vergeistigt gezeigt. So nimmt er bereits 1945 die Hillgrubers und Noltes von heute vorweg, wenn er im Briefwechsel mit Karl Jaspers seinen Einsatz für den Nationalsozialismus durch Stalins Bolschewismus rechtfertigt. Sein Promarxismus dagegen gibt sich an der Stelle, wo er als einziger deutlich auftritt, ganz philosophisch, nämlich 1947 im *Humanismusbrief*, zu einer Zeit, als einer seiner Söhne in russischer Kriegsgefangenschaft war.

Der Antimarxismus Heideggers zeigt sein geistig Problematisches besonders gut, wenn er sich als philosophische Gegenstellung zum Menschen als »Massenwesen« versucht. Hitler hatte in *Mein Kampf* herausgestellt, daß der Demokratie und dem Parlamentarismus (»Mehrheitsprinzip«) als Verfallsform des Staates in eins mit dem jüdischen Marxismus (»der Jude Marx«) die verwerfliche Idee der Gleichheit des Menschen und die Produktion des massenhaften, weil verantwortungslosen Menschen anzulasten sei (Seite 478f.; 498). Heidegger macht in der Vorlesung des Sommersemesters 1935 (»Einführung in die Metaphysik«, Tübingen 1953, Seite 28f.) Rußland und Amerika, »metaphysisch gesehen«, für »dieselbe trostlose Raserei der entfesselten Technik und der bodenlosen Organisation des Normalmenschen« verantwortlich. Er sieht dadurch die Völker ihre »letzte geistige Kraft« verlieren. Was herrsche, sei »die Vermassung des Menschen, der hassende Verdacht gegen alles Schöpferische und Freie«.

Der Mensch als »Massenwesen« (*Humanismusbrief*, Seite 38) ist für Heidegger der Mensch des technischen Zeitalters, der Mensch, der eine Ethik brauche, um sich, wie er – bodenlos – denkt und lebt, erhalten zu können. Gerade das aber wäre ganz gegen Heideggers menschliche Hoffnung: gegen die reine geschichtliche Existenz, die dem Deutschen in der eigenen Übernahme des groß, hoch und tief denkenden Griechentums aufgespart sei. So zitiert er in *Was heißt Denken?* (Seite 65-67) auf betont positive Weise Nietzsche, und zwar als Kronzeugen für moderne Demokratie als »Verfallsform des Staates«, für den Übermenschen, der »nicht massenweise« auftrete, weil er »ärmer, einfacher, zarter und härter, stiller und opfernder und langsamer in seinen Entschlüssen und sparsamer in seiner Rede« sei. Er zitiert Nietzsche des weiteren anerkennend für die »Maßgabe, daß die Menschen nicht gleich sind, daß nicht jeder die Eignung und den Anspruch zu jedem hat«. Derselben philosophischen Wertung folgt Heidegger, wenn er im Dingvortrag (1949/51) als vorletzten Satz formuliert (*Vorträge und Aufsätze*, Pfullingen 1954, Seite 181): »Ring und gering aber sind die Dinge auch in der Zahl, gemessen an der Unzahl der überall gleich gültigen Gegenstände, gemessen am Unmaß des Massenhaften des Menschen als eines Lebewesens.« Wir verstehen ganz gut: Der Mensch als »Massenwesen« soll – philosophisch – eine Qualität, keine Quantität anzeigen (wie in *Mein Kampf*). Gemeint ist der Mensch des technischen Zeitalters, der Mensch, dem die »geistige Kraft« versagt sei, in der Wahrheit des Volkstums und der Sprache des Volkes der Dichter und Denker verantwortlich zu existieren. Der große, der göttliche Mensch wird uns in Aussicht gestellt: Cäsar mit der Seele Christi, Christus als Bruder des Herakles und Dionysos (*Was heißt Denken?*, Seite 67). Dieser philosophische Rassismus und Antihumanismus hat deutlich theologische und religiös-fundamentalistische Züge. Das gilt auch für den Menschen des »Ereignisses«, nämlich für den »Sterblichen«, der endlich »den Tod als Tod vermag«. Doch die nichtphilosophischen Assoziationen schlagen nicht von ungefähr voll durch. Wer wie Heidegger denkt und spricht, betreibt, ob er es als Absicht versteht oder nicht, auch politische Agitation, bei der die Betonung des Geistes den Geist nicht länger bei sich selbst läßt, sondern ihn für politische Ideologie ›frei‹ werden läßt: für die Herabsetzung des geschichtlichen Menschen, wie er leibt und lebt, *als Mensch*.

Dennoch tun wir gut daran, Heidegger nach Möglichkeit philosophisch und nicht politisch zur Rechenschaft zu ziehen. Die Übergänge zwischen Philosophisch-Politischem und Tages- bzw. Zeitpolitischem mögen zwar in der Person und auch in der Rezeption ihrer Äußerungen fließend sein, aber Heidegger ist ja nicht einfach darum zu einem Fall geworden, weil er Nazi war, sondern weil er als angesehener Philosoph den nationalsozialistischen Geist vertrat und behielt. Um diesem Fall gerecht zu werden, müssen wir uns bei allem politischen Einsatz Heideggers zuvor fragen, was er dabei philosophisch gesehen und konzipiert hat. Daß diese Frage nicht bei jedem politischen Einsatz angezeigt ist, läßt sich gut an einer Veröffentlichung der Frau des Philosophen veranschaulichen, die Farias aufgespürt hat. In ihren »Gedanken einer Mutter über höhere Mädchenbildung« (*Deutsche Mädchenbildung*, 1935, Heft 1) macht sich Frau Heidegger voll die einschlägigen Gedanken aus Hitlers *Mein Kampf* zu eigen, ohne sie jedoch zugleich in einen philosophischen Entwurf einzubringen. Wer »von der grundsätzlichen Verschiedenheit der Geschlechter« richtig sprechen will, muß nach Frau Heidegger »von dem verhängnisvollen Irrtum der Gleichheit aller Menschen zurückkommen auf die Verschiedenheit der Rassen und Völker«. Aus dieser Erkenntnis heraus erklärt sie, daß deutsche Volksgenossin (das »köstlichste... Geschenk unseres großen Führers«) nur die Mutter sei, »die sich als Trägerin und Hüterin des wertvollen rassischen Erbgutes unseres Deutschtums und als wahrhafte Erzieherin ihrer Kinder zu den künftigen Gestaltern unseres völkischen Schicksals erweist«. »Frauentum und Muttertum« bedeuten ihr dabei »die Verwirklichung geistiger und seelischer Werte«. Sie macht sich deshalb Sorgen, daß »der akademische Frauennachwuchs« ja nicht »nur aus Großstadtkreisen komme, die kulturell und rassisch nicht die wertvollsten sind«. Das genau ist rassistisch-pragmatisch und keine Philosophie.

Der Fall Heidegger besteht philosophisch nicht darin, daß und wie lange es Heidegger mit den Nazis gehalten hat, sondern daß seine Philosophie offenkundig von 1933 an bis zuletzt eine rassistische Prägung hat, die sich auf den wahren Nationalsozialismus beruft, der nicht, wie der politische Wirklichkeit gewordene, technisch pervertiert ist, sondern dem völkisch-geistigen Entwurf von Hitlers *Mein Kampf* entspricht. Nicht Heideggers Philosophie gilt es nach Möglichkeit vor dem ›Nazi‹ Heidegger zu retten, eher ist der historische Nazi zu bagatellisieren, um an das heranzukommen, was an seiner Philosophie unerträglich ist.

Wie Heidegger sein »Denken« zu inszenieren versteht, legt er es selbst vielfältig nahe, ihm allgemein die Prädikate tief, groß, hoch, epochal, ursprünglich, fromm, dichterisch, schöpferisch, sogar die Prädikate echt und streng zuzusprechen. Diesem Denken verehrend zuzustimmen, scheint ja auch nicht mehr zu verlangen, als seinen vorgeblichen Versuch, die Rettung des Abendlandes geistig vorzubereiten, im Prinzip und im Umriß seiner facettenreichen Ausführung als gut, richtig und wegweisend anzusehen. Dabei ist gerade dieser philosophische Versuch in seiner Grundkonzeption das, was an Heideggers Philosophie unannehmbar ist. Das zu erkennen aber ist äußerst schwer, da Heidegger selbst blind ist für seine sachliche und menschliche Fehlorientierung. Diese Blindheit überspielt er für sich und andere mit seiner appellativen Verpflichtung auf tiefes, hohes, ursprüngliches und nicht zuletzt frommes Denken. Die ›Strategie‹, das Abendland zu retten, das heißt seine Rettung durch ein unsterbliches Wesen, an dem die Sterblichen ihr Maß nehmen, geistig vorzubereiten, gibt sich als ein denkwürdig simples Denkmuster zu erkennen: Das Unwesen der heutigen Welt und der Vorschein der wesenhaften Welt kündige sich in – ausgewählter – griechischer Dichtung und Philosophie an. Sowohl wegen des herrschenden Unwesens als auch wegen des noch kommenden heilen Wesens hätte der heutige Mensch sich auf die Griechen einzulassen. Das aber habe rein geistig-»andenkend« zu geschehen, weil gerade auch die für Volk und Volkstum maßgebliche geschichtliche Existenz die philosophisch-geistige sei. Da jedoch von den Heutigen allein die Deutschen an Volkstum und Sprache der Griechen heranreichten, seien geschichtlich allein die Deutschen gefragt. Nun seien sie allerdings selbst als Dichter und Denker schon weitgehend dem herrschenden Unwesen verfallen. Bodenloses Dichten und Denken habe sich breitgemacht, das weltbürgerlich-gleichmacherisch und »rechnend«-vernünftig sei. Was die Dichter anbelangt, so wird bereits ein Goethe wegen seines »Weltbürgertums« abqualifiziert (*Humanismusbrief*), die »heutige Literatur« für »weitgehend destruktiv« erklärt (*Spiegel*-Gespräch). Im Hause Heidegger hieß es bei Erscheinen von Günter Grass' *Hundejahre* bündig: »Dreck vergeht.« So kommt schließlich von den Dichtern eigentlich nur Hölderlin, von den Philosophen eigentlich nur er selbst in Frage, andere Philosophen allein insoweit, als er, höchst selektiv, ein »Gespräch« mit ihnen führt. Mehr an Substanz zur Vorbereitung der Rettung sei nicht gegeben, es sei denn, daß andere Hochkulturen wie zum Beispiel die des Fernen Ostens ihre »andenkenden« Volks- und Sprachverwalter fänden, die sich in ihrem Blut und auf ihrer Erde Hölderlin- und Heidegger-gleich dem Ursprünglichen verpflichtet wissen. Freilich bliebe ihnen dann auch nur »dasselbe« zu denken: Nicht erstlich der Mensch brauche Dinge, brauche Sprache, brauche Sein, sondern umgekehrt; allem zuvor sei er von den Dingen, der Sprache, dem Sein gebraucht. Diese Umkehrung des uti et frui hat einen so wunderbar unbedingten religiösen Anstrich, daß sich darüber leicht ihre Unzumutbarkeit aus den Augen verliert. Die Rettung des Abendlandes wird von Heidegger an eine geschichtliche Wesensdialektik gekoppelt: Der Mensch müsse zuvor in sein Unwesen finden, um allererst sein Wesen zu gewinnen (ein paar Tage *nach* dem Erscheinen des ersten Sputniks am Himmel meinte er, der Mensch müsse zuvor die Erde verlassen, um sie allererst als die seine gewinnen zu können) – im Sinne des gern zitierten und aus dem Zusammenhang gerissenen Hölderlinwortes: »Wo aber Gefahr ist, wächst das Rettende auch.« Auch selbsterdachten Trost weiß er seinen Landsleuten prophetisch zu offerieren: »Es kann noch kein Untergang des Menschen auf dieser Erde sein, weil die ursprüngliche und anfängliche Fülle seines Wollens und Könnens ihm noch aufbehalten und gespart ist.« (»Martin Heidegger, 26. September 1959«, Seite 33f.).

Heidegger hatte einen erstaunlich wachen Blick für die Herausforderungen des Menschen durch die Technik. Früh hat er das Technokratische des in seinen Augen unwahren Nationalsozialismus erkannt, früh auf die Problematik der friedlichen Nutzung der Atomenergie, bereits in Seminaren der 50er Jahre auf die drohende Heraufkunft des Informationszeitalters aufmerksam gemacht. Doch diese Wachheit war zu nichts gut, da er die von ihm ›Aufgeklärten‹ zugleich dazu verführt hat, seiner Dämonisierung der Technik zu glauben: einem prinzipiell unverfügbaren Wesen der Technik, »Gestell« genannt, das gegenwärtig die Seinsgeschichte, genauer: die Seinsnacht bestimme.

Marx und Nietzsche überbietend, hat Heidegger dem heutigen Menschen jeden nur erdenklichen Seinsfehl (um nicht zu sagen: alle Seinsschande) nachgesagt, den er seinem vorgeblich großen und hohen Seinsdenken entnimmt. Das gerade ist es, was so viele fasziniert: Der heilige Ernst und die höchste Aufgabe menschlichen Daseins wird im Denken als dem eigentlichen »Handeln« und »Sein-lassen« (»In-die-Acht-nehmen«, »Hüten« usw.) gesehen. Wer so mitsieht, darf auf einen neuen Menschen hoffen, dem er sich – im schönsten Sinne des Wortes »vorläufig« – bereits zugehörig weiß. Jede zur Zeit herrschende und auch die Zukunft bestimmende Art menschlicher Rationalität und Vitalität ist dann aber in einem »hohen« Sinn für inhuman erklärt. Erst nach Jahrzehnten intensiver Beschäftigung mit Heideggers Schriften ist mir hinlänglich klar geworden, welch unverzeihliche Inhumanität in dieser Konzeption liegt. Heideggers *philosophischer* Rassismus ist sicher groß und fromm gemeint, bleibt aber in Wahrheit genau das, was er besagt und ist. An dieser Wahrheit kommen die Kostgänger postmoderner Heideggerzubereitung nur vorbei, wenn sie sich selbst und uns täuschen. Solange diese Wahrheit nicht akzeptiert und ihr entsprechend verfahren wird, ist der Fall Heidegger, den Farias neu aktualisiert hat, nicht abgeschlossen.

Bemerkungen zu den Beiträgen

HANS-GEORG GADAMER: »Sein und Zeit«
Diesen Text schrieb der deutsche Philosoph Hans-Georg
Gadamer für die ›Zeit-Bibliothek der 100 Sachbücher‹. Er
wurde am 19. November 1982 in der Hamburger Wochenzeitung *Die Zeit* veröffentlicht.

MARIUS PERRIN: Sartres Heidegger-Exegese im Stalag
Vom Juli 1940 bis zum März 1941 war Jean-Paul Sartre in
einem deutschen Kriegsgefangenenlager in Trier inhaftiert. Zu
seinen Mitgefangenen gehörte der französische Priester
Marius Perrin, der 1980 einen Bericht über diese Monate veröffentlichte. Er schildert darin das Leben im Lager und berichtet von den intellektuellen Diskussionen. Seinen Mitgefangenen hielt Sartre einen Vortrag, in dem er sich eingehend mit
Heidegger befaßte. Die deutsche Übersetzung dieses Berichtes erschien 1983 unter dem Titel *Mit Sartre im deutschen
Kriegsgefangenenlager.*

JEAN-PAUL ARON: August 1955. Das Heidegger-Kolloquium
in Cerisy.
Aron, französischer Publizist, veröffentlichte 1984 das Buch
Les modernes, eine Art Chronik der wichtigsten Ereignisse
und Phänomene der französischen Nachkriegskultur.

JEAN BEAUFRET: Der ominöse 6. Juni 1944
Jean Beaufret, gestorben am 7. August 1982, unterhielt sich in
den Monaten Mai und Juni des Jahres 1981 mit Frédéric de
Towarnicki. Die Gespräche wurden in seiner Pariser Wohnung
geführt und 1983 von *Radio France Culture* in mehreren Folgen ausgestrahlt. Die schriftliche Fassung erschien 1984 unter
dem Titel *Entretiens avec Frédéric de Towarnicki* und ist bis
jetzt nicht übersetzt.

JEAN-MICHEL PALMIER: Wege und Wirken Heideggers in
Frankreich.
Palmier gehört zu den französischen Publizisten, die sich am
besten in der deutschen Kultur auskennen. Den Beitrag ›Heidegger en France‹ schrieb er für *Magazine littéraire,* Nr. 235
vom November 1986 als eine Bestandesaufnahme noch vor

dem Wirbel, den Victor Farias mit seiner Anklageschrift auslöste. Anlaß war die (offizielle) Übersetzung von *Sein und Zeit* durch François Vezin.

CLEMENS-CARL HÄRLE: Martin Heidegger, das Rektorat und die neuere französische Philosophie
Härle, Lehrbeauftragter am *Collège de Philosophie* schrieb diesen Essay für die Wochenendbeilage ›Basler Magazin‹ der *Basler Zeitung* vom 27. Februar 1988.

CHRISTIAN JAMBET: Das Ende der Metaphysik und die Vernichtungspolitik
Jambet, der zu den »Neuen Philosophen« gehörte, verfaßte das Vorwort zu Victor Farias, *Heidegger et le nazisme*. Das Interview von Jacques Henric und Guy Scarpetta erschien im Magazin *art press* Nr. 117 vom September 1987.

JACQUES DERRIDA: Die Hölle der Philosophie
Derrida veröffentlichte fast gleichzeitig mit Farias zwei neue Bücher: *Psyché* und *De l'esprit*. In *De l'esprit* zeigt er, wie sehr der Nationalsozialismus in Heideggers Philosophie präsent ist. Das Interview mit Didier Eribon unter dem Titel ›L'enfer des philosophes‹ in *Le Nouvel Observateur* vom 6. November 1988 war Derridas erste Reaktion auf Farias' Schrift.

MAURICE BLANCHOT: Die Apokalypse denken
Blanchot schrieb den Text ›Penser l'apocalypse‹ in *Le Nouvel Observateur* vom 22. Januar 1988. Blanchots Stellungnahme ist insofern aufschlußreich, als er selbst in frühen Jahren kaum bekannte antisemitische Schriften veröffentlicht hatte, später jedoch durch sein Denken und Schreiben immer wieder dafür Abbitte leistete.

EMMANUEL LÉVINAS: Das Diabolische gibt zu denken
Der Artikel ›Comme un consentement‹ von Lévinas erschien ebenfalls in *Le Nouvel Observateur* vom 22. Januar 1988.

ALAIN FINKIELKRAUT: Philosophie und reines Gewissen
Finkielkraut, ein junger Philosoph und Publizist, befaßte sich in seinem Buch *La défaite de la pensée* intensiv mit kulturphilosophischen Problemen und Aspekten der heutigen jüdischen Identität. Sein Beitrag zur Heidegger-Kontroverse ›Phi-

losophie et bonne conscience. Heidegger: la question et le procès‹ erschien am 5. Januar 1988 in *Le Monde*.

GEORGES-ARTHUR GOLDSCHMIDT: Der Deutsche und das Ressentiment – eine Antwort auf Alain Finkielkraut
Ein Leben, ein Werk im Zeichen des Nationalsozialismus
Der Schriftsteller und Übersetzer Goldschmidt wuchs nach der Flucht vor den Nazis in Frankreich auf. Vor allen anderen und gegen alle Tendenzen und Moden bekämpfte er stets den Einfluß von Heidegger in Frankreich. Seine Antwort an Alain Finkielkraut ›Heidegger: l'allemand et le ressentiment‹ in *Le Monde* vom 13. Januar 1988 und sein Kommentar ›Une vie, une oeuvre engagés dans le national-socialisme‹ zu Farias in *La quinzaine littéraire*, Nr. 496 vom November 1987 sind ein Zeugnis seiner unverrückbaren Position.

JOSEPH ROVAN: Mein Zeugnis über Heidegger
Der in Deutschland geborene Publizist, schloß sich als Flüchtling in Frankreich dem Widerstand an. Nach seiner Verhaftung wurde er nach Dachau deportiert. Rovan gilt als unermüdlicher Vermittler bei der deutsch-französischen Versöhnung. Sein Bericht ›Mon témoignage sur Heidegger‹ in *Le Monde* vom 8. Dezember 19877 – Zeugnis und Einschätzung zugleich – widerspricht allen gängigen Klischees.

PHILIPPE LACOUE-LABARTHE: Weder Unfall noch Irrtum
Bei diesem Text von Lacoue-Labarthe handelt es sich um einen Vorabdruck aus seinem Buch *La fiction du politique*, Paris 1988, in *Le Nouvel Observateur* vom 22. Januar 1988.

PIERRE AUBENQUE: Noch einmal Heidegger und der Nationalsozialismus
Aubenque, Verfasser von *Le problèm de l'etre chez Aristote*, Paris 1962, übersetzte das »Davos-Gespräch« zwischen Heidegger und Cassirer im Jahre 1929 und ergänzte es mit einem Vorwort: *Cassirer-Heidegger, débat sur le Kantisme et la philosophie*, Paris 1962. Der vorliegende Text wurde in der Zeitschrift *Le débat* Nr. 48, Januar-Februar 1988 im Rahmen eines ausführlichen Heidegger-Dossiers veröffentlicht.

JEAN-PIERRE FAYE: Heidegger, der Staat und das Sein
Faye hat sich als Verfasser von Essays zur totalitären Sprache
einen Namen gemacht. Er löste 1961 die zweite »Heidegger-
Debatte« aus. Der Text ›Heidegger, l'état et l'être‹ erschien im
Januar 1988 in der Zeitschrift *Lignes*, Nr. 2

PIERRE BOURDIEU: Zurück zur Geschichte
Debatte: Derrida-Bourdieu
Bourdieu, Soziologe und Verfasser zahlreicher kulturkriti-
scher Schriften, schrieb auch den Essay *L'ontologie politique
de Martin Heidegger* (dt., *Die politische Ontologie Martin
Heideggers*, Frankfurt a.M. 1976). Das von Robert Maggiori
mit ihm geführte Interview in *Libération* vom 10. März 1988
provozierte eine Antwort von Derrida, auf die Bourdieu seinerseits wieder eine Erwiderung formulierte.

JEAN BAUDRILLARD: Zu spät!
Baudrillard gehört zu den originellsten Denkern im zeitgenössischen Frankreich. Sein – unerwarteter – Beitrag zur Heidegger-Debatte erschien am 27. Januar 1987 in *Libération*, und
wurde in der Übersetzung von Katharina Zimmer in *Die Zeit*
vom 5. Februar 1988 abgedruckt.

JÜRGEN HABERMAS: »Martin Heidegger? Nazi, sicher ein
Nazi!«
Das von Mark Hunyadi mit Jürgen Habermas geführte Interview erschien in *Journal de Genève* vom 16. Januar 1988 unter
dem Titel ›Martin Heidegger: nazi, forcément nazi‹.

HANS-GEORG GADAMER: »Zurück von Syrakus?«
In gekürzter Form wurde dieser Text unter dem Titel ›Comme
Platon à Syracuse‹ auch in *Le Nouvel Observateur* vom 22.
Januar 1988 veröffentlicht.

JÜRGEN BUSCHE: »Also gut, Heidegger war ein Nazi!«
Busche, langjähriger Redakteur bei der *Frankfurter Allgemeinen Zeitung*, heute Chefredakteur bei der *Hamburger Mor-
genpost*, veröffentlichte diesen Artikel in der Frankfurter Zeitschrift *Pflasterstrand*, Nr. 279/280 vom 23. Januar 1988.

RUDOLF AUGSTEIN: »Aber bitte nicht philosophieren!«
in: *Der Spiegel*, Nr. 48, 1987. Augstein hatte mit Heidegger

1947 das legendäre *SPIEGEL*-Gespräch, das erst posthum erscheinen durfte, geführt.

MICHAEL HALLER: Der Philosophen-Streit zwischen Nazi-Rechtfertigung und postmoderner Öko-Philosophie
Haller leitet die Abteilung »Zeit-Dossier« der Hamburger Wochenzeitung *Die Zeit,* wo der Artikel am 29. Januar 1988 erschienen ist.

HENNING RITTER: Bruder Heidegger
Der Beitrag ist in der *Frankfurter Allgemeinen Zeitung* vom 2. Februar 1988 erschienen. Ritter leitet dort die Abteilung Geisteswissenschaften.

RAINER MARTEN: Heideggers Geist
Der in Freiburg i. Br. tätige Philosoph Rainer Marten, Autor zahlreicher Bücher, hat sich verschiedentlich kritisch mit Heidegger auseinandergesetzt. Sein Beitrag erschien ebenfalls in der Zeitschrift *Allmende*.

Bibliographische Auswahl

BEAUFRET, Jean: *Dialogue avec Heidegger,* 3 Bde., Paris 1973–74.

BEAUFRET, Jean: *Entretiens avec Frédéric de Towarnicki,* Paris 1984.

BIRAULT, Henri: *Heidegger et l'expérience de la pensée,* Paris 1978.

BOURDIEU, Pierre: *Die politische Ontologie Martin Heideggers,* Frankfurt M. 1976.

DERRIDA, Jacques: *De l'esprit. Heidegger et la question,* Paris 1987.

FAYE, Jean-Pierre: *Heidegger et le nazisme,* Paris 1987.

FERRY, Luc; Alain Renaut: *Heidegger et les modernes,* Paris 1988.

GOLDMANN, Lucien: *Lukács et Heidegger,* Paris 1977.

LACOUE-LABARTHE, Philippe: *La fiction du politque,* Paris 1987.

LÉVINAS, Emmanuel: *En découvrant l'existence avec Husserl et Heidegger,* Paris 1987.

MINDER, Robert: *Heidegger und Hebel oder die Sprache von Meßkirch,* Frankfurt M. 1968.

RUBERCY, Eryck de; Dominique Le Buhan: *Douze questions posées à Jean Baufret,* Paris 1983.

SCHÜRMANN, Reiner: *Le principe d'anarchie, Heidegger et la question de l'agir,* Paris 1982.

STEINER, George: *Martin Heidegger,* Paris 1981.

Zeitschriften:

Allemagnes d'aujourd'hui, Nr. 93, 1985.
Les Cahiers de l'Herne, Nr. 45, 1983.
Le Croquant, Nr. 3.
Le Débat, Nr. 487, 1983.
Le Magazine littéraire, Nr. 235, 1986.
Le Messager européen, Nr. 1 und 2.
Nouvelle Ecole, Nr. 37.

Eine umfassende Bibliographie der Werke Heideggers in deutscher Sprache und französischer Übersetzung sowie der wichtigsten Studien über ihn findet sich in *Cahier de l'Herne*, Nr. 45, hrsg. von Michael Haar, Paris 1983.

Quellennachweis

Aus folgenden Büchern wurde der Abdruck mit freundlicher Genehmigung gewährt:

Jean-Paul Aron, *Les modernes,* Editions Gallimard, Paris 1984.
Jean Beaufret, *Entretiens avec Frédéric de Towarnicki.* Presses Universitaires de France, Paris 1984.
Philippe Lacoue-Labarthe, *La fiction du politique.* Christian Bourgois, Paris 1988.
Marius Perrin, *Mit Sartre in deutschen Kriegsgefangenenlager.* Rowohlt Taschenbuch Verlag, Reinbek 1983.

Die bibliographischen Angaben zu den freundlicherweise zum Druck überlassenen Artikeln aus Zeitschriften und Zeitungen können den ›Bemerkungen zu den Beiträgen‹ in diesem Band entnommen werden.

athenäums taschenbücher

athenäum

Savignystr. 53
6000 Frankfurt a.M. 1